新时代金融思想政治工作学习参考

中国金融思想政治工作研究会　编

人民出版社

责任编辑：张　燕

封面设计：胡欣欣

图书在版编目（CIP）数据

新时代金融思想政治工作学习参考 / 中国金融思想
政治工作研究会编 . -- 北京 ：人民出版社，2024. 12
（2025.2 重印）

ISBN 978 - 7 - 01 - 027006 - 7

Ⅰ．D64

中国国家版本馆 CIP 数据核字第 2024AQ1957 号

新时代金融思想政治工作学习参考
XINSHIDAI JINRONG SIXIANG ZHENGZHI GONGZUO XUEXI CANKAO

中国金融思想政治工作研究会　编

人民出版社 出版发行
（100706　北京市东城区隆福寺街 99 号）

中煤（北京）印务有限公司印刷　新华书店经销

2024 年 12 月第 1 版　2025 年 2 月北京第 2 次印刷
开本：710 毫米 ×1000 毫米 1/16　印张：21.75
字数：350 千字

ISBN 978 - 7 - 01 - 027006 - 7　定价：79.00 元

邮购地址 100706　北京市东城区隆福寺街 99 号
人民东方图书销售中心　电话（010）65250042　65289539

序　言

加强和改进新时代思想政治工作
走好中国特色金融发展之路

　　《新时代金融思想政治工作学习参考》（以下简称《参考》）一书在庆祝新中国成立 75 周年之际出版了，这也是今年中国金融思想政治工作研究会的一项重要工作。《参考》的出版发行对金融系统加强和改进思想政治工作具有一定的现实意义和借鉴参考指导作用。

　　党的二十届三中全会通过的《中共中央关于进一步全面深化改革、推进中国式现代化的决定》对完善思想政治工作体系提出了明确要求。为进一步贯彻落实党的二十大和二十届三中全会精神，不断续写金融系统思想政治工作的新篇章，中国金融思想政治工作研究会秘书处应人民出版社之约，认真组织了一批专家学者和部分金融机构的有关领导同志，以贯彻落实中共中央、国务院《关于新时代加强和改进思想政治工作的意见》的精神为核心内容，从把思想政治工作作为治党治国的重要方式、锚定建设金融强国目标深入开展思想政治教育、提升金融业基层思想政治工作质量和水平、构建共同推进金融系统思想政治工作的大格局等四个方面，撰写了18 篇专题文章，同时收录了 10 篇金融单位思想政治工作优秀案例，回应新时代金融思想政治工作的热点、难点和前沿问题，为金融系统干部职工更好地学习领会习近平新时代中国特色社会主义思想，学习理解习近平总书记关于金融工作的重要论述，推动思想政治工作的研究和实践提供学习参考。

思想政治工作是党的优良传统、鲜明特色和突出政治优势，是一切工作的生命线。加强和改进思想政治工作，事关党的前途命运，事关国家长治久安，事关民族凝聚力和向心力。党的十八大以来，以习近平同志为核心的党中央高度重视思想政治工作，重视金融工作，习近平总书记要求：必须充分认识金融在经济发展和社会生活中的重要地位和作用，切实把维护金融安全作为治国理政的一件大事，扎扎实实把金融工作做好。2023年中央金融工作会议提出建设金融强国，走中国特色金融发展之路的战略布局。要充分发挥好思想政治工作统一思想、凝聚共识、鼓舞斗志、团结奋斗的重要作用，以高质量思想政治工作为走好中国特色金融发展之路提供精神动力和文化支撑，是金融工作的应有之义。

长期以来，金融系统重视发挥思想政治工作在改革发展过程中的重要作用。新时代，金融系统涌现了不少思想政治工作先进单位和先进工作者，这些单位不断加强和改进思想政治工作，注重在改进中加强，在创新中发展，适应新时代金融工作的要求，创新思想政治工作的内容、方法和手段，创造和创新了许多好的经验和做法，推动工作实起来、强起来，为企业发展提供重要思想政治保证和强大精神动力。

这次出版的《参考》主要有以下六个方面的特点。

阐述了习近平新时代中国特色社会主义思想是当代中国马克思主义、二十一世纪马克思主义，是中华文化和中国精神的时代精华，实现了马克思主义中国化新的飞跃，是指导我们实现金融强国建设、民族复兴伟业的强大思想武器和科学行动指南。要坚持不懈地用习近平新时代中国特色社会主义思想武装全党、教育人民，引导广大干部群众在真学真懂真信真用、深化内化转化上下功夫，用这一重要思想凝心铸魂，更好地统一思想和行动。

　　阐述了新时代坚持党的全面领导是做好金融工作的前提和保障。通过对新时代思想政治工作的理论阐释，进一步体现了坚持党的全面领导是坚持和发展中国特色社会主义的必由之路，是中国特色社会主义事业取得胜利的根本政治保证，是党和国家的根本所在、命脉所在，是全国各族人民的利益所在、幸福所在。走中国特色金融发展之路，必须毫不动摇坚持党中央对金融工作的集中统一领导，坚持和加强党对金融工作的全面领导，确保金融工作沿着正确道路和方向前进。

　　阐述了金融工作要坚持以人民为中心的价值取向和工作导向。我们党来自人民，党的根基在人民、血脉在人民、力量在人民。为中国人民谋幸福，为中华民族谋复兴，是中国共产党人的初心和使命。要全面贯彻党的二十大精神，完整、准确、全面贯彻新发展理念，深刻把握金融工作的政治性、人民性。

　　阐述了新时代思想政治工作要守正创新发展。面对新形势新任务新要求，以及新问题新挑战，思想政治工作必须坚持守正创新，在守正的同时积极创新，大力推进理念创新、手段创新、基层工作创新，更好体现时代性、把握规律性、富于创造性，增强思想政治工作吸引力、感染力、向心力和凝聚力。

　　阐述了思想政治工作要发扬斗争精神、提高斗争本领，敢于斗争、敢于胜利。意识形态领域是没有硝烟的战场。特别是当前，世界之变、时代之变、历史之变正以前所未有的方式展开，全球动荡源和风险点显著增多，我国经济社会发展正处于关键时期，各种矛盾不断叠加，意识形态领域的形势错综复杂，面临的风险挑战严峻，意识形态斗争十分尖锐，思想政治工作要始终牢牢掌握工作的领导权、管理权、话语权，巩固壮大奋进新征程的主流思想舆论，培育和践行社会主义核心价值观，营造良好网络生态，有效防范化解意识形态风险，建设具有强大凝聚力和引领力的社会主义意识形态。切实做到守土有责、守土负责、守土尽责，使意识形态战场始终成为传播先进思想文化的坚强阵地。

阐述了积极培育中国特色金融文化是加强和改进金融思想政治工作的重要内容。2024年1月16日，习近平总书记在省部级主要领导干部推动金融高质量发展专题研讨班开班式上发表的重要讲话，强调要积极培育中国特色金融文化，提出了"诚实守信，不逾越底线；以义取利，不唯利是图；稳健审慎，不急功近利；守正创新，不脱实向虚；依法合规，不胡作非为"的实践要求。要把社会主义核心价值观融入培育中国特色金融文化的各个方面，把中国特色金融文化建设作为金融思想政治工作的重要内容，通过教育引导、舆论宣传、文化熏陶、实践养成、制度保障等，在金融企业落细、落小、落实，内化为干部职工的精神追求，外化为干部职工的自觉行动，真正把培育中国特色金融文化落到具体实践中去。

国家兴衰，金融有责。金融系统要深刻领悟"两个确立"的决定性意义，增强"四个意识"、坚定"四个自信"、做到"两个维护"；要遵循历史规律，顺应时代要求，胸怀"国之大者"，勇担职责使命，锐意开拓进取，加快建设金融强国。通过学习《参考》用好《参考》，把金融思想政治工作做得更有成效，在新时代新征程展现新气象新作为，以金融高质量发展，为强国建设、民族复兴伟业作出应有贡献。

本书编写组

2024年10月

目　录

第一篇

思想政治工作是治党治国的重要方式

坚定不移走中国特色金融发展之路

张占斌[*]

金融是国家重要的核心竞争力，金融安全是国家安全的重要组成部分，金融制度是经济社会发展中重要的基础性制度。金融活，经济活；金融稳，经济稳。党的十八大以来，我们积极探索新时代金融发展规律，不断加深对中国特色社会主义金融本质的认识，不断推进金融实践创新、理论创新、制度创新，积累了宝贵经验，逐步走出一条中国特色金融发展之路。习近平总书记在中央金融工作会议上指出，"当前和今后一个时期，做好金融工作必须坚持和加强党的全面领导""以加快建设金融强国为目标，以推进金融高质量发展为主题"[1]。2024 年 1 月 16 日，习近平总书记在省部级主要领导干部推动金融高质量发展专题研讨班开班式上发表重要讲话时强调，"中国特色金融发展之路既遵循现代金融发展的客观规律，更具有适合我国国情的鲜明特色，与西方金融模式有本质区别。我们要坚定自信，在实践中继续探索完善，使这条路越走越宽广"[2]。这就是：坚持党中央对金融工作的集中统一领导，坚持以人民为中心的价值取向，

---

* 张占斌，第十三届全国政协委员、中央党校（国家行政学院）中国式现代化研究中心主任、马克思主义学院教授。

[1] 《中央金融工作会议在北京举行》，《人民日报》2023 年 11 月 1 日。

[2] 《坚定不移走中国特色金融发展之路　推动我国金融高质量发展》，《人民日报》2024 年 1 月 17 日。

坚持把金融服务实体经济作为根本宗旨，坚持把防控风险作为金融工作的永恒主题，坚持在市场化法治化轨道上推进金融创新发展，坚持深化金融供给侧结构性改革，坚持统筹金融开放和安全，坚持稳中求进工作总基调。"八个坚持"的提出，标志着我们党对金融本质规律和发展规律的认识达到了新的高度，为新时代新征程走中国特色金融发展之路指明了前进方向。

一、走中国特色金融发展之路要求加快建设金融强国

国家兴衰，金融有责。金融是"国之大者"，关系中国式现代化建设全局。[①] 党的二十大明确新时代新征程中国共产党的中心任务，就是团结带领全国各族人民全面建成社会主义现代化强国、实现第二个百年奋斗目标，以中国式现代化全面推进中华民族伟大复兴。[②] 全面建成社会主义现代化强国，总的战略安排是分两步走：从 2020 年到 2035 年基本实现社会主义现代化；从 2035 年到本世纪中叶把我国建成富强民主文明和谐美丽的社会主义现代化强国。从具体安排来看，很多经济社会发展问题都涉及金融支撑和保障。走中国特色金融发展之路，要求加快建设金融强国。

（一）建设金融强国是全面建成社会主义现代化强国的必然要求

我国经济已由高速增长阶段转向高质量发展阶段，对各方面都提出了更高要求。党的二十大报告提出要加快建设制造强国、质量强国、航天强

---

① 中共中央党史和文献研究院：《以金融高质量发展助力强国建设、民族复兴伟业——学习〈习近平关于金融工作论述摘编〉》，《人民日报》2024 年 4 月 15 日。
② 习近平：《高举中国特色社会主义伟大旗帜　为全面建设社会主义现代化国家而团结奋斗——在中国共产党第二十次全国代表大会上的报告》，人民出版社 2022 年版，第 21 页。

国、交通强国、网络强国、农业强国、海洋强国、贸易强国、教育强国、科技强国、人才强国、文化强国、体育强国以及数字中国、健康中国、平安中国等，显示出党和人民构筑现代化强国大厦的雄心壮志和奋斗方向。从世界历史和国际经验来看，现代化强国必然是金融强国，金融强国是现代化强国的必要条件。也就是说，如同没有坚实的物质技术基础就不可能全面建成社会主义现代化强国一样，没有一个强大的金融体系作支撑，社会主义现代化强国同样不可能实现。我国全面建成社会主义现代化强国，金融强国必不可少、不能缺位。

（二）建设金融强国是推动实现高质量发展的必然要求

高质量发展是全面建设社会主义现代化国家的首要任务，金融作为血脉，对经济社会的畅通循环极为关键。血脉通，则循环畅；金融强，则经济强。金融血脉通畅，才能为经济社会发展提供高质量服务。高质量发展是坚持"发展是硬道理"的发展，是坚持以经济建设为中心的发展，是坚持以人民为中心的发展，是坚持贯彻新发展理念的发展。建设现代化产业体系是经济高质量发展的必然要求，其所需要的金融支持力度、广度、深度和实现形式都发生了很大变化。产业升级、经济转型、动能转换、效率提升需要更大力度的金融支持，重大战略、重要主体、重点领域需要更强大的金融支持，基础设施、规则融合、制度开放需要更深度的金融保障。①

（三）建设金融强国是服务提升人民生活品质的必然要求

为民造福是立党为公、执政为民的本质要求。对金融工作来讲，这个本质要求要落到实处，就要在增进民生福祉、提高人民生活品质方面有所作为。金融工作具有政治性、人民性，人民对美好生活的向往是金融工作

---

① 张占斌、王学凯：《加快从金融大国向金融强国迈进》，《人民论坛》2023 年第 22 期。

的出发点和落脚点，金融发展必须坚持以人民为中心的价值取向。金融要真正得到发展，也必须取信于民，得到人民的信任和支持。各种金融创新和各项金融服务，也必须有深厚的市场和群众基础。因此，金融工作要服从国家战略安排，大力发展普惠金融，创新小微金融服务模式，丰富金融市场投资工具和产品，使更多的人民群众能够通过高质量金融服务增加收入和财富，不断提高人民获得感、幸福感、安全感，使经济发展成果更多更好让全体人民共享。

（四）建设金融强国是助力新质生产力加快形成的必然要求

新质生产力是生产力发展的质变跃迁，其本质是先进生产力，特点是创新，关键在质优，而新质生产力的形成和发展必然要求生产关系发生相应变革。现代金融体系和金融制度是生产关系的重要组成部分。追溯人类工业文明史，不难发现，每次工业革命的兴起都离不开金融创新和金融制度变革的支撑。重大金融创新和金融变革总是与工业革命的发生如影随形。金融创新为新技术的使用和扩张提供了大量的廉价资金，进而推动工业革命的实现。目前，随着互联网、大数据和人工智能等技术的发展，金融科技的发展也在第三次工业革命中呈现出方兴未艾之势。下一轮工业革命主导权的竞争，实质上就是新质生产力的竞争，建设金融强国是获得新质生产力竞争优势的关键支撑。

（五）建设金融强国是全球化时代提升国际竞争力的必然要求

金融是现代经济的血脉，血脉通，国内大循环才能畅通、才会可靠，国际循环才能有更高质量和水平。当前，世界百年未有之大变局加速演进，世界之变、时代之变、历史之变正以前所未有的方式展开，但经济全球化的大势是不可逆转的。要在这个动荡变化的世界中更好维护国家和人民的利益，就必须发挥好金融的重要作用。因此，无论是从中国自身的发展来看，还是从国际合作竞争来看，都需要金融做优做大做强。从自身发展看，金融是科技自立自强的重要保障，要以助力科技自立自强为重要方向，"把好钢用在刀刃上"。从对外开放看，金融开放是大势所趋，要在金融开放的同时维护国家金融安全。从全球竞争看，金融竞争是重要领域，要在金融竞争中不断健全金融体系，增强金融监管能力，提升金融综合实力。

二、以加快建设金融强国形成中国特色现代金融体系

2024 年 1 月 16 日，习近平总书记在省部级主要领导干部推动金融高质量发展专题研讨班开班式上，强调必须加快构建中国特色现代金融体系，建立健全科学稳健的金融调控体系、结构合理的金融市场体系、分工协作的金融机构体系、完备有效的金融监管体系、多样化专业性的金融产品和服务体系、自主可控安全高效的金融基础设施体系。[①] 上述"六大体系"构成当前和今后一个时期建设金融强国要求的中国特色现代金融体系建设的中心任务。

（一）建立健全科学稳健的金融调控体系

在推进金融强国建设过程中，构建科学稳健金融调控体系，提高稳健货币政策的"科学性"，能有力有效支持经济稳定增长和高质量发展。一是提高货币政策服务实体经济的有效性。金融是实体经济的血脉，为实体经济服务是金融的天职。增强资金供给在数量、价格、期限、节奏等方面与实体经济需求的契合程度，进一步拓宽资金流向实体经济部门的渠道。

[①] 《坚定不移走中国特色金融发展之路　推动我国金融高质量发展》，《人民日报》2024 年 1 月 17 日。

二是建立强大而完善的中央银行，形成中央银行调节银行货币创造的流动性、资本和利率约束的长效机制，满足实体经济和金融市场货币需求，同时保持币值稳定和汇率均衡，重点聚焦现代货币政策框架、金融基础设施服务体系、系统性金融风险防控体系，以及国际金融协调合作治理机制。三是深化利率、汇率的市场化形成机制改革。弱化运用行政机制直接调控利率的情形，提高公司债券等金融产品向实体企业和城乡居民开放的程度，给资金供给者和资金需求者以多元化的金融渠道选择权。深化汇率形成机制改革，要扩大汇率市场对外开放程度，提高人民币汇率市场的国际化程度，使其成为人民币汇率定价的主导性市场。四是建立货币政策与财税政策、就业政策、产业政策、投资政策之间的协调配合机制，提高政策联动效应。五是做好科技金融、绿色金融、普惠金融、养老金融、数字金融"五篇大文章"。适应时代、市场和人民的发展需要，发挥金融独特的专业功能，稳步扩大金融市场融资规模，疏通信贷渠道和提高资本市场资金配置效率，引导银行资金和市场资本重点服务现代高端制造业持续升级和创新型国家建设。

（二）建立结构合理的金融市场体系

结构合理的金融市场体系在金融产品的替代性、互补性和组合性等方面能够充分发挥协调资金流动、价格波动、收益率制衡等作用，对金融实现高质量扩容提质、提升服务实体经济能力至关重要。完善金融市场结构需要提高直接融资占比、优化资金供给结构和完善金融市场体制机制。一是提高直接融资占比。健全债券发行的市场机制，丰富债券品种，加大长期债券的比重，扩展债券市场规模，加大债券市场的开放力度，提高债券市场的国际吸引力。推进股票发行注册制，简化股票发行流程，提高市场效率，完善退市机制，提升上市公司质量，增强中国股市的国际影响力。二是优化资金供给结构。增加长期稳定资金来源，培育耐心资本、长期资本，吸引外资机构和境外主权基金等投资中国市场，引导更多金融市场资源用于促进科技创新、先进制造、绿色发展和中小微企业，着力破解广大中小企业融资难和融资贵的难题。三是完善金融市场体制机制。建立健全市场交易、结算、信息披露等制度，提升市场运行效率；加强金融基础设施建设，提升金融市场的技术支撑和风险管理能力，保障市场安全稳定运行；优化金融监管方式，根据市场发展情况，不断调整与完善监管政策和手段，确保金融市场监管的有效性。

（三）打造分工协作的金融机构体系

金融机构的分工协作有助于加快构建广渠道、多层次、全方位、可持续的金融服务体系，持续提高金融服务实体经济的能力和支持力度，精准全力有效满足实体经济融资需求。要推进金融机构体系服务的提质增效、产品创新、协同发展的能力，不同类型金融机构必须细化分工、增强协作机制。一是不同类型银行要准确定位。大型银行应进一步提升自身实力，成为服务实体经济的主力军和维护金融稳定的关键力量。中小银行应优化特色经营，积极探索特色化经营道路，满足不同区域经济发展的结构性需求。二是提升证券业的金融创新和服务能力。加快培育一流的投资银行和投资机构，证券公司应持续提升其在投资银行、资产管理、销售交易及财富管理等核心业务领域的专业能力。三是加强保险业的经济减震器和社会稳定器功能。在国家公共保险体系的基础上，大力推进市场化保险体系的发展，整合引导银行、保险、信托、证券等更多市场主体参与养老金融发展，鼓励居民增加养老保险投入，适当提高税收递延型养老基金的免税额度。四是增强信托业资产管理受托服务功能、期货业的风险管理功能和基金业的融资支持功能。支持各类地方金融组织的规范发展，优化小额贷款行业结构、完善融资担保服务体系、发展融资租赁、提升商业保理的专业水平。五是推动货币市场基金与银行活期存款之间的联结，提高流动性资金的收益率。组合运用银行、证券、保险、信托、租赁等机制，为实体企业、投资项目和公司并购等提供一揽子综合金融服务方案。

（四）构建完备有效的金融监管体系

金融监管体系是防范化解金融风险的基石。在坚持"防风险、去杠杆、抑泡沫"基调的基础上，应把主动防范化解系统性金融风险放在更加重要的位置。一是构建全面完备的监管机制，有序推进金融监管创新，补齐金融监管短板，消除监管盲区，将各类金融活动全部纳入监管，做到金融活动的监管全覆盖。二是强化监管责任和协作，金融监管部门和行业主管部门在明确各自职责的基础上，加强协作，形成有效的监管合力。构建有针对性、差异化的金融监管体系，包括但不限于及时处置中小金融机构风险、建立防范化解地方债务风险长效机制、促进金融与房地产良性循环、规范金融市场发行和交易行为、加强外汇市场管理等。三是完善金融稳定法律体系，构建科学合理、权责对等、激励约束相容的金融风险防范激励机制。在市场准入、审慎监管、行为监管等各个环节都要严格执法，实现金融监管横向到边、纵向到底，提高金融监管的透明度和法治化水平。四是构建完整的风险预警指标集，实时监测金融运行压力状况，提升风险监测、评估和预警能力。在风险处置过程中，防范风险传递共振，依法将各类金融创新活动，特别是将互联网金融业务纳入监管范畴，切实保护金融投资者行为和消费者合法权益，坚决守住不发生系统性金融风险的底线。五是完善中国特色外汇储备经营管理制度，维护外汇储备资产安全和规模稳定，健全国际投融资风险监管架构，对国内外金融风险活动进行动态监管，防范化解金融风险的国际性传递。

（五）形成多样化专业性的金融产品和服务体系

金融产品和服务体系的多样化专业性，既是金融服务实体经济、满足人民群众金融需求程度的重要表现，也是度量金融高质量发展的重要指标。应以市场化国际化为导向，形成与金融高质量发展相适应的金融产品和服务体系，满足不同领域和不同社会群体的需求。一是创新金融产品。鼓励金融机构紧扣市场需求，开发更多创新性金融产品，特别是做好科技金融、绿色金融、普惠金融、养老金融、数字金融"五篇大文章"。大力发展科技金融，鼓励金融机构将资源更多向科技企业倾斜，支持科技创新，同时利用大数据、人工智能等技术手段改进金融服务。加快绿色金融发展，提高金融支持环保项目和绿色企业的发展力度，提高绿色金融市场效率，降低绿色企业融资成本。加快构建高水平普惠金融体系，借助数字技术优化普惠金融服务模式，提高金融服务效率，降低运营成本，实现普惠金融的商业可持续发展。在养老金融方面，持续创新适老、友好的养老金融产品和服务，支持具有养老属性的储蓄、理财、保险、基金等产品发展，满足老龄化社会的金融需求。在数字金融方面，利用互联网、云计算、大数据等技术，提高金融服务的效率和安全性，开发新的数字金融产品。二是提升金融服务专业化水平。培养具有国际视野和专业能力的金融人才，针对不同客户群体的需求，提供具有专业性、定制化和高效率的金融服务。三是加强国际合作。在学习借鉴国际先进经验基础上，加快先进金融产品和服务模式落地，推进中国金融产品和服务标准国际化。

（六）建成自主可控安全高效的金融基础设施体系

金融基础设施主要由支付清算系统、中央托管机构、证券结算系统和交易数据库、征信系统、反洗钱监测系统以及金融法律环境等构成，是强化宏观审慎监管和防控系统性金融风险的重要抓手。随着现代科技进步、金融市场快速发展、金融产品和服务创新，金融基础设施体系需要不断迭代升级。一是加强顶层设计和规划引领，在"一委一行一总局一会"（中央金融委员会、中国人民银行、国家金融监督管理总局和中国证监会）的金融监管体系下，构建跨机构、跨地区、跨市场的监管协同机制，分门别类、有条不紊地监管各类金融基础设施，促进各监管部门间的互联互通协作，优化各监管主体的功能结构。二是运用自主性金融科技、数字技术提高金融基础设施的业务效率和安全性。金融基础设施体系的监管在完善对运营机构监管的基础上，应随着金融科技的发展，将监管视野扩展到包括硬件设施和技术平台在内的更广泛领域。三是推动金融基础设施领域立法，保障金融基础设施安全。四是金融基础设施的监管政策和业务标准应立足国情，加快与《金融市场基础设施原则》等国际准则接轨。在保证金融基础设施体系自主可控的前提下，加强全球范围内的互联互通和金融领域的对外开放与合作，保障金融安全，建成有中国特色的自主可控安全高效的基础设施体系。五是根据人民币国际化战略制定金融基础设施建设规划，加强在各层级和环节中的基础设施建设和制度安排，逐步构建统一、高效、多层次的人民币国际化金融基础设施体系。

三、中国特色金融发展之路的基本立场、观点方法

经过多年来的探索，我们党对走中国特色金融发展之路，形成了基本立场、基本观点和基本方法，需要我们在实际工作中认真把握理解和运用。

（一）必须坚持党中央对金融工作的集中统一领导

走中国特色金融发展之路必须坚持党中央对金融工作的集中统一领导。习近平总书记强调，"金融制度是经济社会发展中重要的基础性制度"[①]。科学有效的金融制度安排是一国经济金融高效、平稳运行的重要保

---

① 《习近平谈治国理政》第二卷，外文出版社 2017 年版，第 278 页。

障。中国共产党的领导是中国特色金融发展最本质的特征，是中国特色金融发展的最大制度优势，是做好金融工作的"根"和"魂"。我国金融发展的重大成就始终是在党的领导下取得的。而金融系统出现的许多问题，根源就在于金融领域不少单位贯彻党中央决策部署不力，落实党的领导弱化虚化，党的政治建设薄弱，党风廉政建设抓得不紧。只有坚持党中央对金融工作的集中统一领导，完善党管金融的体制机制，才能确保金融工作正确的政治方向和发展导向，有力引领和推进金融改革、发展、稳定各项工作。只有坚持党中央对金融工作的集中统一领导，才能切实发挥党中央对金融工作的领导力、影响力，把维护国家经济金融安全的战略主动权牢牢掌握在自己手里，推进中国式现代化的金融实践。中央金融工作会议强调："要完善党领导金融工作的体制机制，发挥好中央金融委员会的作用，做好统筹协调把关。发挥好中央金融工作委员会的作用，切实加强金融系统党的建设。发挥好地方党委金融委员会和金融工委的作用，落实属地责任。"①

（二）必须坚持以人民为中心的价值取向

我们党领导的金融事业，归根到底要造福人民，与一些国家金融为资本服务、为少数有钱人服务的本质截然不同。新时代新征程，金融工作要站稳人民立场，做好金融工作，必须深刻把握金融工作的人民性。习近平总书记在中央金融工作会议上强调，"坚持以人民为中心的价值取向""深刻把握金融工作的政治性、人民性"。② 全心全意为人民服务，是我们党一切行动的根本出发点和落脚点，是我们党区别于其他一切政党的根本标志。党的二十大报告强调，要维护人民根本利益，让现代化建

① 《中央金融工作会议在北京举行》，《人民日报》2023 年 11 月 1 日。
② 《中央金融工作会议在北京举行》，《人民日报》2023 年 11 月 1 日。

设成果更多更公平惠及全体人民。我国金融工作要把人民对美好生活的向往作为出发点和落脚点，增强服务的多样性、普惠性、可及性，更好保护金融消费者权益，让现代化金融建设成果更多更公平地惠及全体人民。要对国企和民企一视同仁，强化民营企业金融服务。要加快推动建立金融服务小微企业"敢贷、愿贷、能贷、会贷"的长效机制，增强"三农"、小微企业、新市民等群体金融服务供给。要引导金融机构优化资源配置和考核激励机制，强化科技赋能，推动金融产品和金融服务创新。要以金融队伍的纯洁性、专业性、战斗力为主要支撑，持续建设一支忠诚、干净、担当、专业的金融干部人才队伍，持之以恒严惩金融腐败，确保坚守金融工作的人民性。

（三）必须坚持把金融服务实体经济作为根本宗旨

实体经济是金融的根基，金融是实体经济的血脉，服务实体经济是金融的天职。如果热衷于自我循环、自我膨胀，金融就会变成无源之水、无本之木，迟早酿成危机。我国金融必须守好服务实体经济本分，推动高质量发展，绝不能脱实向虚。要正确认识和处理金融与实体经济的关系，关键在于牢牢把握金融服务实体经济这一根本宗旨。习近平总书记强调，"不论经济发展到什么时候，实体经济都是我国经济发展、我们在国际经济竞争中赢得主动的根基"[1]，"建设现代化经济体系，必须把发展经济的着力点放在实体经济上"[2]。金融是现代经济的核心、实体经济的血液；实体经济是金融业发展的基础，经济平稳健康发展的根本。坚持把金融服务实体经济作为根本宗旨，要着力营造良好的货币金融环境。要实施好稳健的货币政策，强化跨周期和逆周期调节，充实货币政策工具箱。要优化资

---

[1] 中共中央文献研究室编：《习近平关于社会主义经济建设论述摘编》，中央文献出版社2017年版，第116页。

[2] 《习近平著作选读》第二卷，人民出版社2023年版，第25页。

金供给结构，发挥结构性货币政策工具对特定领域的作用，把更多金融资源配置到经济社会发展的重点领域和薄弱环节，大力支持创新驱动发展战略、区域协调发展战略，确保国家粮食和能源安全等。要降低企业融资和个人消费信贷成本，保持人民币汇率在合理均衡水平上基本稳定。要盘活被低效利用的金融资源，提高资金使用效率，为实体经济提供更高质量、更有效率、更加安全的金融服务。

（四）必须坚持把防控风险作为金融工作的永恒主题

金融既有管理和分散风险的功能，又自带风险基因，防范化解金融风险是金融业永恒的主题。我国金融体量和复杂程度今非昔比，风险的系统性关联性大大增强，必须增强忧患意识，做好风险防范，增强金融体系韧性。习近平总书记在省部级主要领导干部推动金融高质量发展专题研讨班开班式上指出，"要着力防范化解金融风险特别是系统性风险"，强调建立健全"完备有效的金融监管体系"，"金融监管是系统工程，金融管理部门和宏观调控部门、行业主管部门、司法机关、纪检监察机关等都有相应职责，要加强监管协同"。① 近年来，党中央、国务院加强了金融监管的相关部署，金融监管格局进行了重大调整，进一步深化了金融监管体制改革、加强和完善了现代金融监管、促进了金融监管实现全覆盖。金融监管领域深化改革，组建中央金融委员会和中央金融工作委员会，成立国家金融监督管理总局，深化地方金融监管体制改革，中国证券监督管理委员会调整为国务院直属机构，统筹推进中国人民银行分支机构改革，金融监管体系架构不断完善，金融监管的系统性和协调性日趋完善。只有切实加强金融监管，明确权责边界，持续积极稳妥防范化解金融风险，才能全面推

---

① 《坚定不移走中国特色金融发展之路　推动我国金融高质量发展》，《人民日报》2024年1月17日。

进金融业高质量发展，推动经济持续恢复向好。

（五）必须坚持在市场化法治化轨道上推进金融创新发展

社会主义市场经济是法治经济，市场化和法治化相互交织。推进金融创新发展，必须坚持市场化、法治化原则。习近平总书记强调："金融的安全靠制度、活力在市场、秩序靠法治。"[1]金融交易涉及复杂多样的权利义务关系，具有信息不对称特征，对信用的要求非常高，必须有健全的监管制度。要坚持以市场为导向，发挥市场在金融资源配置中的决定性作用。中央金融工作会议强调，要"强化市场规则，打造规则统一、监管协同的金融市场，促进长期资本形成"。只有坚持市场化导向，进一步释放金融体系活力，才能有效分散金融风险，引导更多资金转化为长期资本，为实体经济转型和发展提供有效支持。要坚持以法治化为导向。社会主义市场经济本质上是法治经济，金融创新发展同样离不开法治化的保障和规范。要建立完善的金融法律和市场规则体系，有禁必止，违法必究，保障金融市场健康运行。党的十八大以来，我国金融立法工作持续推进，70余部金融基础法律相继修正或者修订，部门规章和规范性文件、地方性法规等多层次的金融法律体系不断完善。走中国特色金融发展之路，需要完善的金融法律制度，加强金融法治建设，推进金融领域修法工作进程，持续提升金融治理效能和监管有效性，加强对金融创新的监管，切实保障资本市场平稳健康运行。

（六）必须坚持深化金融供给侧结构性改革

深化金融供给侧结构性改革是加快建设金融强国的主线。我国金融

---

[1]　中国证监会党委理论学习中心组：《坚持在市场化法治化轨道上推进金融创新发展——学习〈习近平关于金融工作论述摘编〉》，《人民日报》2024 年 4 月 22 日。

体系的重要特征和优势是国有金融机构占主体，但存在间接融资和债权融资比重偏高，金融服务普惠性不足等问题，还存在金融泛化、滥办金融、大量非法金融活动。针对这些问题，要深化供给侧结构性改革。习近平总书记强调："强化金融服务功能，找准金融服务重点，以服务实体经济、服务人民生活为本，防止脱实向虚、自我循环。"[①] 深化金融供给侧结构性改革，就是要从供给侧发力，推动金融业质量、效率、动力变革，促进经济金融良性循环。以深化金融供给侧结构性改革为主线，要健全法人治理，完善中国特色现代金融企业制度，完善国有金融资本管理体系，拓宽银行资本金补充渠道；要注重改善间接融资结构，完善金融机构定位，推动国有大型金融机构做优做强，严格中小金融机构准入标准和监管要求，强化政策性金融机构职能定位，发挥保险业重要功能；要重视更好发挥资本市场枢纽功能，推动股票发行注册制走深走实，发展多元化股权融资，大力提高上市公司质量，培育一流投资银行和投资机构；要促进债券市场高质量发展，推动融资方式的多元化。统筹多层次债券市场建设，健全产品工具谱系，壮大合格投资者队伍，丰富发展多层次交易服务体系。

（七）必须坚持统筹金融开放与金融安全

统筹金融开放与金融安全是推进国家安全工作的必然要求。党的十八大以来，在以习近平同志为核心的党中央坚强领导下，我国稳步推进金融开放，金融行业机构外资股比全面放开，资本项目开放稳步推进，金融业对外开放深度、广度持续提升。走中国特色金融发展之路，需平衡好金融开放与金融安全关系。金融对外开放，必须确保国家金融和经济安全，既

---

① 财政部党组理论学习中心组：《坚持深化金融供给侧结构性改革——学习〈习近平关于金融工作论述摘编〉》，《人民日报》2024 年 4 月 23 日。

要防范开放本身带来的风险，还要防范博弈对手蓄意制造的风险，要把握好开放的节奏和力度，切实提升金融监管能力，以更高水平风险防控保障更高水平金融开放。一方面，要着力扩大金融高水平开放，扩大金融制度型双向开放。要坚持"引进来"和"走出去"并重，提升跨境投融资便利化。要创造良好营商环境，吸引更多外资机构和长期资本来华。要增强上海国际金融中心的竞争力和影响力，巩固提升香港国际金融中心地位。要稳慎扎实推进人民币国际化，提升数字人民币的国际竞争力和话语权。另一方面，也需要认识到金融对外开放不可能一蹴而就，其幅度和程度需要与国际经济金融形势、国内经济发展状况以及跨境金融需求等客观现实相适应。要更加注重开放的质量，服务好"走出去"和共建"一带一路"建设。要找准金融开放与金融安全之间的平衡点，推动宏观审慎监管和微观审慎监管相配合，确保金融开放下的国家金融安全。

（八）必须坚持稳中求进工作总基调

坚持稳中求进工作总基调是治国理政的重要原则，也是做好金融工作必须坚持的总基调。金融工作要坚持稳中求进、以进促稳、先立后破。当前，世界百年未有之大变局加速演进，新一轮科技革命和产业变革深入发展，国际力量对比深刻调整。同时，世纪疫情影响深远，逆全球化思潮抬头，全球性问题加剧，世界进入新的动荡变革期。我国面临的不确定性不稳定性因素显著增多。习近平总书记在中央金融工作会议上强调，"坚持稳中求进工作总基调，统筹发展和安全，牢牢守住不发生系统性金融风险的底线，坚定不移走中国特色金融发展之路"[1]。走中国特色金融发展之路，必须坚持稳中求进工作总基调，要稳字当头，统筹发展和安全，宏观调控、金融发展、金融改革、金融监管、风险处置等都要稳。金融政策的

---

[1] 《中央金融工作会议在北京举行》，《人民日报》2023年11月1日。

收和放不能太急，防止大起大落。既要始终保持货币政策的稳健性，保持
货币供应量和社会融资规模增速与名义经济增速基本匹配，确保不出现区
域性系统性金融风险；又要加强对创新驱动的金融支持，发挥科创板、创
业板等对"硬科技"、科技创新、专精特新企业的作用，努力实现金融发
展"稳"和"进"的辩证统一，确保金融政策稳健有效，推动金融发展行
稳致远。

把思想政治工作贯穿党的建设始终 为推动金融高质量发展提供坚强保障

刘　进[*]

党的二十届三中全会指出，要健全用党的创新理论武装全党、教育人民、指导实践工作体系，完善思想政治工作体系，这为做好新时代思想政治工作提供了根本遵循。国有企业担负着重要的经济责任、政治责任、社会责任，是中国特色社会主义的重要物质基础和政治基础，是中国特色社会主义经济的"顶梁柱"。新时代新征程，国有金融企业必须牢记自身职责和使命，深刻认识"思想政治工作是党的一切工作的生命线"，把思想政治工作贯穿党的建设各方面各环节，作为全面从严治党的重要抓手，为以金融高质量发展助力强国建设、民族复兴伟业提供坚强保障。

一、深刻认识加强国有金融企业思想政治工作重要意义

习近平总书记强调，党的建设搞得好不好，事关金融系统的凝聚力和战斗力，决定金融事业成败。[①]思想政治工作本质上是宣传群众、教育群众、引领群众、服务群众的工作，是我们党的最大特色、最大优势。国有

---

* 刘进，中国银行党委委员、副行长。

① 中共中央党史和文献研究院：《以金融高质量发展助力强国建设、民族复兴伟业——学习〈习近平关于金融工作论述摘编〉》，《人民日报》2024 年 4 月 15 日。

金融企业只有把思想政治工作贯穿党的建设始终，党组织才会更有活力，党员群众才更具凝聚力和战斗力。

（一）做好思想政治工作是统一思想、凝聚力量的必然要求

经济建设是党的中心工作，金融是国民经济的血脉，金融工作在强国建设、民族复兴的伟大事业中作用重大。中央金融工作会议对加快建设金融强国作出部署，首次系统阐述了中国特色金融发展之路的基本要义和中国特色现代金融体系的主要内涵，明确了怎么看、怎么干等问题。这就要求国有金融企业必须通过加强思想政治工作，大力宣传党中央关于金融工作的决策部署，更好统一思想意志、凝聚奋斗力量，在强化党的领导、完善金融体制、优化金融服务的过程中不断提高政治能力、专业能力和风险防控能力，向着金融强国目标不断奋进。

（二）做好思想政治工作是铸牢忠诚、锤炼党性的必然要求

党的十八大以来，以习近平同志为核心的党中央从战略全局出发，加强对金融工作的全面领导和统筹谋划，推动金融事业发展取得新的重大成就。国有金融企业必须深刻认识到，新时代金融事业成绩来之不易，根本在于以习近平同志为核心的党中央的坚强领导，在于习近平新时代中国特色社会主义思想的科学指引。这就要求通过不断加强思想政治工作，引导广大党员干部坚定拥护"两个确立"、坚决做到"两个维护"，坚定自觉在思想上政治上行动上同以习近平同志为核心的党中央保持高度一致。

（三）做好思想政治工作是纯正风气、清朗生态的必然要求

习近平总书记指出："全党必须牢记，全面从严治党永远在路上，党的自我革命永远在路上，决不能有松劲歇脚、疲劳厌战的情绪，必须持之以恒推进全面从严治党，深入推进新时代党的建设新的伟大工程，以党的

自我革命引领社会革命。"① 当前，金融企业全面从严治党形势依然严峻复杂，任重道远。这就要求国有金融企业必须通过加强思想政治工作，发扬彻底的自我革命精神，把思想教育和监督执纪结合起来，从思想上固本培元、正本清源，提高党性觉悟，主动增强拒腐防变能力，不断涵养风清气正的政治生态。

（四）做好思想政治工作是涵养文化、厚植情怀的必然要求

习近平总书记指出，推动金融高质量发展、建设金融强国，要坚持法治和德治相结合，积极培育中国特色金融文化。② 推动金融高质量发展，既要加强现代金融机构和金融基础设施等"硬实力"建设，也要促进价值观、行为规范等"软实力"提升。国有金融企业必须通过加强思想政治工作，积极培育和弘扬中国特色金融文化，传承红色基因，引导各级机构和干部员工坚守初心使命，厚植金融报国情怀，树立正确的经营观、业绩观、风险观，让诚实守信、以义取利、稳健审慎、守正创新、依法合规成为金融从业人员的自觉遵循，以深厚的文化力量助推金融高质量发展。

二、牢牢把握新时代加强和改进思想政治工作方针原则

中共中央、国务院印发的《关于新时代加强和改进思想政治工作的意见》明确思想政治工作方针原则，涵盖党的领导、人民立场、守正创新、服务大局和遵循规律等方面，为做好思想政治工作提供了遵循。国有金融企业加强思想政治工作，必须牢牢把握方针原则，确保思想政治工作的正确方向。

---

① 《习近平著作选读》第一卷，人民出版社 2023 年版，第 52 页。
② 《坚定不移走中国特色金融发展之路　推动我国金融高质量发展》，《人民日报》2024年 1 月 17 日。

（一）必须坚持和加强党的全面领导

思想政治工作关键在于坚持和加强党的全面领导，中国特色金融发展之路最本质的特质也是坚持党的领导，两者在根本目标和根本要求上高度一致。国有金融企业加强新时代思想政治工作，只有旗帜鲜明讲政治，牢牢把握思想政治工作政治性，把准思想工作的政治方向，用习近平新时代中国特色社会主义思想武装头脑、指导实践、推动工作，把党中央对金融工作的各项决策部署落实到党的建设和经营管理各项工作中，才能牢牢掌握工作的领导权和主动权，引导党员干部坚定不移走好中国特色金融发展之路。

（二）必须坚持以人民为中心

人民群众是我们党的力量源泉和胜利之本。中央金融工作会议明确了中国特色金融发展之路的"八个坚持"，把以人民为中心的价值取向作为"八个坚持"之一，这既是全心全意为人民服务的根本宗旨在金融领域的生动反映，也为国有金融企业加强思想政治工作指明了方向。只有牢牢站稳人民立场，尊重人民主体地位，认真倾听基层和群众呼声，在解决"急难愁盼"的问题中找准思想政治工作的发力点和突破口，才能激发出强大的凝聚力、感召力、引领力，进一步强信心、聚民心、暖人心、筑同心。

（三）必须坚持服务党和国家工作大局

我们党 100 多年的历程表明，思想政治工作只有牢牢把握时代性，适应各个不同历史阶段发展特点和需要，才能走深走实、入脑入心，有效推动工作。国有金融企业特别是国有大型金融机构，是服务实体经济的主力军和维护金融稳定的压舱石，是加快建设金融强国、助力推进中国式现代化的重要力量。国有金融企业加强思想政治工作只有提高围绕中心、服务大局的能力和水平，积极引导党员干部从政治上看业务，平衡好功能性和盈利性，把功能性放在优先位置，坚决落实好服务国家重大战略、服务实体经济、防范化解风险等各项任务，才能有效防止工作形式化、表面化，有效发挥统一思想、凝聚共识、鼓舞斗志、团结奋斗的重要作用。

（四）必须坚持遵循思想政治工作规律

深刻认识思想政治工作的基本规律，是做好思想政治工作的内在要求。当前，随着经济社会发展，人们思想更加多元多样多变，各种文化竞相涌动、融汇碰撞。同时，新一轮信息革命向纵深推进，以互联网为代表的现代信息技术多维创新、多点突破，思想政治工作面临的形势和任务正在发生深刻变化，必须不断探索新形势新环境下思想政治工作的新特点、新途径、新方法，更好把握工作特点规律，把握关键环节，坚持原则性与灵活性相统一，广泛覆盖与分类指导相统一，显性教育与隐性教育相统一，解决思想问题与解决实际问题相统一，持续提升"用一把钥匙开一把锁"的能力，努力提升工作的针对性实效性。

（五）必须坚持守正创新

守正创新既是习近平新时代中国特色社会主义思想世界观、方法论的重要内容，也是加强和改进新时代思想政治工作的重要原则。必须深刻把握守正创新的实质，对于坚持党的全面领导、坚持马克思主义、坚持中国特色社会主义道路、坚持人民民主专政等不该改的、不能改的坚决不改，坚决守住思想政治工作的"正道"。同时，要应变求变、敢于创新，积极探索符合时代要求的工作内容和方法，注重手段创新、理念创新、基层工作创新，把该改的、能改的改好改到位，切实做到因时、因地、因人、因事制宜开展思想政治工作。

三、有效发挥思想政治工作生命线作用，引领金融高质量发展

当前，国有金融企业正在着力建设强大的金融机构，必须发挥好思想政治工作生命线作用，不断加强党的政治建设、思想建设、组织建设、作风建设、纪律建设和制度建设，深入推进反腐败斗争，形成全面从严治党紧密联系、相互作用的有机整体，为推进高质量发展提供坚强政治保证、强大精神动力。

（一）强化政治建设，坚定拥护"两个确立"、坚决做到"两个维护"

要发挥政治引领优势，教育和引导广大党员干部坚定政治信仰、增强政治意识、纯洁政治品质、严明政治纪律，不折不扣贯彻落实好党中央关于金融工作的大政方针和决策部署。加强理想信念和政治忠诚教育，坚持"铸魂"为本，聚焦"一把手"及各级党员干部政治能力提升，不断引领广大党员干部坚定执行党的政治路线，坚决站稳党性立场和人民立场，始终与以习近平同志为核心的党中央保持高度一致，确保"总书记有指示、中央有号召、国有金融企业见行动"。强化党中央决策部署落实执行，对标习近平总书记关于各领域、各区域高质量发展的重要讲话和重要指示批示精神，持续完善责任落实全链条工作机制，以"第一政治要件"标准抓好落实，进一步推动金融企业党员干部胸怀"国之大者"，完整准确全面贯彻新发展理念，融入新发展格局，在全力服务国家大局，精准服务实体经济，统筹做好"五篇大文章"，助力形成新质生产力、着力防范化解风险、全面提升金融产品和服务等各方面取得扎实成效。强化政治纪律和政治规矩，坚持"五个必须"、严防"七个有之"，做到党中央提倡的坚决响应、党中央决定的坚决照办、党中央禁止的坚决杜绝，始终做政治上的

"明白人""老实人",坚决反对搞"两面派"、做"两面人",永葆共产党人政治本色。对于境外机构员工,要做细做实思想政治教育,了解思想动态,牢牢守住意识形态安全底线。

(二)强化思想建设,着力夯实理想信念之基

发挥思想教育优势,教育和引领广大党员干部深入学习贯彻习近平新时代中国特色社会主义思想,特别是习近平经济思想金融篇,不断提升政治判断力、政治领悟力、政治执行力。深化党的创新理论武装,落实"第一议题"和党委理论学习中心组学习制度,每年举办习近平新时代中国特色社会主义思想读书班,发挥好领导干部这个"关键少数"的示范带动作用;多措并举强化向下穿透,扎实推动思想政治工作向境内外分支机构传导,在解决"上热中温下冷"等突出问题上持续用力;抓好青年员工理论学习,切实引导广大党员干部深学细悟习近平新时代中国特色社会主义思想,运用好世界观、方法论及贯穿其中的立场观点方法,做到真信笃行;旗帜鲜明反对和抵制各种错误观点、错误倾向和错误现象,坚决破除金融"例外论""特殊论""精英论""西方看齐论"等错误思想。强化先进典型示范引领,坚持先进性与广泛性相结合,大力宣传国有金融企业服务国家大局,践行金融工作政治性、人民性,扎实推动全面深化改革的特色做法和进展成效,积极宣传基层干部员工中立足岗位奉献、提升服务水平的先进典型,唱响主旋律、弘扬正能量,推动形成见贤思齐的浓厚氛围,激发广大干部员工思想认同、情感共鸣,把榜样力量转化为提升金融服务效能的生动实践。加强人文关怀和心理疏导。针对金融企业青年员工多、机构分布广等特点,健全党员领导干部联系基层、党员联系群众的工作制度,经常性走进群众开展人对人、面对面、一对一的谈心谈话活动,广泛开展心理健康教育、心理咨询等工作,培养自尊自信、理性平和、积极向上的员工心态。坚持解决思想问题与解决实际问题相结合,用心用情用力

解决好基层和群众的急难愁盼问题，不断增强员工的获得感、幸福感、安全感。

（三）强化组织建设，持续增强组织执行力战斗力

组织建设是党的建设的基础，是确保党的路线方针政策和决策部署贯彻落实的基础。思想政治工作要将社会动员优势转化为组织建设优势，使基层党组织成为宣传党的主张、贯彻党的决定、团结动员群众、推动高质量发展的坚强战斗堡垒。优化各级党的组织建设，层层压实管党治党政治责任，坚持一级抓一级、一级带一级，扩大党的组织和工作的有效覆盖，对具备单独组建党支部条件的及时组建，做到应设必设、应建必建，推动境内机构党员"空白点"动态清零。全面增强基层党组织政治功能和组织功能，充分发挥基层党支部教育党员、管理党员、监督党员和组织群众、宣传群众、凝聚群众、服务群众的职责。全面加强党员教育管理，坚持总部和分支机构协同推进，抓班子带下级、抓机关带系统，把思想政治工作贯穿到锻造人才队伍的全过程，构建以习近平新时代中国特色社会主义思想为主题主线，以政治训练和履职能力培训为重点的培训内容体系。深化党员岗位建功活动，设立党员责任区、党员示范岗、党员攻坚队；抓好先锋模范选树活动，引导党员干部强化责任担当，主动比学赶超，投身到改革发展的主战场。抓实党的组织生活，坚持把每名党员纳入党组织有效管理之中，严格落实"三会一课"、民主生活会、组织生活会、民主评议党员、主题党日等组织生活制度，经常性开展谈心谈话，开展批评与自我批评，确保党的组织生活经常化、规范化、制度化，充分起到对党员进行教育管理和凝聚感召的作用，凝聚全员同向同心同行合力。

（四）强化价值引领，不断增强文化自觉自信

思想政治工作要发挥文化培育优势，教育和引导广大党员、干部大力

弘扬党的优良作风，树立起新时代党的好作风、好形象。大力弘扬党的光荣传统和优良作风，常态化长效化开展"四史"和金融史学习，重视国有金融企业红色基因挖掘和传承，开展专业性、系统性、持续性研究，系统梳理、总结提炼本单位积淀的红色资源，用好内部展馆建设以及外部革命博物馆、纪念馆、党史馆等红色资源，积极开展教育活动，让干部员工记得住红色荣光、看得见红色印记、守得住红色根脉，从中提炼题材、获取灵感、汲取养分，大力弘扬艰苦奋斗、求真务实的作风，增强干部员工走好中国特色金融发展之路的决心和意志。积极培育践行中国特色金融文化，大力开展中国特色金融文化核心要义的宣传教育活动，推动"五要五不"要求贯穿融入管理理念、行为准则、业务流程等各方面，实现经营管理与文化价值践行的良性互动。2024年以来，中国银行结合全球化经营特点，加强对境外机构文化建设情况的调查研究，及时将"五要五不"翻译成英、法、俄、西、葡等5种外文语言版本，因地制宜地做好宣传展示，研究起草《境外机构践行中国特色金融文化指引》，明确境外机构做好相关工作的目标原则、重点要点、实施落地等内容，引导境外机构员工成为中国特色金融文化的传播者和实践者。加强与国家级核心文化平台的深度合作，助力推动中华文化"走出去"，合力讲好中国故事，传播中国金融故事。深入推进新时代廉洁文化建设，锲而不舍纠"四风"树新风，紧盯"四风"顽疾未除问题深化整治，综合运用自查自纠和纪检监察方式，不断健全作风建设长效机制。近年来，中国银行先后编写《我的亲清故事》《"廉润中行"清正廉洁案例集》，积极宣传公私分明、崇廉拒腐、尚俭戒奢、甘于奉献的廉洁理念、廉洁典型，推动廉洁文化融入思想建设、融入日常工作，引导干部员工做廉洁文化的传承者、守护者、践行者。

（五）强化纪律建设，有效筑牢拒腐防变思想防线

纪律建设是全面从严治党的治本之策，在解决大党独有难题中发挥着

至关重要的作用。思想政治工作要发挥自我革命的优势，加强党员干部的纪律教育，提高纪律意识和纪律自觉，使铁的纪律成为全党同志共同遵守的行为准则，着力锻造党和国家可信赖的红色金融铁军。常态化开展党纪学习教育，组织广大党员干部深入学习贯彻习近平总书记关于全面加强党的纪律建设的重要论述，建立经常性和集中性相结合的纪律教育机制，加大对"一把手"、年轻干部、新提拔干部的纪律培训力度，把纪律教育融入党员、干部日常教育管理监督，常态化推进学纪知纪明纪守纪，把党纪学习教育成果持续转化为推动高质量发展的强大动力。深入开展正反典型案例学习，以先进典型为标杆，以反面案例为镜鉴，坚持从金融系统典型案例中汲取经验教训、总结工作方法、提升能力本领，努力实现"解剖一个案例、解决一类问题"的效果，以点带面推动学习教育成效实现新提升，促进党员干部从思想上正本清源、立根固本，受警醒、明底线、知敬畏。坚持惩前毖后、治病救人，深化运用监督执纪"四种形态"，严格执行"尽职免责、失职问责、违规必究"的责任文化，依规依纪对违纪党员干部施以纪律惩戒。同时，正确运用党的政策和策略，落实"三个区分开来"，深入开展思想政治工作，在查明违纪事实、准确认定行为性质的基础上，综合考虑责任、情节和态度等因素，坚持宽严相济，做到严要严得适度、宽要宽得恰当，大力营造为担当者担当、为负责者负责、为干事者撑腰的良好氛围。

（六）强化制度建设，推动提升科学化规范化水平

制度建设是推进管党治党、全面从严治党的重要方式和根本保障。坚持思想建党和制度治党同向发力，要发挥思想政治工作方向引导优势，健全和完善党的思想政治工作制度体系，推进思想政治工作制度化、规范化和科学化，推动党的建设不断向前发展。健全领导责任机制，各级党委切实担负起思想政治工作的主体责任，特别是党委书记作为第一责任人，对

思想政治工作负总责，坚持工作系统谋划，把思想政治工作纳入重要议事日程，及时研判形势、提出新要求、研究新办法，示范带动分管领导履行好直接责任人责任、班子其他成员履行好"一岗双责"，推动思想政治工作压力层层传导、责任层层落实，切实做到真管真严、敢管敢严、长管长严。完善精细管理机制，党委宣传部门统筹工作开展，建立思想政治工作考核评价机制，完善分析研判和情况报告制度，强化工作过程管理；基层党组织细化工作举措，建立网格管理机制，以党支部为单位，发挥群团组织作用，形成党员带群团的"1+N"工作模式①，确保思想政治工作全覆盖。建立队伍培养机制，按照政治过硬、能力过硬、作风过硬的要求，加强专兼职思想政治建设干部队伍培训和培养，强化思想淬炼、政治历练、实践锻炼、专业训练；坚持在学中干、干中学，鼓励创新做法，定期交流研讨、分享优秀案例和同业经验，提升抓思想政治建设的规律性认识，推动实践创新发展，切实增强基层思想政治工作队伍的整体合力。

---

① 党员带群团"1+N"工作模式："1"是指党员、干部；"N"是指团员青年、群众。

深刻把握金融工作的政治性和人民性

濮　旭[*]

　　金融作为国家重要的核心竞争力和"国之大者"，是国民经济的血脉，关系中国式现代化建设全局，在很大程度上影响甚至决定着经济健康发展，是当之无愧的"国之大者"。党的十八大以来，以习近平同志为核心的党中央从新时代战略全局出发，积极探索金融发展规律，不断加深对中国特色社会主义金融本质的认识，加强对金融工作的全面领导和统筹谋划，发表了一系列重要论述和重大理论，推动金融事业发展取得新的重大成就，团结带领全党全国各族人民在中华大地上全面建成小康社会，胜利实现第一个百年奋斗目标，有力支撑了经济社会发展大局，逐步走出一条中国特色金融发展之路。习近平总书记关于金融工作的重要论述构成习近平经济思想的金融篇，是马克思主义政治经济学关于金融问题的重要创新成果，把我们党对金融工作本质规律和发展道路的认识提升到了新高度，对于我们增强做好金融工作的责任感和使命感，为经济社会发展作出金融应有的贡献具有十分重要的意义。我们要适应国家经济社会发展的需求，坚定走好中国特色金融发展之路，深刻把握金融工作的政治性，永葆金融工作的人民性，贯彻新发展理念，构建新发展格局，推动新时代金融工作高质量发展，努力建设金融强国。

---

[*]　濮旭，中国金融思想政治工作研究会副会长兼秘书长，中国思想政治工作研究会常务理事。

一、坚持党的领导是金融工作最大的政治

2024 年 7 月 18 日,《中共中央关于进一步全面深化改革、推进中国式现代化的决定》(以下简称《决定》)强调,党的领导是进一步全面深化改革、推进中国式现代化的根本保证。2023 年 10 月底召开的中央金融工作会议,习近平总书记把握新的时代方位,观大势、谋全局、明方向,系统阐述了中国特色金融发展之路的本质特征,强调"八个坚持":坚持党中央对金融工作的集中统一领导,坚持以人民为中心的价值取向,坚持把金融服务实体经济作为根本宗旨,坚持把防控风险作为金融工作的永恒主题,坚持在市场化法治化轨道上推进金融创新发展,坚持深化金融供给侧结构性改革,坚持统筹金融开放和安全,坚持稳中求进工作总基调。"八个坚持"既有世界观,也有方法论,是对习近平总书记关于金融工作的深刻总结和最新概括。习近平总书记提出了加快建设金融强国的目标,这是一条前无古人的开创之路。中国共产党领导是中国特色社会主义最本质的特征,把"坚持党中央对金融工作的集中统一领导"放在首位,是建设金融强国的根本,彰显了新时代中国共产党人坚定的历史自信、制度自信和强烈的责任担当,为我们金融系统奋进新征程、夺取新胜利提供了思想武器和做好工作的根本遵循。

加强党对金融工作的领导,是我们的政治优势和制度优势。习近平总书记在 2023 年中央金融工作会议上指出,"加强党中央对金融工作的集中统一领导,是做好金融工作的根本保证"①。党的领导坚持得好不好,事关金融事业的凝聚力战斗力,决定金融事业的兴衰成败。党领导的金融事业是从无到有、从小到大、由弱到强的不断发展壮大的过程。早在

---

① 中共中央党史和文献研究院编:《习近平关于金融工作论述摘编》,中央文献出版社 2024 年版,第 30 页。

土地革命战争时期，党就在不断的探索中，注重加强对金融工作的领导，制定有关金融工作制度，建立相应的金融机构，配备精干的工作人员，创建自己的制币工厂，设立了国家银行，发行了货币，适应百姓和武装斗争的需要；在抗日战争和解放战争时期，党领导金融工作已经有了一套比较成熟的经验和做法，既活跃了根据地和解放区的经济，又有力支持了前方的作战，为新民主主义革命全面胜利奠定了经济基础；新中国成立后，我们党采取有力措施，接管官僚资本金融业，整顿和改造私营金融业，治理通货膨胀，初步建立了国家银行体制和以银行为主体的多业态金融体系，实现了货币主权的完整和货币制度的统一，促进了国民经济的快速恢复和社会主义建设的胜利开展；改革开放以来，特别是党的十八大以来，金融事业在党的领导下发生了历史性的变化，与社会主义市场经济相适应的现代金融组织体系、金融市场体系、金融调控和监管体系基本建成并不断完善，为支持社会经济发展、深化体制改革和维护社会稳定发挥了重要作用，实现了金融事业的一次又一次跨越发展，为推动我国经济高质量发展提供了坚强保障。这一切深刻揭示了坚持党对金融工作的领导、坚持走中国特色金融发展之路的历史必然性。这一切告诉我们，办好中国金融的事情靠党，应对和战胜前进道路上的各种风险和挑战关键在党。坚持党的领导，首先是坚持党中央对金融工作的集中统一领导，是党的领导的最高原则，任何时候任何情况下都不能含糊、不能动摇，这是我们最大的政治优势。

加强党对金融工作的领导，是我们的鲜明特征。党政军民学，东西南北中，党是领导一切的，是最高的政治领导力量。这也是我们党区别于其他政党的显著标志之一。要坚定坚持和完善党对金融工作的领导，是党和国家的根本所在、命脉所在，是全国各族人民的利益所在、幸福所在。习近平总书记强调："中国特色金融发展之路既遵循现代金融发展的客观规律，更具有适合我国国情的鲜明特色，与西方金融模式有本质区别。我们要坚定自信，在实践中继续探索完善，使这条路越走越宽广。"①要明白国情不同，金融的价值取向不同，金融工作的政治性具体体现在国家经济主权和重要经济职能方面，其首要标志是发行和管理货币，这是国家经济主权的集中体现。我们不可能照搬西方金融为资本服务、为少数有钱人服务的模式，这也是中国特色金融发展之路与西方金融发展之路的显著区别。我们要有政治意识、大局意识、核心意识、看齐意识，坚定维护党中央权威和集中统一领导，自觉在思想上政治上行动上同党中央保持高度一致。我们要发挥党总揽全局、协调各方的领导核心作用，把党统领各方的政治优势、思想优势、制度优势、组织动员优势、人才优势，转化为金融系统治理效能，增强思想自觉和行动自觉，推动金融的高质量发展，确保金融事业始终沿着正确方向行稳致远。

加强党对金融工作的领导，是我们做好工作的第一位要求。习近平总书记关于金融工作的重要论述，科学回答了金融事业发展的一系列重大理论和实践问题，极大深化了我们党对金融发展的规律性认识。我们要深入学习贯彻习近平经济思想特别是习近平总书记关于金融工作的重要论述，提高政治判断力、政治领悟力、政治执行力，不断完善党领导金融工作的体制机制。一要充分发挥金融作为国家调节和引导社会经济活动手段的职能作用，制定和执行货币政策必须服务于国家发展战略和宏观政策，平衡好短期与长期、稳增长与防风险、内部均衡与外部均衡的关系，为稳定物价、促进经济增长、扩大就业、维护国际收支平衡营造良好货币金融环境。二要继续破解金融高质量发展中遇到的体制机制难题，使市场在资源配置中起决定性作用。同时要更好地发挥政府作用，能够把有效市场和有为政府有机统一起来，为推进中国式现代化服务。三要增强科学把握形势

---

① 中共中央党史和文献研究院编：《习近平关于金融工作论述摘编》，中央文献出版社 2024年版，第16—17页。

变化、精准识别现象本质、清醒明辨行为是非、有效抵御风险挑战的能力。面对国际形势深刻复杂变化，经济全球化遭遇逆流，大国博弈日趋激烈，世界进入新的动荡变革期，国内改革发展稳定任务艰巨繁重，战胜风险挑战、实现既定目标、不断推进民族复兴伟大事业，更需要我们增强政治敏锐性，善于从政治上观察、分析金融问题，铸牢党对金融工作的领导这个"定海神针"。抓好思想政治建设是防控金融风险的基础性工程。要以党的政治建设为统领，全面加强党的各方面建设，永远把金融的政治性放在工作的首位而且坚定不移，不断营造有利于高质量发展的金融生态，确保任何时候金融工作都始终为党和国家各项工作提供服务保证。

二、坚持人民性是金融工作最本质的要求

党的二十届三中全会《决定》对深化金融体制改革作出了战略性部署，其中涉及积极发展科技金融、绿色金融、普惠金融、养老金融、数字金融，加强对重大战略、重点领域、薄弱环节的优质金融服务等内容，突出和凸显了坚持人民至上的价值取向。金融工作的人民性和政治性是紧密相连的整体。人民是我们党执政的根基所在、血脉所在。人民性是以习近平同志为核心的党中央总结历史经验，把握新时代金融发展规律，加深对中国特色社会主义金融本质属性的认识，走出的一条中国特色金融发展之路，是习近平新时代中国特色社会主义思想最突出的马克思主义本质属性，也是中华优秀传统文化以人为本思想的集中体现。坚持以人民为中心的价值取向，是由习近平新时代中国特色社会主义思想的世界观、方法论和贯穿其中的立场观点方法所决定的。

金融工作的人民性是党的宗旨决定的。中国共产党来自人民、植根人民。党领导的金融事业起于人民、兴于人民。金融工作根本上就是人民的事业。全心全意为人民服务，为中国人民谋幸福、为中华民族谋复兴，是

坚持中国共产党宗旨的必然要求。习近平总书记说:"我们党的初心和使命是建立在马克思主义科学理论基础之上的。"① 所以,我们党的性质、国家性质,决定了我们的金融工作必须坚持人民至上,人民立场是中国共产党从成立的那天起就确立的根本政治立场,人民性也是我们金融工作永恒的立场。1921 年中国共产党成立不久,9 月 27 日在党的领导下,浙江萧山衙前村农民协会宣告成立,并很快就设立了党领导下的全国第一个信用合作社,目的就是解决农民的资金困难,调动农民劳动生产的积极性。此举得到了广大农民的热烈拥护和积极响应,他们看到了中国共产党是为老百姓谋利益的、是老百姓自己的党,也预示着与半殖民地半封建性质金融体系相抗衡的真正代表人民利益的金融体系将要开启。回望百年,党带领中国人民先后进行了开天辟地的救国大业、改天换地的兴国大业、翻天覆地的富国大业、经天纬地的强国大业,党领导的一代又一代金融人,前赴后继、忘我奋斗,矢志不渝为人民谋幸福、为民族谋复兴,谱写了中华民族恢宏的金融史篇。当今,以习近平同志为核心的党中央立足新的历史方位,把握发展大势、引领时代潮流,乘势而上开启全面建设社会主义现代化国家新征程。历史和现实告诉我们,党的金融工作的路线、方针、政策,始终坚持人民至上、人民利益高于一切。

金融工作的人民性是马克思主义唯物史观的重要观点之一。马克思主义人民观认为,人民是历史的主体,是社会物质财富和精神财富的创造者,是社会变革的决定力量。习近平总书记说:"马克思主义指导我们找到了我国革命、建设、改革的正确道路,给我国社会带来深刻变革,给中国人民带来巨大福祉。"② 还说,"要做好做强马克思主义宣传教育工作,

---

① 《习近平谈治国理政》第三卷,外文出版社 2020 年版,第 529 页。
② 中共中央文献研究室编:《习近平关于社会主义文化建设论述摘编》,中央文献出版社 2017 年版,第 99 页。

特别是要在学懂弄通做实新时代中国特色社会主义思想上下功夫"①。马克思主义是我们立党立国的根本指导思想，以人民为中心的价值取向，是马克思主义唯物史观的重要思想。一是我们党始终坚持马克思主义人民观，并立足不同时期的实际国情，揭示了人民群众在推动社会变革和创造社会财富中的重要作用，揭示了劳动是价值创造的源泉，是社会前进的动力，是马克思主义人民观一系列具有时代特征和民族特色的创新发展。二是作为马克思主义中国化时代化的最新成果，"人民"二字在习近平新时代中国特色社会主义思想中具有基础性、根本性的地位和作用。人民至上是这一重要思想的理论基点、价值支点、实践原点。全心全意为人民服务，是我们党一切行动的根本出发点和落脚点。三是金融工作的人民性，决定了我们走中国特色金融发展之路，就必须坚持以人民为中心的价值取向。2024 年 4 月 22 日，习近平总书记在重庆考察时说："中国式现代化，民生为大。党和政府的一切工作，都是为了老百姓过上更加幸福的生活。"②坚持人民至上、坚守人民立场、坚持人民利益高于一切、坚持人民群众主体地位，紧紧依靠人民群众推动金融高质量发展。始终把人民放在心中最高位置，与人民同呼吸、共命运、心连心。站在人民群众的立场上想问题、办事情、谋事业，始终维护和发展人民群众的根本利益。四是牢记人民是金融工作的命运所系，是金融工作的价值坐标和行动遵循。在推进马克思主义中国化时代化的历史进程中，要在实践和时代发展中坚持马克思主义唯物史观，任何时候都要坚持把马克思主义基本原理同中国具体实际相结合、站稳人民立场、满足人民期盼、尊重人民创造、集中人民智慧，真心诚意为了人民，竭尽全力服务人民，任何时候都把群众利益放在金融工作第一位，让现代化建设成果更多更公平惠及全体人民，把造福人民作为金

---

① 《习近平谈治国理政》第三卷，外文出版社 2020 年版，第 312 页。

② 《进一步全面深化改革开放　不断谱写中国式现代化重庆篇章》，《人民日报》2024 年 4 月 25 日。

融工作的最大政绩和必然要求。作为马克思主义执政党，中国共产党没有任何自己特殊的利益，从来不代表任何利益集团、任何权势团体、任何特权阶层的利益。

金融工作的人民性是中华优秀传统文化的核心政治思想和核心观念的重要体现。习近平总书记强调，"要以时代精神激活中华优秀传统文化的生命力，推进中华优秀传统文化创造性转化和创新性发展"①。以民为本自古以来就是中国传统政治文化的重要思想。人民至上是中华优秀传统思想文化的升华，也是中国共产党作为执政党在治国理政中汲取的重要思想资源和智慧之源。中国共产党在领导人民进行革命、建设、改革伟大实践中，自觉肩负起传承发展中华优秀传统文化的历史责任，是中华优秀传统文化的忠实继承者、弘扬者和建设者。我们坚守中华文化立场、传承中华文化基因，就要不忘本来、吸收外来、面向未来，汲取中国智慧、弘扬中国精神、传播中国价值，不断增强中华优秀传统文化的生命力和影响力，创造中华文化新辉煌。要将中华五千年之历史传承下去，牢记人民是历史真正的创造者，百姓是国家的根本，是决定国家前途命运的根本力量，是真正的英雄。爱民、惠民、利民，让百姓安居乐业，国家才能安宁兴旺发达。要善用中华优秀传统文化不断增强党的自我净化、自我完善、自我革新、自我提高能力，推进党的自我革命、破解百年大党独有难题，把党建设成为始终走在时代前列的马克思主义政党，始终成为中国特色社会主义金融事业的坚强领导核心，团结带领全国人民创造更多的精神财富和物质财富，无论面临多大挑战和压力，无论付出多大牺牲和代价，都始终不渝、毫不动摇。要从中华优秀传统文化中借力，传承和弘扬中华优秀传统文化中的民本思想，任何时候都要体现金融工作的民本情怀，这是党执政

---

① 中共中央党史和文献研究院编：《习近平关于社会主义精神文明建设论述摘编》，中央文献出版社 2022 年版，第 118 页。

兴国的最大底气，是金融工作高质量发展的基础。鉴往知今，政权兴衰的历史周期率一再表明，"江山就是人民，人民就是江山"，牢牢把握以人民为中心的发展思想，始终坚持发展为了人民、发展依靠人民、发展成果由人民共享，就能赢得人民的支持。用金融工作的实效打动人心、温暖人心、影响人心、赢得人心，用金融工作的热度温暖千家万户，满足人民群众多样化、多变性需求，我们党就可以领导人民战胜一切艰难险阻，实现中华民族的伟大复兴，创造更加美好的未来，把造福人民作为最大政绩、历史责任和光荣使命。这是党的金融事业赖以存在的价值。

三、坚持高举旗帜，汇聚团结奋斗勇毅前行的力量

国家兴衰，金融有责。坚持金融工作的政治性、人民性，突出体现了党的金融事业的力量之源和胜利之本，彰显了金融的发展是为经济社会高质量发展提供更优质的服务。加强新形势下金融工作政治性和人民性，就要深刻领悟"两个确立"的决定性意义，增强"四个意识"、坚定"四个自信"、做到"两个维护"，深化对党的执政规律、社会主义建设规律和人类社会发展规律的认识，把党对金融工作的领导贯彻到各方面各环节，遵循历史规律，顺应时代要求。

坚持金融工作政治性和人民性，就要坚定理想信念，在学懂弄通做实上下功夫。习近平总书记要求："学习新时代中国特色社会主义思想，要深刻认识和领会其时代意义、理论意义、实践意义、世界意义，深刻理解其核心要义、精神实质、丰富内涵、实践要求。"[①]一是要深入学习理解习近平新时代中国特色社会主义思想特别是习近平总书记关于金融工作重要论述的核心要义、理论与实践贡献、方法论、历史地位等重要内容，充

---

① 《习近平谈治国理政》第三卷，外文出版社 2020 年版，第 519 页。

分认识到习近平总书记的原创性思想、变革性实践、突破性进展和标志性成果，从政治和大局高度统筹谋划，系统推进金融改革发展稳定工作。二是要时刻用党的创新理论武装头脑、指导实践、推动工作，完整、准确、全面贯彻新发展理念，把道理、学理、哲理弄明白、讲清楚、说透彻，大力推动党的创新理论入脑入心、落地生根。三是要不断提高金融治理体系和治理能力现代化水平，适应新时代新形势新要求，强化金融改革政治担当，抓好改革任务落实，把习近平总书记的重要思想融入金融工作的决策部署、深化改革、日常工作、全面从严治党、班子队伍建设中，把党的领导体现到贯彻落实党的路线方针政策、推动金融业高质量发展的实际行动上。

坚持金融工作政治性和人民性，就要提高政治站位，增强金融报国的崇高情怀。习近平总书记指出："高质量发展就是体现新发展理念的发展，是经济发展从'有没有'转向'好不好'。"[①] 金融工作的政治性是引领，人民性是立场。金融报国就要认识到贯彻新发展理念是新时代金融工作发展壮大的必由之路，胸怀"国之大者"，要躬身力行服务国之所需。紧跟国家和地方重大战略，积极谋划打造与之相适应的综合金融服务体系，集聚更多金融资源支持服务先进制造、数字经济、科技自立自强、绿色低碳、乡村振兴等经济社会发展的重点领域和薄弱环节。金融报国要集中体现为高质量服务实体经济，不能用零和思维理解金融与实体经济的关系，经济与金融是共生共荣，并非此消彼长的对立关系，提升金融支持服务实体经济的深度和广度。以经济可持续发展为前提，有效解决金融服务高质量问题，建立"服务好实体的银行自身也能好"的正确路径。金融报国就要坚守主责主业，坚持守正创新，提高政策传导执行的精准度和实效，满

---

① 《坚持新发展理念打好"三大攻坚战" 奋力谱写新时代湖北发展新篇章》，《人民日报》2018年4月29日。

足经济社会发展和人民群众的需要，切实担负起金融为民、富民、惠民的使命，坚信只有坚持和学习贯彻习近平新时代中国特色社会主义思想，才能实现中华民族伟大复兴。

坚持金融工作政治性和人民性，就要推动金融高质量发展，为新质生产力发展提供坚强保证，建设金融强国。坚持稳中求进工作总基调是中国特色金融发展之路的基本要义之一。建设金融强国和走中国特色金融发展之路，是运用马克思主义基本原理同中国具体实际相结合、同中华优秀传统文化相结合的理论和实践创新成果，是坚持法治和德治相结合、积极培育中国特色金融文化，是中国特色社会主义进入新时代、全面建设社会主义现代化国家、建设金融强国的时代必然和历史必然。在 2017 年7 月 14—15 日召开的全国金融工作会议上，习近平总书记提出了金融工作的"三大任务"，即服务实体经济、防控金融风险、深化金融改革，以及"四项基本原则"，即回归本源、优化结构、强化监管、市场导向，为中国金融发展改革指明了方向。做好科技金融、绿色金融、普惠金融、养老金融、数字金融"五篇大文章"，这是朝着金融强国不断奋进的时代要求。服从服务于经济社会发展，顺应经济社会发展的战略需要、阶段特征和结构特点，牢固树立正确经营观、业绩观和风险观，平衡好功能性与盈利性的关系，因势利导调整完善服务实体经济的重点方向和方式方法。深化改革是金融系统发展的根本动力。要加大金融改革创新力度，优化金融机构体系，完善国有金融资本管理，完善外汇市场体制机制，完善金融产品体系，完善现代金融企业制度，完善公司法人治理结构，优化股权结构，建立有效的激励约束机制，强化风险内控机制建设，加强外部市场约束。引导金融业发展同经济社会发展相协调。强化金融监管，从人民利益出发，提高防范化解金融风险能力，以防范系统性金融风险为底线，守好人民群众的"钱袋子"。坚持市场导向，发挥市场在金融资源配置中的决定性作用，提高金融资源配置效率。以新质生产力加快金融高质量发展。

在 2023 年 12 月召开的中央经济工作会议上，习近平总书记指出："要以科技创新推动产业创新，特别是以颠覆性技术和前沿技术催生新产业、新模式、新动能，发展新质生产力。"①2024 年 1 月，习近平总书记在主持中央政治局第十一次集体学习时再次系统阐述了新质生产力的理论内涵和主要特征，强调新质生产力具有高科技、高效能、高质量特征，以全要素生产率大幅提升为核心标志。这是习近平总书记统筹中华民族伟大复兴战略全局和世界百年未有之大变局，准确洞察和把握世界科技和经济发展趋势，创造性地提出发展新质生产力重大论断，对新时代新征程推动高质量发展、推进中国式现代化、建设金融强国具有重大现实意义和深远历史意义。我们要推进国有大型金融企业对标世界一流金融企业，突出主业、做精专业，不断提升竞争力和国际影响力。聚焦数字化转型方向，提高产品服务与客户需求的适配度，躬身力行为人民群众提供高质量金融服务，帮助实体经济和个人客户创造价值、实现价值，准确把握好金融科技创新的历史机遇期。

做好新时代的金融工作是党的要求，时代的必需，人民的希望，金融系统的责任。金融活，经济活；金融稳，经济稳。我们一定要牢牢把握金融工作的政治性和人民性，以金融高质量发展建设金融强国，助力中国式现代化建设和民族复兴的伟业，让广大的人民群众共享改革发展成果。

---

① 《发展新质生产力是推动高质量发展的内在要求和重要着力点》，《求是》2024 年第 11 期。

培育中国特色金融文化
助力建设现代化金融强国

王曙光[*]

2023 年 10 月召开的中央金融工作会议指出，"党的十八大以来，在党中央集中统一领导下，金融系统有力支撑经济社会发展大局，坚决打好防范化解重大风险攻坚战，为如期全面建成小康社会、实现第一个百年奋斗目标作出了重要贡献""党中央把马克思主义金融理论同当代中国具体实际相结合、同中华优秀传统文化相结合""努力把握新时代金融发展规律，持续推进我国金融事业实践创新、理论创新、制度创新，奋力开拓中国特色金融发展之路"。[①]"两个结合"思想的核心，是要培养一种融汇古今的中国当代金融文化。会议指出，要在金融系统大力弘扬优秀传统文化，坚持诚实守信、以义取利、守正创新、依法合规。我国历史上积淀的以诚信为核心的传统商业伦理和以"义利观"为核心的传统金融价值观，对于我国建设金融强国、培育中国特色金融文化意义深远。我们应珍视这些传统金融文化资源并进行创造性转化和适应性的创新，使这些优秀的道德伦理文化能够真正有机地融入现代化金融强国的具体

---

[*] 王曙光，北京大学经济学院教授、博士生导师，北京大学产业与文化研究所常务副所长。

[①] 中共中央党史和文献研究院编：《习近平关于金融工作论述摘编》，中央文献出版社 2024 年版，第 11、12 页。

实践中。

一、我国古代诚信文化在构建中国特色金融文化中的作用

诚实守信应该说是金融伦理学中首要的伦理原则。市场经济本质上是契约经济，而契约的题中应有之义，是缔约各方都应该遵守诚信原则。可见，诚信是市场经济赖以维系的最根本伦理准则之一。那么什么是诚信？行动与自己的主观思想相符，这是诚；言行一致，叫作信。因此，诚和信是两个互相联系但又不同的范畴。在中国传统农业社会的伦理原则中，"诚信"作为道德的一个重要范畴历来得到思想家们的强调和重视，这说明，信用的观念在农业社会中深入人心且占据着重要的地位。在古代，"诚"和"信"是相通的道德范畴。许慎在《说文解字》中，把"诚"和"信"互训："诚，信也，从言成声；信，诚也，从人从言"。在我国古代类似于原始社会的经济形态中，将"信"作为一种重要的道德实践加以强调，在那种"大同社会"中，"大道之行也，天下为公，选贤与能，讲信修睦"（《礼记·礼运》），描绘了一幅社会成员之间互相信任从而构造和谐社会的画面。儒家经典《论语》中，孔子把"信"列为"四教"之一，"子以四教：文，行，忠，信"（《论语·述而》）。孔子强调"信"是一个人行为的基础："人而无信，不知其可也。大车无輗，小车无軏，其何以行之哉？"（《论语·为政》），意思是：人没有信用，真不知道怎么可以呢！就好比大车上没有輗，小车上没有軏，它靠什么行走呢？《论语》既把"信"作为人际交往的基本准则（"与朋友交，言而有信"，见《论语·学而》），也当作国家治理的一个基本方略（"君子信而后劳其民"，见《论语·子张》）。早期儒家学派的这些思想在后期的继承者那里得到更深刻的阐发，孟子把"朋友有信"与"父子有亲，君臣有义，夫妇有别，长幼有序"并列为"五伦"（《孟子·滕文公上》），

明确了"信"在传统道德谱系中的地位。先秦其他学派的思想家也都强调"信"作为道德规范的巨大作用。墨子说:"志不强者智不达,言不信者行不果"(《墨子·修身》);老子说:"信言不美,美言不信"(《道德经》第八十一章);韩非子说:"小信成则大信立,故明主积于信"(《韩非子·外储说左上》)。

庄子所讲的"尾生抱柱"和韩非子所讲的"曾子宰猪"的故事,历代传为美谈,成为传统文化里教人守信常用的著名典故。《庄子·盗跖第二十九》:"尾生与女子期于梁下,女子不来,水至不去,抱梁柱而死。"意思是:尾生和一个女子相约在桥下见面,到时那女子却没有来,于是潮水涌来尾生也不肯离去,结果搂着桥柱而死。"曾子宰猪"的故事见于《韩非子·外储说左上》:曾子的妻子准备去赶集,孩子哭闹不已,曾子的妻子许诺孩子赶集回来杀猪给他吃(用这种方法来哄孩子)。曾子的妻子从集市回来后,曾子就捉猪来杀,妻子阻止说:"我不过是哄孩子玩的。"曾子说:"跟孩子是不可说着玩的。小孩子不懂事,凡事跟着父母学,听父母的教导。现在你哄骗他,就是教孩子骗人啊!"于是曾子就把猪杀了。

我国古代积累了丰厚的诚信文化理念和诚信文化的经济实践。近现代以来,随着中国金融体系的成长发展,本土化的金融机构也继承发扬古代的优秀传统文化,并与时代需求相呼应,创建了近现代金融体系的诚信文化。近代山西票号建立了自己牢固的信用文化。山西票号笃守信用,视信用为生命,轻财尚义,在全国近代商帮中都有口碑。山西票号有一首诗,要求当时票号中每个人都会背:"平则人易信,信则公道著,到处树根基,无往而不利。"山西票号高度重视员工道德建设,以山西人的精神偶像关羽的德行来激励和感召票号员工。晋商在各地建设山西会馆,首先就要立关帝像,关帝像一竖立,整个晋商就有了精神归属,时刻教育员工以关羽为榜样,恪守忠诚信义。山西票号的道德信条是:"重信用、除虚伪、节情欲、敦品行、贵忠诚、鄙利己、奉博爱、薄嫉恨、喜辛苦、戒奢华"①。

二、中国古代义利观对构建中国特色金融文化的重要意义

践行"把马克思主义金融理论同当代中国具体实际相结合、同中华优秀传统文化相结合",一个基本的前提是继承我国自己的源远流长、根深叶茂的传统价值体系,来构建现代化金融价值观体系。我国传统价值体系的核心是"义利观"。发掘和阐释中国传统"义利观",将这些优秀价值观体系有机融入现代金融体系,在新时代进行适应性的转化和创新,这是建设中国特色金融现代化道路、建设现代化金融强国的必由之路。

义利观是儒家的核心思想,被称为"儒家第一义"。作为儒家学派的创始人,孔子对义利范畴的论述、对中国传统经济思想史和伦理思想史产生了深远的影响。孔子及其早期儒家学派在义利方面的观点可以概括为"义主利从论",即在义和利的关系中,"义"是核心的价值观,"利"要服从"义",谋利要合乎价值准则和伦理规范,但孔子及早期儒家学派并不否定"利"的合理性。在这方面,孔子有很多精辟论述,他说:"君子喻于义,小人喻于利"(《论语·里仁》);"不义而富且贵,于我如浮云"(《论语·述而》);"富与贵,是人之所欲也,不以其道得之,不处也"(《论语·里仁》)。有些人把孔子学说中的义利观理解为"义"和"利"对立的关系,以为孔子倡导"义"而否定"利",把仁义作为君子的行为准则而完全鄙弃"利",从而把孔子理解为一个单纯强调道德准则而否定功利准则的道德至上主义者,这是极大的误解。这种片面的理解不利于我们全面理解孔子的经济伦理观念。在孔子看来,一个君子,要以社会价值准则为行动指南,而不以自己的私利来破坏这种价值准则;当一个人以正当的方

---

① 王曙光:《金融伦理学》,北京大学出版社2023年版,第316—322页。

式和合宜的途径，获得正当的利益，这是值得肯定的，孔子所批评的是"不义而富且贵"，而不是简单地否认一切追求"富贵"的行为。他曾说过这样的话，"富而可求也，虽执鞭之士，吾亦为之"（《论语·述而》），可见孔子并不鄙薄功利和富贵，只要这种追求富贵的行为不损害公认的社会价值准则和道德观念。甚至孔子还半开玩笑地对自己的得意弟子颜回说："使尔多财，吾为尔宰"（《史记·孔子世家》），可见孔子在财富（利）的问题上是很通脱的，完全没有后来人们误解的道学家的教条主义色彩。

孔子的义利观可以分为两个层次。第一个层次是"见利思义"，笔者称为"儒家经济伦理第一定理"，这是一个底线原则，也是一个消极原则。其实，"见利思义"、"见得思义"（《论语·季氏》）、"义然后取"（《论语·宪问》）等类似的话，在《论语》中多处谈到。"见利思义"，即是当一个人或企业面临利益（主要是指物质或非物质的功利）关系时，要以是否合乎"义"为标准，来判断是否获得或占有这些"利"。所谓"君子爱财，取之有道"，否则就是"见利忘义"。对于那些损害他人和社会道德准则的获利机会（其实名誉等也是一种利），一个正直的人或企业应该毫不犹豫地放弃。在孔子看来，不仅追求个人私利应该以一定的道德准则为前提，就是在追求集团或国家利益时，也要以"义"为前提，反对不择手段追求集团和国家的利益。这一观点对我们当今理解企业社会责任有着特别重要的意义。在最低的个人私利的层次上，我们都可以理解，一个企业的员工应该遵守基本的道德准则，应该以正当的方式获取自己的利益，而不应该破坏职业道德操守获得不正当的私利。但是，如果为了更高的企业利益，很多企业员工和管理层就认为可以"不择手段"，因为他们以为，他们的行为不是为了个人私利，而是为了企业发展和生存，所以即使有些行为破坏了社会道德准则，也是值得赞赏的。如很多投资银行职员为了企业的高利润不惜损害客户和社会的利益而推销高风险的衍生金融产品，结果这种看起来符合企业"公利"的行为却恰恰损害了更高层次的社会"公利"。在孔子看来，即使为了企业"公利"，这种不道德的行为也是必须被谴责的，这是企业社会责任的题中应有之义。

儒家经济伦理的第二个层次是"义以生利"，笔者把这个原则称为"儒家经济伦理第二定理"，这是一个更高的经济伦理原则，是一个更为积极的原则。"义以生利"这个命题意味深远。孔子虽然"罕言利"，但是他也非常清楚，"利"是人之"大欲"，他是承认人的正当的利益需求和功利欲望的，并不是一个不食人间烟火的道学家。但他为什么又"罕言利"呢？这可以从两个层面去理解。第一个层面，孔子认为，在"义"和"礼"的范围之外，不能言利，"义"对于"利"有道德价值上的优先性，不能破坏道德准则去获利；第二个层面，在"义"和"礼"的范围之内，不必谈"利"，因为在孔子看来，只要符合"义"和"礼"，利就自然而然获得了。赵靖先生曾在《中国经济思想通史》中，精辟地谈道："'义'以外的'利'是'君子'所不当言，'义'以内的'利'是君子所不需言——这就是孔丘'罕言利'的秘密所在。……在孔丘看来，'义'不但体现着君子之德和君子之质；而且义对利既有约束、规范的作用，又有保证的作用，所以在义和利的关系中，必须把义放在主导的地位，而利只能处于从属的地位。"[1]如果抽象掉孔子说"义以生利"的历史背景和阶级背景，那么这句话对于我们今天理解企业社会责任有什么现实意义呢？笔者认为，"义以生利"的观点，从现代经济学的视角来看，也是有很深刻的合理性的。"义"作为一种道德准则体系和行为规范，如果被行为主体（无论是个人还是企业）切实地实行，必然为行为主体带来极大的社会声誉，其社会信用度和美誉度就会极大地提升，从而积累极为珍贵的"社会资本"。社会资本比物质资本、金融资本、知识资本更重要，是决定行为主体经济效率和经济利益的重要变量。因此，如果一个行为主体在经济运行和企业实践中遵

---

[1]　赵靖主编：《中国经济思想通史》第1卷，北京大学出版社1991年版，第87页。

循了"义"，模范地执行了道德准则，为社会创造了价值和福利，则其社会资本就会增多，其成功的可能性就越大，也就是说，"义"直接带来了"利"。这就是用现代经济学和社会资本观点来重新阐释的"义以生利"。

可见，如果抛开具体的历史环境和阶级背景，"义以生利"对现代社会运行也是有巨大的借鉴意义的。这难道不是企业社会责任最精彩的阐释吗？一个企业为什么应该履行企业的社会责任，为什么应该为社会创造价值和福利而不是损害社会价值和福利，就是因为"义以生利"，就是因为模范地履行社会责任能够为企业带来巨大社会资本，从而赢得更高社会认同，获得更多商业利润。如，一个银行如果模范地履行其社会责任，在促进环境保护、可持续发展、增进性别平等、促进社区发展和民族文化多样性等方面做得很优秀，它必然会赢得巨大的社会声誉，这种社会声誉对于银行而言就是一笔巨大的难以替代的"社会资本"，它赢得了社会的广泛信任，因而其客户美誉度和信任度就会大幅提升，从而会赢得大量的商业机会和利润。再如，一个会计师事务所如果能够严格地履行其职业规范和道德准则，维护自己的信用，那么它必然会奠定长久发展的坚实基础，对于一个会计师事务所而言，坚守道德准则这样的符合"义"的行为，直接就可以为它带来"利"，这就是"义以生利"。反之，如果这个会计师事务所采取欺诈的手段破坏诚信，为整个社会提供假信息，那么它存在的根基就会坍塌，没有了"义"，"利"就会随之消失，美国安达信的覆灭不就是一个生动例证吗？可见，对于企业来说，"见利思义"是一个基本的道德自律原则，也是一个消极的底线原则，而"义以生利"则是一个更加积极的商业原则。

三、温故知新：汲取历史资源，培育中国特色金融文化

习近平总书记在中央金融工作会议上提出的"把马克思主义金融理论

同当代中国具体实际相结合、同中华优秀传统文化相结合"的"两个结合"的思想，将是未来我国建设现代化金融强国的长期指导思想。这一思想的核心内容，是要培养一种融汇古今、涵纳中西的崭新的中国当代金融文化。未来中国将致力于以中央金融工作会议的"两个结合"为指引，将中华优秀传统文化融入我国的现代化金融强国的建设中，这是一个古为今用、借古开今、温故知新的长期过程。我国历史上的传统文化积淀要适应现代化金融发展的需要，进行创造性转化和适应性的创新，使这些优秀的道德伦理文化能够真正有机地融入现代化金融强国的具体实践中。在今天的金融交易、金融发展和金融创新实践中，以诚信为代表的传统伦理文化更是凸显出它的价值和意义，因为在现代金融体系中，由于金融市场中各种金融创新层出不穷，各种衍生产品不断涌现，而这些衍生品交易大量使用虚拟交易手段，采用计算机终端进行交易，交易各方并不直接见面，因而对于这些虚拟化的交易，诚信就显得更加必要。同时，我国传统的义利合一、以义取利的价值观，将成为我国培育中国特色金融价值体系的指导思想。今天，金融价值观已经成为金融业建设金融文化、构建本土金融品牌的核心内容，也是保障金融体系能够有效安全运作的重要前提。中国古代"义利观"所包含的丰富内容，以及先秦至晚清以来中国传统商业和金融企业在"义利合一"方面的丰富实践（如山西票号等），为我国当代金融价值体系建设提供了极为宝贵的历史资源。我们应该继承和发扬这一优秀传统，按照习近平总书记在中央金融工作会议上"以义取利"的基本要求，全方位构建中国金融价值体系，为建设现代化金融强国奠定价值基础和文化基础。

增强领导干部金融思维和金融工作能力

许正中[*]

2023 年 10 月召开的中央金融工作会议指出，做好当前和今后一个时期的金融工作必须以加快建设金融强国为目标，以推进金融高质量发展为主题，以深化金融供给侧结构性改革为主线，以金融队伍的纯洁性、专业性、战斗力为重要支撑，以全面加强监管、防范化解风险为重点。会议还提出，要坚持政治过硬、能力过硬、作风过硬标准，锻造忠诚干净担当的高素质专业化金融干部人才队伍。这体现了党中央对提高金融工作能力本领的要求。

金融是国民经济的血脉，也是未来产业的催化剂、新兴战略性产业的助力器、传统产业优化升级的提升机，更是数字时代国家核心竞争力的主动力。随着经济全球化的不断推进，金融产业日益多元、科技创新日新月异、产业变革风起云涌，懂经济、懂产业、懂金融越发成为各级领导干部尤其是高级干部政治素养的核心，成为各级领导干部推动高质量发展的"必修课"。世界各主要经济体的现代化历程，金融在其中均发挥了不可或缺的重要支撑作用。现在，人类又一次到了从工业经济向数字经济质变的突变期，金融在活化数字要素、催生新产业、转换发展动力方面都起着不可或缺的决定性作用。习近平总书记强调，"大国崛起离不开强大金融体

---

* 许正中，中央党校（国家行政学院）经济学教研部副主任。

系的关键支撑，如果金融搞不好，甚至爆发金融危机，那么经济发展必然
受到重挫，现代化进程可能迟滞甚至中断"①。这对于以金融高质量发展助
力强国建设、民族复兴伟业，建设金融强国，具有重要而深远的意义。

党的十八大以来，我们积极探索新时代金融发展规律，不断加深对中
国特色社会主义金融本质的认识，不断推进金融实践创新、理论创新、制
度创新，积累了宝贵经验，逐步走出一条中国特色金融发展之路。明确了
新时代新征程金融工作怎么看、怎么干，是体现中国特色金融发展之路基
本立场、观点、方法的有机整体。中国特色金融发展之路既遵循现代金融
发展的客观规律，更具有适合我国国情的鲜明特色，与西方金融模式有
本质区别。我们要坚定自信，在实践中继续探索完善，使这条路越走越
宽广。

一、金融思维和工作能力对领导干部的重要性

（一）金融强国背景下金融思维的重要性

1.金融思维对经济高质量发展的驱动作用

金融思维是领导干部金融工作能力的"根"与"魂"。2024 年 1 月 16
日，习近平总书记在省部级主要领导干部推动金融高质量发展专题研讨班
上的讲话中指出，"要增强金融思维和金融工作能力，坚持经济和金融一
盘棋思想，认真落实中央金融工作会议的各项决策部署，统筹推进经济和
金融高质量发展，为以中国式现代化全面推进强国建设、民族复兴伟业作
出新的更大贡献"②。金融思维包括信用思维、预期思维、杠杆思维、边际

---

① 中共中央党史和文献研究院编：《习近平关于金融工作论述摘编》，中央文献出版社
2024 年版，第 13 页。
② 《坚定不移走中国特色金融发展之路　推动我国金融高质量发展》，《人民日报》2024
年 1 月 17 日。

思维、对冲思维等。当前，中国正在第四次产业革命主导权的竞争中努力，金融已经成为世界级的经济竞争工具和军事战争手段。在中华民族伟大复兴的历史关口，各级领导干部尤其是我党高级干部必须掌握现代金融知识，学会运用各种金融工具，用好金融这个"发动机"。世界大势和我们共产党人的历史使命，更要求我们各级领导干部尤其是高级干部要深化对金融本质和规律的认识，立足中国实际，走出中国特色金融发展之路。"搞社会主义市场经济是我们党的一个伟大创造。既然是社会主义市场经济，就必然会产生各种形态的资本。资本主义社会的资本和社会主义社会的资本固然有很多不同，但资本都是要追逐利润的。'合天下之众者财，理天下之财者法。'我们要探索如何在社会主义市场经济条件下发挥资本的积极作用，同时有效控制资本的消极作用。"①领导干部只有具备金融思维，才能更好地把握经济发展的规律，引领经济高质量发展。

2. 金融思维在领导干部决策中的核心地位

一要增强防控风险的思维。金融的本质是经营风险，风险防控始终是金融领域的永恒主题。习近平总书记强调："金融安全是国家安全的重要组成部分，是经济平稳健康发展的重要基础。"②领导干部要具备风险意识，学会在风险中寻找机遇，在机遇中防范风险。要善于运用金融思维，把握金融规律，提高防范化解金融风险的能力。通过建立健全风险预警机制和应急预案、加强金融监管、规范市场秩序等措施，切实防范化解金融风险。建立干部交流机制，选拔具备潜力的干部到金融机构或相关部门锻炼、学习，深入把握金融市场的运作机制和规律，在应对风险时游刃有余。同时，善于借鉴国际有益监管经验，积极构建具有国际视野、符合市场化运行规则、立足现代发展的金融监管模式，运用先进技术和计算机通

① 《习近平著作选读》第二卷，人民出版社2023年版，第576页。
② 中共中央党史和文献研究院编：《习近平关于总体国家安全观论述摘编》，中央文献出版社2018年版，第95页。

信技术进行非现场监督，提高及时预警、处理、反馈能力。二要增强以人民为中心的思维。金融思维是领导干部与群众的连心桥。习近平总书记强调，"要始终坚持以人民为中心的发展思想，推进普惠金融高质量发展"[1]。领导干部要树立以人民为中心的发展思想，用金融思维解决群众的实际问题。通过优化金融服务，创新金融工具，提高服务效率，让群众感受到金融服务的便利和温暖，共享金融改革发展成果。三要增强经济和金融一盘棋思维。金融支持中国式现代化的积极作用，建立于"好金融"的基础之上，而非提高金融中介成本、降低金融资源配置效率的"坏金融"，后者通常表现为资金脱实向虚和实体经济金融化，其后果一如亚当·斯密对于一国工商业过度金融化的警示——"当他们这样或者如以前一样'依赖纸币做成的代达罗斯翅膀'的时候，是不能做到完全的安全无忧的。"[2]"好金融"与"坏金融"的思想根源差异，就在于是否秉持了"金融与经济共生共荣"的理念。

（二）强化金融思维的关键方法

1.善于运用马克思主义世界观和方法论

关于金融资本的一些基本理论，马克思有系统的阐发，包括：在劳动价值论的基础上说明了货币的本质和运动规律；在剩余价值理论的基础上揭示了资本的本质和运动规律；在资本流通过程中揭示了货币资本的循环与周转；在资本主义经济的总过程中揭示了生息资本、信用和虚拟资本的性质和作用；在生产过剩的基础上说明了货币危机和信用危机；等等。马克思的这些理论不仅构成了马克思主义金融理论的核心内容，更重要的是确立了马克思主义金融理论的方法论基础。例如有关金融风险产生与防范

---

[1]《加快建设世界一流企业　加强基础学科人才培养》，《人民日报》2022年3月1日。

[2]　转引自海因茨·D.库尔茨：《经济思想简史》，李酣译，中国社会科学出版社2016年版，第36页。

的理论。《资本论》第三卷第五篇中阐述了虚拟资本的产生、内涵及其与实体经济的关系。马克思认为，信用发展到一定阶段会引发虚拟资本的出现；虚拟资本加速了资本主义的发展；虚拟资本的发展既有积极作用的一面，又有消极影响的成分；它既会造成生产垄断及两权分离，又会导致金融体系出现投机、欺诈、神经过敏、金融贵族等新问题和新状况；金融体系的这些问题与状况是引发金融风险、带来市场波动的关键原因，不及时纠正会造成金融危机爆发；虚拟资本市场既然存在风险和投机，就有可能"发展成为最纯粹最巨大的赌博欺诈制度"①。

马克思认为，"任何银行立法也不能消除危机"②。也就是说，仅仅运用金融手段来管控金融风险具有局限性。这充分说明在市场经济中，单靠市场主体内部的一些制度约束、行业自律或者是内部的一些潜规则来防范金融风险是远远不够的，需要有一个内外一致、互联互通、统筹协调的监管来约束，才能真正防范金融风险。金融监管可以防范化解金融危机，而防范化解金融危机最关键的就是要加强金融监管，所以，马克思金融监管理论是马克思金融风险理论中极为关键的理论。

习近平总书记立足世界百年未有之大变局，紧密结合中国实际，在坚持马克思金融风险理论基础上，揭示了金融风险预警理论，金融风险的种类、成因与防控理论，金融监管理论和打好防范化解金融风险攻坚战理论等，为有效解决中国特色社会主义建设时期的金融风险防范、化解问题提供了良好的理论指导，也进一步丰富和发展了马克思金融风险理论。习近平总书记指出："大量资金流向虚拟经济，使资产泡沫膨胀，金融风险逐步显现，社会再生产中的生产、流通、分配、消费整体循环不畅。"③习近平总书记将金融安全置于国家安全的战略高度来认识和把握，是对防

① 《资本论》第 3 卷，人民出版社 2004 年版，第 500 页。

② 《马克思恩格斯文集》第 7 卷，人民出版社 2009 年版，第 554—555 页。

③ 《习近平谈治国理政》第二卷，外文出版社 2017 年版，第 241 页。

范化解金融风险的深刻思考，也是对马克思关于金融风险防范化解理论的进一步创新与发展。

2. 坚持系统观念

习近平总书记强调，要"坚持系统观念，着力固根基、扬优势、补短板、强弱项，推动经济社会全面协调可持续发展"①。党的二十大报告把"坚持系统观念"作为习近平新时代中国特色社会主义思想世界观和方法论的重要内容，并认为系统观念能为"推进党和国家各项事业提供科学思想方法"。② 系统的整体性强调系统整体与其组成部分、要素之间的关系。金融是一个庞大而复杂的系统，它由很多要素构成，包括金融市场、金融机构与金融工具。这个系统存在的目的就是让资金能够自由、安全、高效、持续地流动。在资金的不断流动中，企业获得了生产经营活动所需要的资金，而资金的供应方获得了相应的回报，从而促进了整个社会财富的增长。党中央将金融工作作为一个复杂的系统工程来把握和谋划，通过普遍联系的、全面系统的、发展变化的观点来理解中国特色金融发展之路。

3. 保持历史耐心和战略定力

习近平总书记强调，"应对金融风险和挑战必然要付出代价、经历痛苦，对此要保持战略定力"③。当前我国经济发展任务繁重、问题复杂，建设金融强国是一项长期而艰巨的历史性任务，金融思维的提高有助于准确把握面临的重大战略机遇，看大局、谋大势，分清主流、支流，抓住经济

① 《习近平谈治国理政》第四卷，外文出版社 2022 年版，第 120 页。
② 习近平：《高举中国特色社会主义伟大旗帜　为全面建设社会主义现代化国家而团结奋斗——在中国共产党第二十次全国代表大会上的报告》，人民出版社 2022 年版，第 20—21 页。
③ 中共中央党史和文献研究院编：《习近平关于金融工作论述摘编》，中央文献出版社 2024 年版，第 75 页。

金融发展中的问题要害和主要矛盾，既要保持战略清醒，不急于求成，又要积极作为，稳中求进、改革创新。把握适应经济发展新常态，坚持稳中求进工作总基调，谨慎行事，稳扎稳打，耐心镇定地解决好金融工作的新难题，时刻警惕金融活动中急功冒进、盲目投机等错误思想和行为的出现。

（三）构建适应变化的金融思维框架

1.培养宏观全局性思维

面对金融市场这个复杂的系统，涉及多个领域和方面，领导干部要具备全局观念，从宏观的角度看待市场的变化和趋势，利用大规模市场的优势，在全国范围内通过市场机制，提高资源配置效率，超越企业、行业、地区的局部，实现全局最优资源配置。在稳定经济发展全局的基础上，巩固发展成果，把握发展机遇，善于化危为机，不断积极进取，努力推进关键领域突破，推动我国经济持续健康发展。

2.加强风险意识和管理

习近平总书记指出，"金融既有管理和分散风险的功能，又自带风险基因"[1]。通过加强风险意识，加强金融监管，密切监测，才能有效防范化解金融风险。通过提高金融监管有效性，依法监管所有金融活动，全面强化机构监管、行为监管、功能监管、穿透式监管、持续监管，消除监管空白和盲区，严格执法、敢于亮剑，严厉打击非法金融活动，才能及时处置金融机构风险。维护金融市场稳健运行，规范金融市场发行和交易行为，合理引导预期，防范风险跨区域、跨市场、跨境传递共振。把握好权和责的关系，健全权责一致、激励约束相容的风险处置责任机制；把握好快和

---

[1] 中共中央党史和文献研究院编：《习近平关于金融工作论述摘编》，中央文献出版社2024年版，第15页。

稳的关系，在稳定大局的前提下把握时度效，扎实稳妥化解风险，坚决惩治违法犯罪和腐败行为，严防道德风险；对风险早识别、早预警、早暴露、早处置，健全具有硬约束的金融风险早期纠正机制。

3. 树立正确的金融价值观

金融的核心是价值交换和增值。习近平总书记强调，"面对经济周期波动和社会预期快速变化等不确定性条件，利益诱惑大，参与者行为变化快"[1]。领导干部培养正确的价值观念，才能理解市场经济背后的价值逻辑。金融思维的培养就是树立正确的价值观，坚守以人民为中心的价值取向。社会主义金融运行要遵循人民福祉和价值增值统一的规律，注重金融发展的普惠性，满足经济社会发展和人民群众的需要，不断增强人民群众获得感、幸福感、安全感。始终把实现人民对美好生活的向往作为金融工作的出发点和落脚点。

（四）提高并强化金融工作能力

领导干部要努力学习金融知识，熟悉金融业务，把握金融规律，既要学会用金融手段促进经济社会发展，又要学会防范和化解金融风险。提高领导干部金融工作能力要紧紧抓住两个关键：一是要注重提高系统化推进服务实体经济的能力。习近平总书记指出，"为实体经济服务，满足经济社会发展需要，是金融的本分"[2]。发展金融必须从我国实际出发，深刻总结金融发展改革的历史经验与教训，准确把握我国金融发展特点和规律，形成符合中国国情和历史特点的金融思维与工作能力。二是要注重提高新技术在金融领域的创新应用能力。习近平总书记强调："要扎根于为实体

---

[1] 中共中央党史和文献研究院编：《习近平关于金融工作论述摘编》，中央文献出版社2024年版，第73页。

[2] 中共中央党史和文献研究院编：《习近平关于金融工作论述摘编》，中央文献出版社2024年版，第50页。

经济服务、适应消费者和投资者需要进行金融创新。"①科技创新不是颠覆了金融体系，而是经过实践检验后逐步融入金融体系。金融科技使得电商与金融跨界成为可能，这不仅改变了用户的行为习惯，由线下消费、交易转移到线上，而且提升了金融服务的运转效率。根据当前应用来看，金融领域基本上可以针对各类复杂金融业务问题实行有效处理。领导干部通过技术管理工作，继续推动我国金融业的数字化转型，提高我国数字金融国际竞争力。

二、在金融领域持续学习与实践的必要性

（一）提升金融学习与领悟力

1. 增强对金融政策的解读能力

金融作为国家关键核心产业和宏观调控的重要杠杆，金融业和金融政策不仅关乎国家经济的稳定和整体走势，还会对企业的投资行为和经营策略产生深远影响。因而，正确定位企业在政策环境中的位置，在遇到金融政策调整时，依靠金融政策调整的敏感度，更好解读国家金融政策指向和内涵，解决融资难、成果转化率低等现实问题。

2. 加深对金融规律的认识和把握

习近平总书记强调，"各级领导干部特别是高级干部要加强金融知识学习，加深对金融规律的认识和把握"②。不断加强对金融知识及经济、法律、会计、科技、社会等相关领域基础知识学习，既了解金融机构、金融工具、金融业务，又把握金融体系、投融资体制机制、风险防控等。在掌握知识、弄清原理的基础上，要结合实际做好实践运用，自觉按照经济规

---

① 《习近平著作选读》第一卷，人民出版社 2023 年版，第 617 页。

② 中共中央党史和文献研究院编：《习近平关于金融工作论述摘编》，中央文献出版社 2024 年版，第 28 页。

律、市场规律、金融规律办事，做到依法管理金融、科学发展金融，不断健全风险防范化解机制，切实防范和化解金融风险，维护金融稳定。

3.提高应用金融规律于实际决策的能力

习近平总书记要求，"要能力过硬，精通金融业务，把握金融规律，切实解决实际问题"[①]。当前我国经济金融发展面临严峻复杂的内外部环境，金融工作复杂多变，金融干部在面对棘手问题和突发挑战时，要积极开动脑筋想办法，创新金融工作思路，创造性地开展工作，不简单将问题矛盾上交，也不将责任下卸。正确的决策、正确的判断，来自科学的理论依据和深入实际的调查研究。理论是实践的指南，情况明才能决心大。通过金融领域科学理论的掌握，研究经济活动和金融活动的内在联系，根据金融领域中的各种具体的应用场景，从金融信息中获取对金融决策过程有价值的金融知识，从而有效地辅助和支持决策者的金融决策，更好地促进和提高投资决策、风险管理和金融监管等金融决策的效率与质量。

（二）强化经济金融风险管理能力

1.培养前瞻性的风险识别能力

在经济全球化进程的背景下，在面对国内与国外经济下行压力等因素的影响下，国际金融危机的外溢性风险点屡见不鲜，进而对我国金融安全造成冲击，危害国家金融安全稳定。习近平总书记强调："准确判断风险隐患是保障金融安全的前提。"[②]各级党组织和领导干部要多做前瞻性思考和长远性谋划，要善于分析事务发展的长期走势。通过把握各项工作未来发展的趋势，培养前瞻性的风险识别能力，未雨绸缪，准确预判，不忽视

---

① 中共中央党史和文献研究院编：《习近平关于金融工作论述摘编》，中央文献出版社2024年版，第32页。

② 中共中央党史和文献研究院编：《习近平关于总体国家安全观论述摘编》，中央文献出版社2018年版，第96页。

任何风险与隐患。

2. 发展持续的风险监控能力

习近平总书记强调："金融风险有的是长期潜伏的病灶，隐藏得很深，但可能爆发在一瞬之间。"① 对风险早识别、早预警、早暴露、早处置，健全具有硬约束的金融风险早期纠正机制，切实增强风险事件应急预案的针对性和实操性。金融风险涉及领域较多，随着经济社会的快速演变，风险的表现方式和影响程度也变化不一。就过去而言，最重要的风险是流动性风险和信用风险，而现在关联交易风险、互联网金融风险、影子银行风险等非传统性风险的冲击是致命性的。要综合分析研判金融风险暴露的表现和影响，根据情况变化及时调整完善应急预案相应的参数值和重点内容，确保高频类风险事件都有对应处置方案。要常态化开展风险事件发生场景预设管理和应对压力测试，只有常练兵才能在风险真正发生时，能够对风险事件实施有效的管控和及时的压制。

3. 提升快速有效的风险处置能力

习近平总书记强调，"要提高紧急状态下风险研判的准确性，完善系统性风险认定机制"②。不断提高金融领域领导干部快速把控风险和风险处置的能力。在工作中，领导干部会面临各种风险和挑战，如市场风险、操作风险、信用风险等。金融风险意识和风险处置能力可以帮助领导干部更早、更好地应对这些挑战，确保企业或组织的稳定发展。具体来说，具有风险识别能力，能够及时发现和识别潜在的风险因素，并对其进行分类和判级。要具有风险评估能力，对识别出的风险进行量化和评估，确定其影响程度和可能性。要具有风险应对策略制定能力，根据风险评估结果，制

① 中共中央党史和文献研究院编：《习近平关于总体国家安全观论述摘编》，中央文献出版社 2018 年版，第 93 页。

② 中共中央党史和文献研究院编：《习近平关于金融工作论述摘编》，中央文献出版社 2024 年版，第 97 页。

定相应的风险应对策略和措施，降低金融风险的影响。要具有风险监控能力，建立健全风险监控机制，实时监测风险的动态变化，确保风险在可控范围内。要具有风险处置能力，在风险发生时，能够迅速采取有效措施进行处置，降低风险损失。通过培养和提高这些能力，领导干部可以更好地把控工作中的风险，为企业或组织的稳定发展提供保障。

（三）增强金融决策与政策执行力

1.提升投融资决策的精准性

习近平总书记强调，"完善定期研究金融发展战略、分析金融形势、决定金融方针政策的工作机制，提高金融决策科学化水平"[①]。我国处于社会主义市场经济体制下，主张市场在资源配置中的决定性作用，精准的金融政策对保持资本流动性合理充裕具有重要意义。处于竞争环境中，金融机构一方面要对投资机会进行快速反应，当投资机会出现时，具备捕捉机会的投资能力。另一方面，宏观经济环境变化会影响货币金融政策，政府部门在出台相关调控政策时，关注到融资方式上的差异以及不同金融发展水平对融资的影响，在宏观经济环境的不同阶段对于融资渠道的支持有所侧重，继续推出直达实体经济的货币政策工具，以满足在不同宏观经济环境下的融资需求，推动金融供给侧结构性改革。

2.加强金融政策的执行力

习近平总书记强调，"金融系统要切实把思想和行动统一到党中央决策部署上来，把我们的政治优势和制度优势转化为金融治理效能，确保金融事业始终沿着正确的方向前进"[②]。政策执行需要不同参与主体(如政府

---

① 中共中央党史和文献研究院编：《习近平关于金融工作论述摘编》，中央文献出版社2024年版，第73页。

② 中共中央党史和文献研究院编：《习近平关于金融工作论述摘编》，中央文献出版社2024年版，第30页。

部门、社会机构、目标群体等）的密切配合，执行过程涉及解释、宣传、实验、实施、协调与监测等多种行动，"执行上不够和谐"在一定程度上导致相关政策、法规流于形式。结合政策作用对象特点，扩大政策宣传覆盖范围，强化政策信息的宣传广度与深度。通过明确主体职责、优化执行流程，将国家政策与区域政策协调配合，形成部门间有效合作，进一步提升政策服务质量与效率。

3. 增强金融防腐能力

习近平总书记强调，"锻造忠诚干净担当的高素质专业化金融干部人才队伍。对金融干部人才队伍必须高标准、严要求"①。监管监督、指导和检查是预防腐败的重要手段，也是领导干部必备的能力之一。通过有效的监管和检查，可以及时发现和纠正不正之风和腐败行为。具体来说，一是建立健全监管机制。制定完善的监管制度和流程，确保各项工作有章可循、有据可查。同时，要明确各级领导干部的监管职责和权限，形成齐抓共管的局面。二是强化监督执纪问责。加强对关键岗位和重点领域的监督，及时发现和纠正违规违纪行为。对于发现的腐败问题，要严肃查处，决不姑息迁就。三是加强教育和培训。通过开展廉政教育和培训，提高领导干部的廉洁自律意识，增强拒腐防变的能力。四是促进信息公开透明。加强信息公开工作，提高企业或组织的透明度，让权力在阳光下运行，防止暗箱操作和权力寻租。

（四）提升应对国际金融市场震荡的能力

1. 培养国际市场的洞察力

历史经验表明，在世界经济复苏基础较弱的情况下，大国货币政策调

---

① 中共中央党史和文献研究院编：《习近平关于金融工作论述摘编》，中央文献出版社2024年版，第32页。

整和转向很可能导致全球资金流向发生急剧变化，引起一些国家经济金融风险甚至社会政治动荡。我们要坚持底线思维，密切关注国际形势变化，做好出现意外情况的准备。

2. 增强国际金融风险防范能力

从金融货币的角度来看，当今世界有很多的风险，在社会政治、地缘政治、人口、技术、环境等方面也面临诸多不确定性。面对当前挑战，我们应致力于完善全球金融治理体系，夯实机制保障；致力于不断完善国际货币金融体系，优化国际金融机构治理结构，充分发挥国际货币基金组织特别提款权作用；致力于完善全球金融安全网，加强在金融监管、国际税收、反腐败领域合作，提高世界经济抗风险能力。

3. 提高参与国际金融治理能力

增强我国在国际金融治理体系中的话语权和影响力，推动国际货币体系和金融监管改革，顺势而为推进人民币国际化。要积极参与国际金融监管改革，推动和引领绿色金融、数字金融等新兴领域国际规则标准制定，提高我国在国际金融规则标准制定中的话语权和影响力。

4. 发展国际金融合作与跨文化交流能力

要具备对外开放（扩大对外开放）的能力和视野。着力提升国际市场洞察能力、国际合作能力、跨文化沟通能力。要拓展世界眼光，具备国际化视野，了解国际金融规则和标准，为金融业"走出去"和"引进来"提供指导和支持。

三、未来增强金融思维和金融工作能力的展望与建议

（一）立足经典，继承传统理论精髓

马克思主义是我们立党立国的根本指导思想，是我们党的灵魂与旗帜。马克思、恩格斯基于劳动价值论、剩余价值论等重要学说构建的金融理论，

深刻揭示了金融本质、运行规律和发展特点。同时，我国自古以来就形成了丰富、优秀的金融思想和文化传统，诚实守信、以义取利等中华民族在长期社会活动中积累的经营观、义利观与现代金融治理高度契合，"居安思危，思则有备，有备无患"的处世准则与当前金融行业坚持底线思维，防范化解重大金融风险的做法一脉相承。

（二）着眼实际，走好中国特色金融发展之路

中国共产党很早就认识到了做好金融工作的极端重要性，在领导中国革命、建设、改革的长期实践中，不断探索符合我国实际的金融发展道路。以习近平同志为核心的党中央对新时代金融发展的一系列重大理论和实践问题进行了深入思考和科学研究，形成了一条既遵循现代金融发展的客观规律又具有中国自身国情鲜明特色的特色金融发展之路。习近平总书记关于金融工作的重要论述，更是为新时代新征程推动金融高质量发展提供了根本遵循和行动指南。在高质量推进中国式现代化、建设现代化金融强国的道路上，须学深悟透习近平总书记关于金融工作的重要论述，感悟以习近平同志为核心的党中央对我国金融事业如何更好为建设社会主义现代化强国而服务的深入思考，切实将习近平总书记关于金融工作的重要论述精神深入贯彻执行到金融实践的方方面面。

第二篇

锚定建设金融强国目标，加强和改进金融思想政治工作

坚持不懈加强党的创新理论武装

何东平 *

行动指南，就是旗帜和方向。正如毛泽东所指出："主义譬如一面旗子，旗子立起了，大家才有所指望，才知所趋赴。"①

2024 年 7 月 18 日，党的二十届三中全会《中共中央关于进一步全面深化改革、推进中国式现代化的决定》强调要健全用党的创新理论武装全党、教育人民、指导实践工作体系，完善思想政治工作体系。中共中央、国务院印发的《关于新时代加强和改进思想政治工作的意见》指出，要深入开展思想政治教育。坚持用习近平新时代中国特色社会主义思想武装全党、教育人民，健全用党的创新理论武装全党、教育人民工作体系，增进对习近平新时代中国特色社会主义思想的政治认同、思想认同、理论认同、情感认同。

不断推进的马克思主义中国化时代化，产生了毛泽东思想、邓小平理论、"三个代表"重要思想、科学发展观、习近平新时代中国特色社会主义思想等重大理论成果。习近平总书记关于金融工作的一系列重要论述，是习近平新时代中国特色社会主义思想的重要组成部分。习近平新时代中国特色社会主义思想是当代中国马克思主义、二十一世纪马克思主义，是

---

* 何东平，光明日报原总编辑。

① 中共中央文献研究室编：《毛泽东年谱（1893—1949）》（修订本）上卷，中央文献出版社 2013 年版，第 70 页。

"指导我们思想的理论基础"。这些重大理论成果、重要论述，就是党的创新理论。其产生过程，是党的理论创新。党的创新理论，是党在不同时期中不断总结实践经验，再经过实践创新升华出来的理论。习近平总书记在党的二十大报告中强调："只有把马克思主义基本原理同中国具体实际相结合、同中华优秀传统文化相结合，坚持运用辩证唯物主义和历史唯物主义，才能正确回答时代和实践提出的重大问题，才能始终保持马克思主义的蓬勃生机和旺盛活力。"①"两个结合"深刻阐明了推进党的理论创新的方法、原则和根本途径，是马克思主义中国化时代化的光辉典范，是我们理解党的创新理论的不二法门。

理论来自实践又指导实践。围绕建设金融强国目标，加强和改进金融思想政治工作，加强思想政治教育，首先要坚持不懈地加强党的创新理论武装。《中国共产党章程》规定：中国共产党以马克思列宁主义、毛泽东思想、邓小平理论、"三个代表"重要思想、科学发展观、习近平新时代中国特色社会主义思想作为自己的行动指南。掌握行动指南，这是最重要的理论武装。

习近平总书记在为第六批全国干部学习培训教材作序时强调，道不可坐论，理不能空谈。学习党的创新理论的目的全在于运用。各级干部要发扬理论联系实际的马克思主义学风，自觉掌握运用好党的创新理论这一强大思想武器，紧紧围绕以中国式现代化全面推进强国建设、民族复兴伟业这个中心任务，持续解决制约高质量发展问题、群众急难愁盼问题、党的建设突出问题，有效防范化解重大风险，创造性开展工作，不断把党的二十大描绘的宏伟蓝图变成美好现实。在这段序中，习近平总书记一连两次提到"党的创新理论"。

---

① 习近平：《高举中国特色社会主义伟大旗帜　为全面建设社会主义现代化国家而团结奋斗——在中国共产党第二十次全国代表大会上的报告》，人民出版社 2022 年版，第17 页。

行动指南解决的是"理论基础"，创新理论解决的是"来自实践又指导实践"。运用党的创新理论武装全党、教育人民、指导实践，包括掌握"理论基础"和"来自实践又指导实践"两个方面。党和国家指导思想在我国社会主义意识形态中占据统摄地位，必须持续加强理论武装工作，健全用党的创新理论武装全党、教育人民、指导实践工作体系，推动习近平新时代中国特色社会主义思想深入人心，更好把科学理论转化为认识世界、改造世界的强大力量。在马克思主义宝库里，理论基础、创新理论、行动指南、指导思想都是精髓一致的。这些词使用范围不同，精神实质一脉相承，守正创新。

这正是"一个工作体系、四个认同"所要展开的丰富内容。

一、健全用党的创新理论武装全党、教育人民工作体系

"健全用党的创新理论武装全党、教育人民工作体系"[1]，这个体系的健全发展，为金融思想政治工作提供了坚强有力的价值引领、组织支撑和目标导向。

（一）完善党委（党组）理论学习中心组等各层级学习制度

据《旗帜》杂志报道，党委中心组学习全称"党委（党组）理论学习中心组学习"，坚持以"关键少数"带动绝大多数，是各级党委领导班子和领导干部在职理论学习的重要组织形式，是加强党的政治建设、思想建设的重要制度安排，也是提高党的执政能力和领导水平的重要途径。

我们党历来高度重视领导干部理论学习。早在延安时期，中央就成立

---

[1] 中共中央党史和文献研究院编：《全面建成小康社会重要文献选编》下，人民出版社、新华出版社 2022 年版，第 1137 页。

了中央学习组，后来又成立学习总委员会，毛泽东亲自任主任，各解放区也成立了相应的领导干部学习组织，专门抓领导干部的理论学习。

新中国成立后，中央连续发出多个文件，对加强干部理论学习特别是在职干部学习作出明确规定。20世纪50年代，领导干部的理论学习逐步正规化。

党的十一届三中全会以后，邓小平要求"全党必须再重新进行一次学习"[①]，各级党委适应改革开放的新形势，积极探索并逐步形成了领导干部在职理论学习的做法，称为"党委中心组学习"。

中共中央文件中正式出现"党委中心组学习"这一相关提法，是1993年11月党中央发出的《关于学习〈邓小平文选〉第三卷的决定》。该《决定》明确指出："各省、自治区、直辖市，中央党、政、军各部门，都要做出安排，特别要认真抓好各级党委中心组的学习"。此后，党委中心组作为领导干部在职理论学习的形式普遍建立起来。

党的十八大以来，习近平总书记多次强调，"我们的干部要上进，我们的党要上进，我们的国家要上进，我们的民族要上进，就必须大兴学习之风"[②]。中央政治局在治国理政任务繁重的情况下，平均一到两个月就安排一次集体学习，为各级党委（党组）抓好集体学习作出了表率。

（二）深入实施马克思主义理论研究和建设工程

这是健全用党的创新理论武装全党、教育人民、指导实践工作体系的关键环节。这个工程着眼于加强党在思想领域的引导力和凝聚力，提升全社会对马克思主义的认同度和践行力。通过系统研究和深入挖掘马克思主义基本原理，结合中国实际和时代特征，不断推进党的创新理论发展，为

---

① 《邓小平文选》第二卷，人民出版社1994年版，第153页。
② 《习近平谈治国理政》第一卷，外文出版社2018年版，第407页。

全党提供科学的世界观和方法论指导。

哲学社会科学具有鲜明的意识形态属性，必须坚持以马克思主义为指导，深入实施马克思主义理论研究和建设工程，加快构建中国特色哲学社会科学学科体系、学术体系、话语体系，培育壮大哲学社会科学人才队伍，为社会主义意识形态建设提供有力支撑。

马克思主义理论研究和建设工程有计划地组织编写重点教材，基本覆盖哲学社会科学主要学科专业领域。

（三）适应不同群体和受众特点，加强理论宣传普及

做好基层理论武装工作，贵在打通"最后一公里"。搞好理论传播，须念好大众化、通俗化"两化经"。大众化是理论传播的目标，通俗化是实现这一目标的手段和工具。通俗化服务于大众化，离开通俗化谈大众化，就好比过河没了"桥"和"船"，大众化就会举步维艰、收效甚微；离开了大众化，通俗化就没了依存，就成了无源之水、无本之木。

国家领导人的讲话艺术为我们做好新时代理论传播工作树立了样板。毛泽东的"桥船说""钢少气多说""纸老虎说"，习近平总书记的"扣子说""打铁说""老虎苍蝇说"等，用鲜活生动的语言将现实生活中深刻的道理一语道破，人人听得懂、人人记得住、人人都受益。这些都是对大众化、通俗化最好的诠释。

（四）落实意识形态工作责任制

意识形态工作是为国家立心、为民族立魂的工作。必须牢牢掌握党对意识形态工作领导权，坚持以立为本、立破并举，推进社会主义意识形态建设，巩固壮大奋进新时代的主流思想舆论。要全面落实意识形态工作责任制，压实压紧各级党委责任，加强意识形态阵地建设和管理。

党的十九大报告和党的十九届四中全会《中共中央关于坚持和完善中

国特色社会主义制度、推进国家治理体系和治理能力现代化若干重大问题的决定》都强调，落实意识形态工作责任制，注意区分政治原则问题、思想认识问题、学术观点问题，旗帜鲜明地反对和抵制各种错误观点。《中国共产党宣传工作条例》规定，各级党委对宣传工作负主体责任，主要职责包括牢牢掌握意识形态工作领导权，落实意识形态工作责任制；党委宣传部是党中央和地方各级党委主管意识形态方面工作的职能部门，工作职责包括统筹协调意识形态工作，组织协调意识形态工作责任制落实情况日常监督检查，结合巡视巡察开展专项检查。中央办公厅印发的《党委（党组）意识形态工作责任制实施办法》，对意识形态工作责任制进一步作出具体规定。

二、"四个认同"：集结在党的创新理论旗帜下

习近平总书记指出，"学思想，就是要全面学习领会新时代中国特色社会主义思想，全面系统掌握这一思想的基本观点、科学体系，把握好这一思想的世界观、方法论，坚持好、运用好贯穿其中的立场观点方法，不断增进对党的创新理论的政治认同、思想认同、理论认同、情感认同"①。

增进"四个认同"，要认真掌握《中共中央关于在全党深入开展学习贯彻习近平新时代中国特色社会主义思想主题教育的意见》的深刻内涵，体会其与思想政治工作的契合点，真正用党的创新理论武装头脑。

主题教育成果巨大，影响深远，延展性强，全党乃至全社会广泛增进"四个认同"，思想政治工作由此进一步加强了理论武装的体系性、学理性，把对中国共产党的领导、对党的创新理论、对中国特色社会主义、对

---

① 习近平：《在学习贯彻习近平新时代中国特色社会主义思想主题教育工作会议上的讲话》，人民出版社 2023 年版，第 8 页。

习近平新时代中国特色社会主义思想的认同统一了起来。

（一）政治认同：十分重大的意义

政治认同是根本的认同。1954 年 9 月 15 日，中华人民共和国第一届全国人民代表大会在北京开幕。毛泽东致辞，他强调指出：领导我们事业的核心力量是中国共产党，指导我们思想的理论基础是马克思列宁主义。①

长征接力有来人。习近平新时代中国特色社会主义思想是当代中国马克思主义、二十一世纪马克思主义，是中华文化和中国精神的时代精华，是党和人民实践经验和集体智慧的结晶，是中国特色社会主义理论体系的重要组成部分，是全党全国各族人民为实现中华民族伟大复兴而奋斗的行动指南，必须长期坚持并不断发展。新时代 10 年伟大变革，是全党全国各族人民一道拼出来、干出来、奋斗出来的，最根本在于有习近平总书记掌舵领航，有习近平新时代中国特色社会主义思想科学指引。实践充分证明，"两个确立"是党在新时代取得的重大政治成果，是推动党和国家事业取得历史性成就、发生历史性变革的决定性因素，是战胜一切艰难险阻、应对一切不确定性的最大确定性、最大底气、最大保证。

开展学习贯彻习近平新时代中国特色社会主义思想主题教育，坚持不懈用习近平新时代中国特色社会主义思想凝心铸魂，切实加强党的思想建设，对于推动全党更加深刻领悟"两个确立"的决定性意义，更加自觉增强"四个意识"、坚定"四个自信"、做到"两个维护"，始终在思想上政治上行动上同以习近平同志为核心的党中央保持高度一致，具有十分重大的意义。

---

① 中共中央文献研究室编：《毛泽东年谱（一九四九——一九七六）》第二卷，中央文献出版社 2013 年版，第 283 页。

党的二十大描绘了全面建设社会主义现代化国家、全面推进中华民族伟大复兴的宏伟蓝图。开展主题教育，是推动贯彻党的二十大战略部署的有力举措，是深入推进新时代党的建设新的伟大工程的重大部署，对于贯彻新发展理念、构建新发展格局、推动高质量发展，推进中国式现代化，推进党的自我革命、时刻保持解决大党独有难题的清醒和坚定，始终与人民同心，保持党的先进性和纯洁性，使全党更加紧密地团结在以习近平同志为核心的党中央周围，完成党在新时代新征程的使命任务，具有十分重大的意义。

基于这两个"十分重大的意义"，"政治认同"是决定性的认同。

（二）思想认同：锤炼品格强化忠诚

思想是行动的先导。开展主题教育，总要求是"学思想、强党性、重实践、建新功"，根本任务是坚持学思用贯通、知信行统一，把习近平新时代中国特色社会主义思想转化为坚定理想、锤炼党性和指导实践、推动工作的强大力量，使全党始终保持统一的思想、坚定的意志、协调的行动、强大的战斗力，努力在以学铸魂、以学增智、以学正风、以学促干方面取得实实在在的成效。

凝心铸魂筑牢根本。全面、系统、深入学习习近平新时代中国特色社会主义思想，完整准确掌握这一重要思想的主要内容，全面把握这一重要思想的世界观、方法论和贯穿其中的立场观点方法，深刻理解这一重要思想的道理学理哲理，推动党员、干部真学真懂真信真用，推动学习往深里走、往实里走、往心里走，提高思想觉悟，切实做到筑牢信仰之基、补足精神之钙、把稳思想之舵。

锤炼品格强化忠诚。深刻领悟"两个确立"的决定性意义，增强忠诚核心、拥戴核心、维护核心、捍卫核心的政治自觉、思想自觉、行动自觉，不断提高政治判断力、政治领悟力、政治执行力，始终忠诚于党、忠诚于人民、忠诚于马克思主义，真心爱党、时刻忧党、坚定护党、全力兴党。

"思想认同"蕴涵丰富，产生了"内化于心"的长远效应。

（三）理论认同：飞入寻常百姓家

列宁曾这样说："我们一定要给自己提出这样的任务：第一是学习，第二是学习，第三还是学习。"①

理论学习要全面深入学习贯彻习近平新时代中国特色社会主义思想，大力弘扬马克思主义学风，坚持全面系统、及时跟进，坚持多思多想、学深悟透，坚持知行合一、学以致用，坚持联系实际、立足岗位，从事什么工作就重点学什么，做到知其言更知其义、知其然更知其所以然，在深学细照笃行中提高理论素养、坚定理想信念、升华觉悟境界、增强能力本领，夯实坚定拥护"两个确立"、坚决做到"两个维护"的思想根基。

坚持读原著学原文悟原理，认真研读党的二十大报告和党章，学习《习近平著作选读》《习近平新时代中国特色社会主义思想专题摘编》等，全面学习领会习近平新时代中国特色社会主义思想的科学体系、核心要义、实践要求，把握好这一重要思想的世界观和方法论，坚持好、运用好贯穿其中的立场观点方法。结合工作实际和职责任务，深入学习习近平总书记关于本地区本部门本领域的重要讲话和重要指示批示精神，跟进学习习近平总书记最新重要讲话和文章。认真学习中国式现代化理论，围绕统筹推进"五位一体"总体布局和协调推进"四个全面"战略布局，有侧重地进行研读，突出对贯彻新发展理念、构建新发展格局、推动高质量发展的理解掌握。

党员领导干部要把学习作为一种生活态度、一种工作责任、一种精神

---

① 《列宁全集》第43卷，人民出版社2017年版，第384页。

追求，抓好个人自学。深刻领悟习近平新时代中国特色社会主义思想的真理力量和实践伟力。结合常态化党史学习教育，运用红色教育资源和党性教育基地开展学习，砥砺理想信念和初心使命。注重抓好青年党员、离退休干部职工党员和流动党员的学习。坚持以党内教育引导和带动全社会的学习，让党的创新理论"飞入寻常百姓家"。

理论创新每前进一步，理论武装就跟进一步，"理论认同"不断深化。

（四）情感认同：与人民心连心

践行宗旨为民造福。坚持人民至上，一切为了人民、一切依靠人民，始终同人民同呼吸、共命运、心连心，把为民办实事作为重要内容，以群众满意不满意作为根本评判标准，紧紧抓住人民群众最关心最直接最现实的利益问题，把惠民生、暖民心、顺民意的工作做到群众心坎上，不断增强人民群众的获得感、幸福感、安全感，让现代化建设成果更多更公平惠及全体人民。

要按照党中央关于在全党大兴调查研究的工作方案，组织广大党员、干部扑下身子、沉到一线接地气，掌握真实情况和民情民意，在调查研究中加深对党的创新理论的理解，运用党的创新理论研究新情况、解决新问题，使调查研究的过程成为理论学习向实践运用转化的过程，成为转变作风、增进同群众感情的过程，成为提高履职本领、增强责任担当的过程。

这也是人们加深对党的创新理论"情感认同"的过程。加强党的创新理论武装，深入学习贯彻习近平新时代中国特色社会主义思想，充分运用好主题教育的丰硕成果，厚植"一个工作体系""四个认同"等长青的实践之树，必将大力推进金融行业思想政治工作的持续健康发展，为中国金融行业高质量发展提供政治保障和精神动力，在实现中华民族伟大复兴的新征程上取得新的伟大成就。

推动理想信念教育常态化制度化

罗文东[*]

理想信念教育是思想政治工作的永恒主题和核心任务。党的二十大报告指出："推动理想信念教育常态化制度化，持续抓好党史、新中国史、改革开放史、社会主义发展史宣传教育，引导人民知史爱党、知史爱国，不断坚定中国特色社会主义共同理想。"[①]《中共中央关于进一步全面深化改革、推进中国式现代化的决定》再次对推动理想信念教育常态化制度化提出明确要求。金融系统必须把理想信念教育作为基础性、战略性任务抓紧抓好，确保理想信念教育常态化开展、制度化推进，提高理想信念教育的自觉性、坚定性和实效性。

一、理想信念教育的目标、任务和意义

远大理想、坚定信念支撑高尚生活、伟大事业。托尔斯泰说："理想是指路明星，没有理想，就没有坚定的方向，而没有方向，就没有生活。"习近平总书记指出："我们党强调理想信念是共产党人精神上的'钙'，强

---

* 罗文东，中国社会科学院马克思主义研究院党委书记。

① 习近平：《高举中国特色社会主义伟大旗帜　为全面建设社会主义现代化国家而团结奋斗——在中国共产党第二十次全国代表大会上的报告》，人民出版社 2022 年版，第 44 页。

调'革命理想高于天',就是精神变物质、物质变精神的辩证法。广大党员、干部理想信念坚定、干事创业精气神足,人民群众精神振奋、发愤图强,就可以创造出很多人间奇迹。"① 因此,必须毫不放松理想信念教育,用坚定的理想信念把全党全国人民团结起来,万众一心为实现共产主义远大理想和中国特色社会主义共同理想,推进强国建设、民族复兴伟业而不懈奋斗。

(一)理想信念教育的根本目标

理想信仰、信念信心,任何时候都至关重要。小到个人、家庭、单位,大到政党、民族、国家,只要有理想信念,就会团结奋斗、奋勇向前,否则就会离心离德、不战自溃。习近平总书记指出:"坚定理想信念,坚守共产党人精神追求,始终是共产党人安身立命的根本。对马克思主义的信仰,对社会主义和共产主义的信念,是共产党人的政治灵魂,是共产党人经受住任何考验的精神支柱。"②"无论过去、现在还是将来,对马克思主义的信仰,对中国特色社会主义的信念,对实现中华民族伟大复兴中国梦的信心,都是指引和支撑中国人民站起来、富起来、强起来的强大精神力量。"③理想信念教育是做人的思想政治工作的首要环节,重中之重是要建立思想防线,夯实精神堤坝,引导全体人民树立对中国特色社会主义道路、理论、制度、文化的自信,根本目标是培养有理想、有信念的中国特色社会主义建设者、共产主义接班人和堪当民族复兴大任的时代新人,用理想之光照亮奋斗之路,用信念之力开创美好未来。

---

① 中共中央党史和文献研究院编:《习近平关于社会主义精神文明建设论述摘编》,中央文献出版社 2022 年版,第 21 页。
② 《习近平谈治国理政》第一卷,外文出版社 2018 年版,第 15 页。
③ 中共中央党史和文献研究院编:《习近平关于社会主义精神文明建设论述摘编》,中央文献出版社 2022 年版,第 52 页。

（二）理想信念教育的主要任务

理想信念教育是一个举旗定向、凝心聚魂、立德树人的系统工程，主要解决对马克思主义的信仰、对社会主义和共产主义的信念、对实现中华民族伟大复兴中国梦的信心的根本问题，防止因丧失理想信念而导致政治上变质、经济上贪婪、道德上堕落、生活上腐化。

1. 广泛开展共产主义、中国特色社会主义和中国梦宣传教育

党的最高理想和最终目标是实现共产主义，现阶段的最低纲领和奋斗目标是建设中国特色社会主义，实现中华民族伟大复兴的中国梦。党的二十大报告提出："加强理想信念教育，引导全党牢记党的宗旨，解决好世界观、人生观、价值观这个总开关问题，自觉做共产主义远大理想和中国特色社会主义共同理想的坚定信仰者和忠实实践者。"[①]实现中华民族伟大复兴的中国梦，本质是国家富强、民族振兴、人民幸福，建设社会主义现代化强国，体现了中华民族和中国人民的整体利益，成为全体中华儿女团结奋斗的最大公约数和最大同心圆。中国梦把国家的追求、民族的向往、人民的愿望融为一体，是国家的梦、民族的梦，也是每个中国人的梦，必须依靠人民来实现，不断为人民造福。要教育党员干部坚定马克思主义、共产主义信仰，脚踏实地为实现党在社会主义初级阶段的基本纲领而不懈努力。要深入开展中国特色社会主义和中国梦宣传教育，把全国各族人民凝聚在中国特色社会主义伟大旗帜下，为强国建设、民族复兴而团结奋斗。

2. 弘扬民族精神和时代精神

实现我们的奋斗目标，不但要在物质上强大起来，而且要在精神上强大起来。以爱国主义为核心的民族精神，以改革创新为核心的时代精神，

[①] 习近平：《高举中国特色社会主义伟大旗帜　为全面建设社会主义现代化国家而团结奋斗——在中国共产党第二十次全国代表大会上的报告》，人民出版社 2022 年版，第 65 页。

是把中华民族坚强团结起来，激励我们在改革开放中与时俱进的精神力量，"是凝心聚力的兴国之魂、强国之魂"。"全国各族人民一定要弘扬伟大的民族精神和时代精神，不断增强团结一心的精神纽带、自强不息的精神动力，永远朝气蓬勃迈向未来。"①

3.加强爱国主义、集体主义、社会主义教育

在现实生活中坚定理想信念，必须正确处理个人与国家、集体、社会的相互关系，践行爱国主义、集体主义、社会主义的思想道德，抵制卖国主义、个人主义、资本主义的思想道德。毛泽东在《论十大关系》中谈道，"不能只顾一头，必须兼顾国家、集体和个人三个方面"②，提倡集体利益和个人利益相结合为一切言行标准的社会主义精神。在全面深化改革开放和发展社会主义市场经济的条件下，更要弘扬爱国主义、集体主义、社会主义和艰苦创业精神，鼓励一切有利于国家统一、民族团结、经济发展、社会进步的思想道德。

4.加强马克思主义唯物论和无神论教育

理想信念的坚定，来自思想理论的自觉。认识真理、捍卫真理，是坚定理想信念的精神前提。共产党人的理想信念建立在对马克思主义的深刻理解和对历史规律的深刻把握之上，以马克思主义世界观、价值观和方法论作为思想基础。共产党人是无神论者，绝不能在宗教中寻找自己的价值和信念；我们是社会主义国家，当然不能用宗教神学，也不能用封建主义、资本主义的思想意识和价值观念作为全社会的精神支柱。习近平总书记指出："在我们的干部队伍中，也有的对共产主义心存怀疑，认为那是虚无缥缈、难以企及的幻想；有的不信马列信鬼神，从封建迷信中寻找精神寄托，热衷于算命看相、烧香拜佛，遇事'问计于神'；有的是非观念淡薄、

---

① 《习近平著作选读》第一卷，人民出版社 2023 年版，第 98 页。
② 《毛泽东文集》第七卷，人民出版社 1999 年版，第 28 页。

原则性不强、正义感退化，糊里糊涂当官，浑浑噩噩过日子；有的甚至向往西方社会制度和价值观念，对社会主义前途命运丧失信心；有的在涉及党的领导和中国特色社会主义道路等原则性问题的政治挑衅面前态度暧昧、消极躲避、不敢亮剑，甚至故意模糊立场、耍滑头，等等。"①针对这类理想信念动摇滑坡的严重问题，必须加强马克思主义唯物论和无神论教育。"学懂了这一认识和研究社会历史发展的科学世界观和方法论，我们就能坚定理想的主心骨、筑牢信念的压舱石，保持强大的战略定力。"②

5. 加强党史、新中国史、改革开放史、社会主义发展史教育

历史是最好的教科书，历史研究是一切社会科学的基础。对历史进程的认识越全面，对历史规律的把握越深刻，我们对共产主义、中国特色社会主义的理想信念才越自觉，对强国建设、民族复兴的信心决心才越坚定。要组织广大党员干部重点学习党史，同时学习新中国史、改革开放史、社会主义发展史，做到学史明理、学史增信、学史崇德、学史力行，做到学党史、悟思想、办实事、开新局；要通过在全社会开展党史、新中国史、改革开放史、社会主义发展史教育，引导广大人民群众弄清楚中国共产党为什么"能"、马克思主义为什么"行"、中国特色社会主义为什么"好"等基本道理，坚定不移听党话、跟党走，在全面建设社会主义现代化国家伟大实践中建功立业。

（三）理想信念教育在党的思想建设和金融事业中的重要地位和作用

"志不立，天下无可成之事"。理想信念是立党兴党之基，也是党员干部安身立命之本。共产主义远大理想和中国特色社会主义共同理想，国家

---

① 《习近平著作选读》第一卷，人民出版社 2023 年版，第 132 页。

② 习近平：《论党的宣传思想工作》，中央文献出版社 2020 年版，第 37 页。

富强、民族振兴和人民幸福的中国梦是全党的政治灵魂和精神支柱，也是保持党和国家团结统一的思想政治基础。只有在立根固本上下足了功夫，党员干部才有强大的凝聚力、战斗力和免疫力，否则就会蜕化变质、腐败堕落。现实生活中，一些党员干部出现这样那样的问题，说到底是理想信念动摇，精神信仰迷失。习近平总书记强调，"理想信念动摇是最危险的动摇，理想信念滑坡是最危险的滑坡"①。"要把坚定理想信念作为党的思想建设的首要任务，教育引导全党牢记党的宗旨，挺起共产党人的精神脊梁，解决好世界观、人生观、价值观这个'总开关'问题"②。

金融是国民经济的血脉，关系社会主义事业的成败和中国式现代化的兴衰。列宁在《帝国主义论》中把银行资本和工业资本融合为金融资本并在此基础上形成了金融寡头，视为资本主义最高阶段的五个特征之一，并指出，"集中在少数人手里的大量金融资本，建立了非常广泛而细密的关系和联系网，从而不仅控制了大批中小资本家，而且控制了大批最小的资本家和小业主，这是一方面；另一方面，同另一些国家的金融家集团为瓜分世界和统治其他国家而进行着尖锐的斗争"③。当今世界，金融是大国博弈的必争之地，对强国建设的作用更加凸显；推进中国式现代化迫切需要推动金融高质量发展。习近平总书记强调："我们党领导的金融事业，归根到底要造福人民，与一些国家金融为资本服务、为少数有钱人服务的本质截然不同。""中国特色金融发展之路既遵循现代金融发展的客观规律，更具有适合我国国情的鲜明特色，与西方金融模式有本质区别。我们要坚定自信，在实践中继续探索完善，使这条路越走越宽广。"④只有坚持不

---

① 《习近平著作选读》第一卷，人民出版社 2023 年版，第 133 页。
② 《习近平著作选读》第二卷，人民出版社 2023 年版，第 52 页。
③ 《列宁选集》第 2 卷，人民出版社 2012 年版，第 670 页。
④ 中共中央党史和文献研究院编：《习近平关于金融工作论述摘编》，中央文献出版社 2024 年版，第 15、16—17 页。

懈地开展理想信念教育，引导金融系统干部职工在社会思想观念多样多变和世界文化相互激荡、综合国力竞争日趋激烈的复杂形势下，把牢理想之舵，补足精神之钙，胸怀"国之大者"，强化使命担当，才能汇聚起推动党和国家金融事业稳定发展、建设社会主义金融强国的磅礴力量。

二、推动理想信念教育常态化的方法和原则

作为国家、政党乃至个人的价值观念体系，理想信念的形成、巩固和演变是一个复杂的、长期的历史过程，必定随着时代条件和社会实践的改变而变化。由于生产力和生产关系、经济基础和政治上层建筑的转变，理想信念作为思想上层建筑意识形态的重要组成部分，其内容和形式、目的和手段都会发生相应的变化。这就需要处理好合与分、一与多、知与行等重要关系，保证理想信念教育全面深入开展、持续动态推进。从党一百多年的历史看，千千万万党员经过血与火、生与死的考验走到了最后，也有不少人在艰苦条件和残酷斗争中动摇甚至背叛了自己的理想信念。习近平总书记强调，"坚定理想信念是终身课题，需要常修常炼，要信一辈子、守一辈子，三心二意、半途而废甚至背叛初衷肯定会出大问题"[1]。

（一）经常性教育与集中性教育相结合

"少成若天性，习惯如自然。"理想信念教育是基础工程、铸魂工程，必须贯穿终身、融入日常，持续用力、久久为功。我们不能靠突击式、临时性地抓一抓，期望听一门课程、作一两次报告、搞两三次活动就能从根本上解决理想信念问题。习近平总书记语重心长地说："广大干部特别是年轻干部要在常学常新中加强理论修养，在真学真信中坚定理想信念，在

---

① 《习近平谈治国理政》第四卷，外文出版社 2022 年版，第 524 页。

学思践悟中牢记初心使命，在细照笃行中不断修炼自我，在知行合一中主动担当作为，保持对党的忠诚心、对人民的感恩心、对事业的进取心、对法纪的敬畏心，做到信念坚、政治强、本领高、作风硬。"①理想信念属于深层次、源动力、导向性的社会意识和精神活动，不仅是每个人的价值追求，更是全社会的共同理想，大都经历从认知、感悟到信仰、践行，从内化于心到外化于行等循环往复、螺旋上升的过程。理想信念教育只有保持长期性、稳定性和日常性，达到个人信念与社会理想联系融通、同频共振，才能形成强国建设、民族复兴的精神支柱和不竭动力。

理想信念教育事关党和国家工作大局，服从和服务于不同时期的主要任务，需要集中开展不同主题的教育，以推动中心工作和各项事业的跨越式发展。党的十八大以来，我们先后开展党的群众路线教育实践活动、"两学一做"学习教育、"不忘初心、牢记使命"主题教育、党史学习教育、学习贯彻习近平新时代中国特色社会主义思想主题教育、党纪学习教育等，不断去杂念、除病毒、防腐蚀，锤炼党员干部理想信念的精神品质和钢筋铁骨，巩固集中性教育成果。要树立大教育观念，既经常抓、抓日常，又集中教、集体学，坚持不懈地推动理想信念教育。

（二）全面性教育与重点性教育相结合

理想信念教育既涉及哲学、政治经济学、科学社会主义等马克思主义专业理论，又涉及政治、文化、社会、历史等学科知识，还要解决实际工作生活和社会交往中遇到的疑难困惑问题。列宁告诫人们："共产主义是从人类知识的总和中产生出来的，马克思主义就是这方面的典范。""只有了解人类创造的一切财富以丰富自己的头脑，才能成为共产主义者。"②改

---

① 习近平：《论党的宣传思想工作》，中央文献出版社 2020 年版，第 359 页。
② 《列宁选集》第 4 卷，人民出版社 2012 年版，第 284、285 页。

革开放初期，邓小平提出，我们现在建设中国特色社会主义，"时代和任务不同了，要学习的新知识确实很多，这就更要求我们努力针对新的实际，掌握马克思主义基本理论"，防止一些同志特别是新上来的中青年同志在日益复杂的斗争中迷失方向。他希望党中央作出切实可行的决定，使各级干部在繁忙的工作中，仍然有一定的时间，熟悉马克思主义基本理论，从而加强工作中的"原则性、系统性、预见性和创造性。只有这样，我们党才能坚持社会主义道路，建设和发展有中国特色的社会主义，一直达到我们的最后目的，实现共产主义"①。进入21世纪，江泽民强调："我们一方面要大胆学习和借鉴资本主义国家的一切好东西，有些东西不仅要学，还要花钱去买；另一方面又要坚决抑制各种腐朽的东西和反映资本主义本质属性的东西。准备了'两手'，掌握了'两点论'，我们的学习和借鉴工作就会广泛正确地开展起来和长期坚持下去。"②理想信念教育只有坚持唯物辩证法的"两点论"和"重点论"的统一，既全面拓展教育的内容和形式，又有针对性地解决不同时期和不同群体面临的重难点问题，才能避免片面性和单一化，防止不分主次，偏离主题。

任何社会任何时期都会存在各种问题，要引导人们分清主流支流，辨明大是大非，认准趋势方向，不为风险所惧，不受干扰所惑。进入新时代，面对世界百年未有之大变局和中国广泛深刻的大变革，习近平总书记更加强调全面深入地开展理想信念教育，增强系统性、渗透性和感染力、亲和力。"要紧密结合新时代新实践，紧密结合思想和工作实际，有针对性地重点学习，多思多想、学深悟透，知其然又知其所以然。"③要学会辩证唯物主义和历史唯物主义，善于运用创新思维、辩证思维，"善于运用

① 《邓小平文选》第三卷，人民出版社1993年版，第146—147页。

② 中共中央文献研究室编：《江泽民论有中国特色社会主义》（专题摘编），中央文献出版社2002年版，第207页。

③ 习近平：《论党的宣传思想工作》，中央文献出版社2020年版，第360页。

矛盾分析方法抓住关键、找准重点、阐明规律"①。在教育过程中可以讨论问题，更要肯定成绩；可以批评不良现象，更要注意正面激励；可以讲社会主义建设的复杂艰巨，更要对社会主义前景充满信心，最终落到坚定理想信念上来。要联系实际学理论、观照现实读历史，立足中国看世界，推动理想信念教育既全面覆盖又走深走实，真正做到学思用贯通、知信行统一。

（三）统一性教育与多样化教育相结合

理想信念教育是深入人的头脑、触及人的灵魂，搞思想建设和理论斗争，既需要统一规划、整体推进，也需要多策并举、具体实施，做到"一把钥匙开一把锁"，不能不看受众对象、不分场合情景，在东西南北念一个稿，对男女老少讲一个调。习近平总书记在学校思想政治理论课教师座谈会上的讲话中提出，"坚持统一性和多样性相统一""坚持主导性和主体性相统一"，对教学目标、课程设置、教材使用、教学管理等有统一要求，但具体落实要因地制宜、因时制宜、因材施教，鼓励探索不同方法和路径。② 这些方法和原则对金融系统开展理想信念教育具有普遍和直接的指导意义。

理想信念教育要坚持以人民为中心、主客体互动，注重分类教育、分众教育、分时教育，根据不同地域、不同群体、不同时段的认知特点、接受习惯和价值追求，采取多种多样、丰富多彩的手段和方法，才能达到有的放矢、事半功倍的效果。灌输是理想信念教育的基本方法，但不能搞填鸭式的"硬灌输"，要注意启发式教育，引导受教育者发现问题、思考问题和解决问题。"经师易求，人师难得。"教育者首先要受好教育，成为信

---

① 习近平：《论党的宣传思想工作》，中央文献出版社 2020 年版，第 381 页。
② 习近平：《论党的宣传思想工作》，中央文献出版社 2020 年版，第 385 页。

仰坚定、学识渊博、品行端正的人师，才能引导受教育者真学真懂真信真用。要改变单纯依靠线下的、静态的、单向的教育方式，探索线上的、动态的、互动的教育方式，增强贴近实际的在场感、生动具体的代入感、自觉主动的责任感。

三、推动理想信念教育制度化的途径和保障

理想信念教育是马克思主义理论建设和意识形态工作的重要内容和根本任务。理想信念教育制度化是落实马克思主义在意识形态领域指导地位的根本制度和意识形态工作责任制的必然要求，是加强金融系统思想政治工作的重要保证。针对工作落实、有效供给、方法手段、阵地建设等跟不上的突出问题，亟须处理好治与制、严与宽、立与改等重要关系，及时总结好的做法和经验，概括提升为普遍推广和长期实行的规章制度，以保证理想信念教育积极主动开展、规范有序推进。

（一）建立和完善理想信念教育的领导和管理制度

理想信念教育涉及阵地平台、渠道流程、权利责任、体制机制等方面，需要顶层设计统筹安排、有组织有计划地部署推进。各级党组织书记和单位主要领导要切实承担理想信念教育的主体责任和监督责任，牢牢掌握领导权、管理权和话语权，推动形成党委统一领导、党政齐抓共管、各方力量共同参与的全方位、多层次、立体化的理想信念教育格局。要建立健全理想信念教育的制度体系，制定落实坚持马克思主义在意识形态领域指导地位、坚持以社会主义核心价值观引领文化建设的实施办法，认真落实《新时代公民道德建设实施纲要》《新时代爱国主义教育实施纲要》，为理想信念教育贯穿思想政治工作的各方面和全过程提供制度保障。

坚持立破并举、以立为本，用科学理论武装头脑、坚定理想信念，又

敢于发扬斗争精神，抵制错误倾向，做到守土有责、守土担责、守土尽责。要高举中国特色社会主义伟大旗帜，深入实施理论武装"一把手"工程，发挥党委（党组）理论学习中心组"排头兵"作用，建立和落实以"四个第一"为重点的学习对标制度，对习近平总书记重要讲话和重要指示批示精神，确保组织学习做到第一时间、谋划工作作为第一步骤、落实任务作为第一要求、督查考核作为第一内容，推动领导干部"带头学、带头讲、带头用"。用好新时代文明实践中心、融媒体中心和"学习强国"平台，打造全方位、多层次、多声部的教育普及矩阵，激发人民群众思想共振和心灵相通，增强政治认同、思想认同、理论认同、情感认同，打牢团结奋斗的精神家园和思想基础。对西方"普世价值""宪政民主"以及历史虚无主义等错误思潮，对否定共产党的领导、攻击社会主义制度、质疑改革开放等政治挑衅，要敢于亮剑发声，澄清理论谬误，引导人们划清是非界限，抵制错误观念侵蚀。对理想信念动摇，导致违纪违法的单位及其领导干部，要问责追责、以儆效尤。

（二）健全和实行理想信念教育的学习和培训制度

"万物得其本者生，百事得其道者成。"理想信念不能自发产生和短暂形成，而是要靠自觉学习和长期养成。我们党历来重视抓全党特别是领导干部的学习，每到重大转折时期，总是号召全党同志加强学习，推动党和人民的事业实现大发展大进步。毛泽东在延安时期就提出："应该扩大共产主义思想的宣传，加紧马克思列宁主义的学习，没有这种宣传和学习，不但不能引导中国革命到将来的社会主义阶段上去，而且也不能指导现时的民主革命达到胜利。"① 习近平总书记指出："中国共产党人依靠学习走到今天，也必然要依靠学习走向未来。""必须大兴学习之风，坚持学习、

① 《毛泽东选集》第二卷，人民出版社1991年版，第706页。

学习、再学习，坚持实践、实践、再实践"①。新时代我们坚持党委（党组）理论学习中心组学习制度、支部"三会一课"制度、"不忘初心、牢记使命"制度等，把理想信念教育融入党的组织生活中，动员和激励各级党员干部真学真懂真信真用马克思主义及其中国化时代化的理论创新成果，坚定社会主义和共产主义理想信念。通过制定法律法规确定了一系列国家级纪念日，如抗日战争胜利纪念日、烈士纪念日、南京大屠杀死难者国家公祭日等，通过神圣的仪式，巩固和提升党员干部和人民群众对先烈丰功伟绩的敬仰，对我们理想信念的坚守。

加强干部教育培训，是推动理想信念教育制度化的必然要求。要贯彻执行党在新时代出台的一系列干部培训规章制度，包括《干部教育培训工作条例》《中国共产党党校（行政学院）工作条例》等，将理想信念教育纳入各级各类党员干部培训的重要内容，作为党员干部学习培训的必修课，是搞好理想信念教育的重要保障。要根据党员干部健康成长的周期和路径，围绕常态化开展理想信念教育加强建章立制工作，加快构建科学规范、全面系统、运行有效的制度体系，引导广大党员经常对照党章党规党纪，检视自己的理想信念和言论实践，不断清除思想上的尘埃和精神上的病毒，保持共产党人的政治本色。

（三）完善和落实理想信念教育的评价和奖惩制度

制度的执行不仅需要内在的自觉性，还要靠外在的强制力。完善和落实评价和奖惩制度，对优秀人物和先进典型进行表彰和奖励，对蜕化变质和违纪违法者给予批评、惩处是防止理想信念教育成为"纸老虎""稻草人"，确保理想信念教育不会出现虚化和空转，进而提升制度效能的重要保证。

---

① 《习近平谈治国理政》第一卷，外文出版社 2018 年版，第 407 页。

衡量一个党员干部的理想信念是否坚定应有主客观标准，不是自己认为坚定就坚定的，而是要在斗争实践中不断砥砺、经受检验的。革命战争年代，检验一个干部理想信念是否坚定，就看他能否为党和人民事业舍生忘死、冲锋陷阵。当今，衡量一名党员干部理想信念坚定不坚定，就看他是否在重大政治考验面前有政治定力，是否树立牢固的宗旨意识，是否对工作极端负责，是否做到吃苦在前、享受在后，是否在急难险重任务面前勇挑重担，是否经得起权力、金钱、美色的诱惑。要建立和实行全面、客观、具体的测评和奖惩制度，对理想信念教育的效果作出定性和定量相统一的总体性、精准化的评估，并作为党员干部定级、评优和晋升的重要依据，真正做到公平竞争、优胜劣汰，从而达到鼓励先进、鞭策落后的目的。

理想信念教育是一个复杂的、艰巨的系统工程，不能一蹴而就、一劳永逸地解决。只有在常态化中才能筛选好的内容和形式、方法和手段，进而建立和完善理想信念教育的制度；只有制度化才能保证理想信念教育持续、稳定、有序地开展，进而为常态化提供重要保障。常态化和制度化紧密联系、相辅相成，共同推动理想信念教育广泛开展、深入人心，为强国建设、民族复兴与实现共产主义远大理想和中国特色社会主义共同理想提供正确指引和精神支柱。

深入培育和践行社会主义核心价值观

崔海教*

《中共中央关于进一步全面深化改革、推进中国式现代化的决定》要求，要完善培育和践行社会主义核心价值观制度机制。习近平总书记指出："核心价值观是一个民族赖以维系的精神纽带，是一个国家共同的思想道德基础。"①培育和践行社会主义核心价值观是新时代坚持和发展中国特色社会主义的重大任务，是进行伟大斗争、建设伟大工程、推进伟大事业、实现伟大梦想的铸魂工程，是中华民族在世界文化激荡中保持民族精神独立、挺起民族精神脊梁的战略支撑。中国特色社会主义进入了新时代，我国发展处于新的历史方位，只有把培育和践行社会主义核心价值观作为一项既具基础性内在性又具目标性规定性的重大任务在全社会来认识、来落实，才能增强人们的道路自信、理论自信、制度自信、文化自信，确保中国特色社会主义始终沿着正确方向胜利前进，不断展现出更加强大的生命力。

中国金融业地位重要，使命重大。积极践行社会主义核心价值观，对推动金融高质量发展、建设金融强国，具有重要引领价值和实践意义。

---

* 崔海教，中国新闻出版研究院副院长。

① 中共中央党史和文献研究院编：《习近平关于社会主义精神文明建设论述摘编》，中央文献出版社 2022 年版，第 20 页。

一、以社会主义核心价值观引领人心、汇聚民力、促进发展

金融业大力加强社会主义核心价值观的建设，是党和政府的要求，也是金融业自身健康发展的内在要求。

（一）为金融强国铸魂

习近平总书记强调："任何一个社会都存在多种多样的价值观念和价值取向，要把全社会意志和力量凝聚起来，必须有一套与经济基础和政治制度相适应、并能形成广泛社会共识的核心价值观。"[①] 社会主义核心价值观既凝结着全体人民共同的价值追求，又蕴含着社会主义现代化的价值目标，是当代中国精神的集中体现，是凝聚民心、汇聚民力的强大力量。金融是国民经济的血脉，是国家核心竞争力的重要组成部分。继中央金融工作会议提出"要在金融系统大力弘扬中华优秀传统文化"后，习近平总书记又鲜明提出：要坚持法治和德治相结合，积极培育中国特色金融文化，做到"五要五不"，即诚实守信，不逾越底线；以义取利，不唯利是图；稳健审慎，不急功近利；守正创新，不脱实向虚；依法合规，不胡作非为。[②]培育中国特色金融文化，必须抓住社会主义核心价值观建设这个根本，坚持把培育和践行社会主义核心价值观作为凝魂聚气、强基固本的基础工程，充分发挥其主导和引领作用。金融作为"以义取利"的行业，更要坚持金融文化与时代脉搏共振，与主流思想融汇，树立崇高价值追求，引领向上向善之风。

理想信念是精神支柱、力量之源。要推动理想信念教育常态化、制度

---

① 中共中央党史和文献研究院编：《习近平关于社会主义精神文明建设论述摘编》，中央文献出版社 2022 年版，第 98 页。

② 中共中央党史和文献研究院编：《习近平关于金融工作论述摘编》，中央文献出版社 2024 年版，第 171—172 页。

化，完善思想政治工作体系，持续抓好引导金融从业人员为富强、民主、文明、和谐的国家贡献力量。当今世界正处于大发展大变革大调整时期，各种观念碰撞激荡不断加剧，各种文化交流交融交锋日益频繁，特别是一些西方国家利用长期积累的经济科技优势和话语强势，对外推销以所谓"普世价值"为内核的思想文化，企图诱导人们"以西为美""唯西是从"，淡化乃至放弃对本民族精神文化的认同。世界各国在金融领域的竞争，不只包括金融机构、金融市场、金融基础设施等"硬实力"，更有思想观念、价值理念、行为规范等"软实力"。培育和践行社会主义核心价值观，积极培育中国特色金融文化，是有效防范金融风险、提升国际竞争力、防止西方金融文化侵蚀的必然要求，更是推动我国从金融大国走向金融强国的必然要求。

（二）为金融发展定向

"谁的金融""金融为谁"是立场原则问题。金融工作必须以社会主义核心价值观引领发展方向，坚持以人民为中心的价值取向，把金融报国作为金融文化建设永恒主题，传播爱国主义精神。为什么出发，是我们的初心；向哪里进发，是我们的使命；坚持不忘初心、牢记使命是金融强国制胜的前提。社会主义核心价值观引领金融业正确处理国家、社会和个人三者之间的关系，引领我们为国聚财、为民理财，用社会主义核心价值观引导航向，校正方向，使我们永不迷航，不断前进。要把以人民为中心的价值取向贯穿到金融工作的全过程，传承好红色金融为国理财、为民兴财的思想，将客户利益放在首位，培塑金融"为生民立命"的情怀。做到诚实守信，不逾越底线。坚持契约精神，恪守市场规则和职业操守。做到以义取利，不唯利是图，处理好功能性和营利性的关系，履行好社会责任。做到稳健审慎，不急功近利，树立正确的经营观、业绩观和风险观，不超越承受能力而过度冒险。做到守正创新，不脱实向虚，聚焦服务实体经济开展创新，不搞自我膨胀的伪创新。只有以社会主义核心价值观为引领，通过对职业道德的遵守，金融机构才可以更好地识别和管理风险。做到依法合规，不胡作非为，严格遵纪守法，遵守监管要求，推动整个金融行业的健康发展。

（三）为金融强企聚力

建设金融强国，重在以人为本，重在打造一支爱国、敬业、诚信、友善的队伍。金融系统的一些员工，特别是少数80后、90后员工，由于在互联网时代成长，受各种社会思潮及思想观念影响较深，对社会主义核心价值观的"三个倡导"认识不深，行动上未能做到自觉践行，少数管理人员践行社会主义核心价值观的表率作用有待加强，有的员工还有"谁讲诚信谁吃亏""只有金钱权力是硬实力"等错误认识，体现出政治意识薄弱、理想信念缺失、过分看重物质享受、自我规范约束意识不强等，这给社会主义核心价值观的培育和践行带来一定的挑战和困难，不利于金融强国建设。必须用社会主义核心价值观引领金融企业队伍建设，着力培育一支广泛认同、时时事事践行社会主义核心价值观的员工队伍，始终不渝打造忠诚干净担当的干部队伍。只有大力培育和弘扬社会主义核心价值观，树立正确价值导向，明确自身肩负的社会责任，引导员工向往和追求讲道德、尊道德、守道德的生活，形成向上的力量、向善的力量，形成有自信、尊道德、讲奉献、重实干、求进取的良好企业文化氛围，才能铆足干事创业的闯劲、鼓足攻坚克难的韧劲，不断增强创新意识和提高创新能力，才能为提升核心竞争力汇聚强劲精神动力。金融职业道德和道德规范可以引领金融交易的公正性和公平性，防止出现不良行为，如欺诈、操纵市场等，这有助于建立投资者的信心，并维护金融市场的稳定性，提高金融队伍的纯洁性、专业性、战斗力。

（四）为金融强企树名

金融单位大力践行社会主义核心价值观，展示单位为国为民、诚信友善、关爱社会形象，能够树立良好的社会形象，赢得公众的信任和支持。这不仅有助于提升金融机构的品牌价值，还有利于其在竞争激烈的市场中取得优势，能够更好地适应市场的变化和发展需求，提高自身的竞争力。

二、金融系统践行社会主义核心价值观的原则要求

（一）党的思想是根本遵循

推进社会主义核心价值观建设，必须坚定自觉地以习近平新时代中国特色社会主义思想为指导，以之作为培育和践行社会主义核心价值观的根本遵循。习近平新时代中国特色社会主义思想，从理论和实践结合上系统回答了新时代坚持和发展中国特色社会主义的总目标、总任务、总体布局、战略布局和发展方向、发展方式、发展动力、战略步骤、外部条件、政治保障等基本问题，提出了一系列具有开创性意义的新理念新战略。特别是习近平总书记高屋建瓴，结合金融创新的理论、实践和制度经验，指出坚持党中央对金融工作的集中统一领导，坚持以人民为中心的价值取向，坚持把金融服务实体经济作为根本宗旨，坚持把防控风险作为金融工作的永恒主题，坚持在市场化法治化轨道上推进金融创新发展，坚持深化金融供给侧结构性改革，坚持统筹金融开放和安全，坚持稳中求进工作总基调，为金融系统注入传承传统、积极向上的文化基因，也赋予了中华优秀传统文化新的时代内涵，指明了提升金融软实力、建设金融强国的前进方向，为金融业发展指明了方向和路径。要把习近平新时代中国特色社会主义思想作为主心骨、定盘星、度量衡，贯彻到培育和践行社会主义核心价值观全过程、各方面，切实增强干部员工的政治认同、思想认同、理论认同、情感认同，不断巩固马克思主义在意识形态领域的指导地位、

巩固全党全国人民团结奋斗的共同思想基础。要全面贯彻落实党的二十大及一中、二中、三中全会提出的新任务新要求，围绕中国式现代化建设这一最大的政治，深入研究新情况新问题，科学提出新思路新对策，着力增强社会主义核心价值观建设的针对性实效性。

（二）优秀传统文化是源头活水

习近平总书记指出："中华文明绵延数千年，有其独特的价值体系。中华优秀传统文化已经成为中华民族的基因，植根在中国人内心，潜移默化影响着中国人的思想方式和行为方式。"① 抛弃传统、丢掉根本，就等于割断了自己的精神命脉。社会主义核心价值观，就充分体现了对中华优秀传统文化的传承和升华，体现了"两个结合"的精神实质。今天，我们提倡和弘扬社会主义核心价值观，必须从中华优秀传统文化中汲取丰富营养，否则就不会有生命力和影响力。中华文化延续着我们国家和民族的精神血脉，需要我们守正创新，与时俱进。要坚持创造性转化、创新性发展，对中华优秀传统文化中蕴含的思想观念、人文精神、道德规范，深入挖掘和阐发中华优秀传统文化讲仁爱、重民本、守诚信、崇正义、尚和合、求大同的时代价值，结合时代条件和实践要求加以补充、拓展、完善，赋予其当代内涵和表达形式，增强生命力和影响力，更好地涵育当代中国人的精神世界。现代金融学在近代中国的起步是"西学东渐"的结果，借鉴与模仿不可避免，但其发展应始终根植于中华民族丰沃的文化土壤。比如，诚实守信、以义取利是中华民族在长期社会活动中积累的道德观、经营观的重要体现。"信，国之宝也，民之所庇也"等理念与现代金融治理高度契合；"居安思危，思则有备，有备无患"是古人重要的处世准则，与当前金融行业重视风险防范、坚持稳健发展的做法一脉相承；义利观念在中国源

---

① 《习近平著作选读》第一卷，人民出版社 2023 年版，第 241 页。

远流长，以义取利的思想，对金融工作实践有极强的指导意义。习近平总书记把"诚实守信，不逾越底线；以义取利，不唯利是图"作为积极培育中国特色金融文化的一个重要方面加以强调，这是对我国金融发展实践与中华传统文化结合的精辟理论总结。金融源于信用，信用是金融本质。一定要大力弘扬数千年中华文明经久不息的诚信文化，赓续积淀在民族精神深处的诚信良知，发挥好诚信在金融资源优化配置中的积极作用。

（三）职业道德是建设重点

习近平总书记强调，金融强国应当基于强大的经济基础，具有领先世界的经济实力、科技实力和综合国力，同时具备一系列关键核心金融要素，即拥有强大的货币、强大的中央银行、强大的金融机构、强大的国际金融中心、强大的金融监管、强大的金融人才队伍。[①] 这其中，人才是第一资源，人才队伍的建设是根本建设，职业道德又是金融人才队伍思想政治教育的核心内容。要以社会主义核心价值观打造一支政治过硬、作风优良、精通金融工作的干部队伍，更加鲜明传导金融行业荣辱观相关价值追求，从严纠治奢靡之风、享乐主义、拜金主义、炫富心态。金融行业及从业人员应特别注重金融职业道德建设，履行道德责任，不断提高自身的道德素质，遵守道德规范和行业准则，树立良好的行业形象。金融从业人员道德缺失会直接导致金融内部的腐败，盲目地追求利益最大化会使得金融所具有的经济调控作用失去平衡。牢固树立为国、为民服务的核心理念，这是金融从业人员第一重要的道德规范；诚信是金融道德行为的核心特征，包括对客户、投资者和其他利益相关方真实、准确地提供信息，不进行虚假宣传和误导，坚持"诚信为本"的金融行业的生命线；坚持公正与

---

① 中共中央党史和文献研究院编：《习近平关于金融工作论述摘编》，中央文献出版社2024年版，第17页。

公平，金融交易应基于公正、公平的原则进行，不歧视任何人，不利用信息优势获取不正当利益，遵守交易规则和伦理标准。

（四）制度建设是坚强保障

任何一种价值观在全社会的牢固确立，都是一个内化与外化相辅相成、共同促进的过程。弘扬社会主义核心价值观，教育引导是基础，但仅靠教育引导是不够的，还要有制度规范、有政策保障。社会主义核心价值观的形成靠学习教育，靠耳濡目染，靠世代传承，更靠规矩规范、制度约束，完善弘扬社会主义核心价值观的法律政策体系。党的十八大以来，我们党在治国理政中坚持德法相济、协同发力，重视发挥法律政策在核心价值观建设中的促进作用，专门制定了推动核心价值观融入法治建设的指导性文件和立法修法规划，推动出台一系列有利于培育和践行社会主义核心价值观的法律法规、规章制度和公共政策，在实践中取得了很好的效果。要强化金融队伍建设，围绕立德树人根本任务，充分发挥法律和政策的保障作用。要积极推动把社会主义核心价值观的要求转化为具有刚性约束力的法律规定，坚持法律的规范性和引领性相结合，积极推进立改废释，特别是要聚焦道德约束不足、法律规范缺失的重点领域，把实践中广泛认同、较为成熟、操作性强的道德要求及时上升为法律规范，更好用法治的力量引领正确的价值判断、树立正义的道德天平，弘扬美德善行，形成有利于培育和践行社会主义核心价值观的法治环境和制度支撑。金融单位要适时将社会主义核心价值观中的相关要求上升为具体制度规定，通过严格的制度规范与约束，将社会主义核心价值观的教育成果内化为员工良好的职业操守和行为习惯。

三、社会主义核心价值观建设要落细落实

培育和践行社会主义核心价值观，贵在坚持知行合一、坚持行胜于

言、坚持守正创新，在落细、落小、落实上下功夫，使之像空气一样无处不在、无时不有，成为员工日用而不觉的行为准则。要把社会主义核心价值观日常化、具体化、形象化、生活化，通过教育引导、舆论宣传、文化熏陶、实践养成、制度保障等，使社会主义核心价值观内化为员工的精神追求，外化为员工的自觉行动。

（一）大力宣传教育，内化于心

要面向全体员工，深入开展内容丰富、形式多样的社会主义核心价值观学习宣传教育活动，以丰富的学习教育强化对社会主义核心价值观的广泛认同，使社会主义核心价值观和金融价值理念"入脑、入心、入行"，达到普及认知，广泛认同，夯实员工思想基础的目的。要大力弘扬以伟大建党精神为源头的中国共产党人精神谱系，用好红色资源，以"红色教育"升华理想信念。深化爱国主义、集体主义、社会主义教育，推动理想信念教育常态化制度化，持续抓好党史、新中国史、改革开放史、社会主义发展史宣传教育，引导人民知史爱党、知史爱国，不断坚定中国特色社会主义共同理想。要大力弘扬中华民族重信守诺的传统美德，广泛宣传普及与市场经济和现代治理相适应的诚信理念、规则意识、契约精神，积极培育诚信文化，使诚实守信成为人们的内在追求和行为习惯。要坚持用社会主义核心价值观完善思想政治工作体系，不断强化法律意识、廉洁意识与合规意识。加强理想信念教育，既需要"立"，也需要"破"。对非马克思主义、反马克思主义的错误思潮，对宣扬西方"宪政民主""普世价值"以及历史虚无主义等的错误观点，对否定歪曲党的领导和中国特色社会主义制度的错误言论，要旗帜鲜明、敢于斗争，有针对性地进行辨析和批驳，帮助人们划清是非界限、提高辨别能力，自觉抵制错误思想观点的侵蚀。注重环境熏陶，日用不觉，润物无声。社会主义核心价值观要体现开放性，不断吸引创新的成果和全人类共有的价值观。

（二）推动实践养成，外化于行

要深入开展形式多样的主题实践活动，制定诚信公约，加强行业自律，推动全社会的诚信意识和信用水平不断提高。引导员工立足自己的岗位，在客户服务、产品营销、风险内控、团队管理等日常工作中，将"爱国、敬业、诚信、友善"落实到实际行动之中，并逐步转化为理想信念和职业道德准则。将社会主义核心价值观融入支持经济社会发展，坚持把树立群众观点、坚持群众路线作为经营管理的重中之重，认真贯彻落实党中央决策部署，自觉承担社会责任，大力支持和服务民生、实体产业、"三农"、小企业、文化产业、科技创新等，深入了解市场变化以及实体经济对金融服务的需求，支持经济结构调整和转型升级，注重通过服务创新、产品创新满足客户需求。制定政策、开展工作都要突出国家利益优先，任何创新都以方便人民群众、利于实体经济和行稳致远为准则，不搞急功近利、脱离实体经济、唯自身利益最大化的伪创新，不贪短期暴利，更不能欺骗客户，以利害义。要将社会主义核心价值观融入社会公益活动。志愿服务是社会文明进步的重要标志，是培育和践行社会主义核心价值观的有效载体。健全志愿服务体系，创新工作体制机制，有效调动各种资源和力量，推动学雷锋志愿服务制度化、社会化、专业化。

（三）加强典型引领，干部带头

要发挥好先进典型的引领作用和党员领导干部的带头作用。党员领导干部是普通群众的标杆，广大党员、干部必须带头学习和弘扬社会主义核心价值观，用自己的模范行为和高尚人格感召群众、带动群众。用好先进典型这个"鲜活的价值观"，持之以恒宣传革命英烈，宣传"时代楷模"、道德模范、最美人物等，宣传各行各业钻研求索、敬业奉献的典型人物，弘扬榜样力量。挖掘选树道德模范、"时代楷模"和身边好人，表彰善行义举，激发全行业上下见贤思齐。领导干部要严格执行中央八项规定，遵守领导人员职务消费管理办法、综合业务用房购建管理办法、党风廉政建设责任制考核办法等相关制度。建立健全领导班子领导能力评价制度和竞争力考核评价体系，匡正选人用人风气，加大对不廉洁、不胜任、不称职干部的组织调整力度，对职责范围内事项敷衍塞责、缺乏进取心、不履行或不认真履行职责、所负责的工作长期处于落后状态的各级管理人员，及时进行组织调整，对用人失察、失误，疏于管理监督的，进行责任追究，实现干部作风建设制度化、规范化、常态化。要把培育和践行社会主义核心价值观作为党风廉政建设的重要内容，从培育领导干部的理想信念入手，使之树立正确的人生观和价值观，正确认识和处理权力、利益与责任之间的关系，做到清正廉洁、务实为民，成为社会主义核心价值观践行的带头人。

（四）注重建章立规，固化于制

各行各业的规章制度和行为准则，是推动社会主义核心价值观渗透到社会生活方方面面的重要保障。通过经营管理制度、机制、流程及各项活动，将社会主义核心价值观深度融入经营管理的全过程。要建立学习培训制度，对社会主义核心价值观的学习培训工作做制度性安排。要不断完善行业规章、团体章程等，使规范行业治理的过程成为弘扬社会主义核心价值观的过程。要完善诚信建设长效机制，健全覆盖全社会的征信体系，促进各地区各部门信用信息互联互通、共建共享。要完善多部门、跨地区、跨行业的守信联合激励和失信联合惩戒的联动机制，畅通守信"绿色通道"，加强失信惩戒，让守信者处处受益、失信者处处受限，使褒扬守信、惩戒失信成为一种社会共识和自觉行动。要建立奖惩制度，明确对见义勇为人员的奖励，对严重失信行为实行"禁入"等，通过褒奖善行义举、惩戒恶行，体现出好人有好报、坏人受惩罚的价值导向。强化约束力度，以严格的内控合规强化对践行社会主义核心价值观的规范约束，以完善防控体系践行社会主义核心价值观，建立风险防控机制。针对金融领域违规违法行为易发的"四个重点"，即重点部位（与权、钱、人相关的部门和岗位）、重点环节（存在风险点、容易发生案件的业务环节）、重点机构和人员（基层机构、网点及其负责人）、重点区域和时段（经济活跃、案件和违规问题高发区域和节假日、非营业时间、机构改革、人员调整等时段），抓实日常检查。要建立以执业质量为导向的绩效考评机制，贯彻稳健薪酬制度要求，健全长效激励机制，严格落实薪酬递延发放机制，对风险有直接或重要影响岗位的员工，避免过度激励、短期激励；对严重道德失范的员工坚决不用，真正选拔一批职业操守过硬、作风优良、业务精通的高素质金融人才。

（五）坚持围绕中心，验之于效

社会主义核心价值观建设要注重实效，坚决防止形式主义，重要的是以社会主义核心价值观建设引领企业高质量发展。要以社会主义核心价值观统领企业价值观，使企业价值观具体体现社会主义核心价值观。要把社会主义核心价值观与企业文化建设相结合，与企业生产经营结合，与企业队伍建设结合，与企业发展战略结合，把社会主义核心价值观深植于员工的世界观、人生观和价值观，融入员工本职工作实践，转化为推动金融高质量发展的实际行动。

加强党史和红色金融史研究与学习教育

周诚君[*]

一、红色金融史是中共党史的重要组成部分

"党的历史是最生动、最有说服力的教科书。"[①] 习近平总书记强调，"在全党开展党史学习教育，是牢记初心使命、推进中华民族伟大复兴历史伟业的必然要求，是坚定信仰信念、在新时代坚持和发展中国特色社会主义的必然要求，是推进党的自我革命、永葆党的生机活力的必然要求"[②]。以习近平同志为核心的党中央高度重视对党的历史总结运用，把学习党史提高到事关党和国家工作全局的重要地位，力求在党的历史学习中汲取智慧和力量。

在党的光辉发展历程中，红色金融发挥了重要作用。毛泽东在《井冈山的斗争》中指出，工农武装割据的存在和发展需要"有足够给养的经济力"[③]。红色金融历经革命淬炼，是根据地经济建设的重要助力，也是我党争取最广大人民群众支持的重要着力点。中国共产党在领导中国新民主

---

* 周诚君，中国人民银行江苏省分行党委书记、行长，撰稿时任中国人民银行金融研究所所长。

① 《习近平谈治国理政》第四卷，外文出版社 2022 年版，第 545 页。

② 习近平：《在党史学习教育动员大会上的讲话》，《求是》2021 年第 7 期。

③ 《毛泽东选集》第一卷，人民出版社 1991 年版，第 57 页。

主义革命斗争的金融实践中塑造形成的红色金融文化既坚持了马克思主义文化理论，又赋予其鲜明的中国特色。

党的十八大以来，习近平总书记就如何传承红色基因、赓续红色血脉多次作出重要论述，强调"红色血脉是中国共产党政治本色的集中体现，是新时代中国共产党人的精神力量源泉"①。要"让红色基因代代相传"②，"确保红色江山永不变色"③。这些论述为金融系统在新时代传承红色基因、凝聚奋斗伟力提供了重要遵循和科学指引。

大力传承红色金融文化是贯彻落实习近平文化思想的必然要求，也是建设中国特色金融文化的迫切要求。中国共产党领导下的红色金融史作为中国共产党奋斗史的重要组成部分，其蕴含的红色金融精神是当代中国金融人的宝贵精神财富。红色金融文化，是中国特色金融文化的内核基因，也是走好中国特色金融发展之路、建设金融强国的重要文化支撑。传承红色金融文化，有利于坚定中国金融强国之路的发展信念，发掘金融创新的源泉和动力。强化金融人锚定金融强国之路这一目标的情感认同、理论认同和实践认同，增强构建现代金融体系全面推进中华民族伟大复兴的实践自觉。

二、新民主主义革命时期红色金融发展之路

红色金融在革命战争年代诞生，在艰难探索中发展。在此过程中，中国共产党始终坚持党中央对金融工作的集中统一领导，践行全心全意为人民服务的根本宗旨，为新中国的金融稳定与建设工作锻造了一批忠诚、干

---

① 中共中央党史和文献研究院编：《习近平关于社会主义精神文明建设论述摘编》，中央文献出版社 2022 年版，第 166 页。
② 《深入学习贯彻党的十九大精神　全力推进新时代练兵备战工作》，《人民日报》2017 年 12 月 15 日。
③ 《习近平谈治国理政》第四卷，外文出版社 2022 年版，第 277 页。

净、担当的高素质、专业化金融人才队伍。

新民主主义革命时期，金融的首要任务是为政权建设和军事战争服务。国民党顽固派和日伪势力对共产党领导下的敌后根据地采取了长期封锁、"围剿"等政策，战争形势十分严峻。为打破敌人的军事进攻和经济封锁，中国共产党在各根据地积极开展红色金融工作。红色金融的诞生与发展稳定了红色政权治理区域的金融秩序，打破了敌对势力的金融垄断与经济封锁。在金融体系建设过程中，中国共产党不断深化对金融本质和规律的认识，有针对性地开展了一系列金融创新实践活动，有力地支持了军事斗争和根据地建设。

（一）从分散到规范统一的国家银行制度

从总体来看，红色金融机构经历了从分散到集中统一的发展路径。大革命时期的红色金融实践，是中国共产党领导下的红色金融事业的萌芽和开端。尽管这一时期，红色金融机构存续期较短，金融机构数量少，业务种类开展较为简单，但成效显著。在红色金融活动期间，不仅通过增加市场交易筹码活跃了市场经济，而且通过解决农民生产资金问题提高了农业生产率。到土地革命战争时期，根据地内以苏维埃国家银行为主要代表的红色金融机构职能不断丰富和完善，初步具备了部分现代金融机构的职能。

在抗日战争时期，为促进地区间要素及信息流动，中国共产党在各根据地广泛建立独立银行，发行独立货币。以陕甘宁边区银行为代表的红色金融机构配合根据地政权建设和全国抗战形势需要，在根据地内因时、因地制宜地逐步开展了各项金融业务，建立起独立自主的货币制度。红色金融机构组织和业务在这一阶段进一步繁荣和发展壮大，部分红色银行开始从区域银行逐步发展为根据地和解放区法定银行。解放战争时期，伴随着军事战争的胜利，红色银行从分散走向合并和统一。1948年12月，原晋察冀边区和晋冀鲁豫边区的华北银行、晋绥边区的西北农民银行和山东解放区的北海银行合并为中国人民银行。

（二）从区域辅币到独立的货币体系

战时经济中，集中统一、独立自主的货币金融体系是维护政权稳定、掌握经济斗争主动权的必要条件。在土地革命战争时期，中国共产党就提出苏维埃区域应"实行统一金融的调节市场、反对高利贷政策。首先要开始统一金融和统一币制的规划，禁止商人私自发行纸币，把发行纸币的权统一在苏维埃政府银行手里"[1]。中华苏维埃国家银行成立后，便通过逐步回收区域内土杂币的方式实现了货币统一。

在抗日战争时期，起初，根据地货币市场基本是法币化。红色货币仅作为法币的辅币发行，与法币之间采用固定汇率制度。红色货币与法币的联合促进了红色货币信用构建以及货币市场的扩张，减缓了日伪势力对抗日根据地货币市场的进攻。太平洋战争爆发后，日伪势力对根据地货币战争政策重心由原来吸收法币以争夺货币主权和外汇转变为利用大量法币吸收根据地物资，抗日根据地金融系统稳定性遭到严重破坏。只有切断红色货币与法币之间的联系，掌握货币主权，才能真正拥有化解根据地金融危机的能力。红色金融的货币斗争策略调整为排挤法币以防止法币内流。独立的金融货币体系的建立从根本上化解了金融危机。到新中国成立前夕，全国性财经问题逐渐增加，"就需要有一个机构来处理这些问题"[2]，需要"废除根据地五花八门的货币，统一货币"[3]。为此，中国共产党开始由北向南统一各解放区货币，最终以发行人民币实现全国货币统一。

---

[1]　中共中央文献研究室、中央档案馆编：《建党以来重要文献选编（一九二一——一九四九）》第七册，中央文献出版社 2011 年版，第 597 页。

[2]　《陈云文选》第一卷，人民出版社 1995 年版，第 388 页。

[3]　曾康霖等主编：《百年中国金融思想学说史》第一卷（上卷），中国金融出版社 2011 年版，第 158 页。

（三）打击高利贷，构建低利借贷制度

坚持金融为民是红色金融的宗旨。红色金融自诞生以来，始终坚持从群众中来，到群众中去，彰显了人民至上的价值取向。中国共产党在领导工人运动时期就尝试建立服务工农的低利率借贷体系。在大革命时期，中国共产党领导农民协会设立金融机构的主要目标是解决旧式金融对农民的高利盘剥、旧政府币值混乱等问题导致的农民生产、生活中资金困难，体现了"惠民""便民"思想。

土地革命战争时期，红色金融实践对推翻封建借贷关系起到了积极作用，不仅把劳苦群众从高利贷盘剥中解救出来，改善了根据地群众的生活，还调动了各方生产积极性，有效活跃了农业、手工业、商业的发展。在全民族抗战时期和解放战争时期，共产党领导下的红色金融机构更是将有限的资源低利息投入到经济生产领域中，通过生产自足活动支援军事斗争，满足民众正常生活需要。毛泽东提出"必须给人民以看得见的物质福利"[1]，"对人民的农业、畜牧业、手工业、盐业和商业，采取帮助其发展的适当步骤和办法"[2]。其中，"政府发放农贷、工贷，是必不可少的步骤"[3]。根据中共中央指示，各根据地银行在发放低利农贷过程中，放款手续体现便利化原则，还贷也一切以方便有利为主，根据现实情况开展实物或现金还贷，避免了因币值波动导致的群众的经济利益损失。

（四）维护货币信用和稳定币值

中国共产党在土地革命战争时期就已认识到纸币要进行有计划、审慎发行，"一定要在人民的需要上来增加币额，不要在政府的开支上滥发

---

① 《毛泽东文集》第二卷，人民出版社1993年版，第467页。
② 《毛泽东选集》第三卷，人民出版社1991年版，第893页。
③ 《毛泽东选集》第四卷，人民出版社1991年版，第1173页。

纸币"[1]，"纸币的发行如超过市场所需要的定额之外，必然会使纸币跌价，会使物价腾贵，使工农生活恶化起来"[2]。针对土地革命战争时期金融紊乱、票价低落、物价飞腾的现象，毛泽民提出"只有提高纸币信誉才能稳定金融"[3]，并通过扩大实体经济供给调剂市场中的货币流通量，有效稳定了货币币值。

在抗日战争时期，根据地在中国共产党的领导下独创"物资本位"的货币制度。在物资本位制度的指导下，根据地工商管理局以粮食、棉花等生活必需品作为储备以发行货币，并通过重要物资的吞吐控制市场中的货币发行量。具体来看，当市场上物价过高时，工商管理局释放储备物资吸收货币，以降低物价；而当物价水平过低时，工商管理局通过发行货币收购物资，增加市场中的货币供给，以提高物价。除此之外，工商管理局将油和食盐等物资统一到根据地以外地区集中售卖，获得大量收入；再将这些收入在沦陷区、国统区集中采购根据地所缺乏的药材、火柴等重要物资，进一步增加了红色货币对物资的兑换能力，进而大幅降低了法币和伪币的市场份额。通过以上方法，共产党有效维护了货币信用及币值稳定。

（五）红色金融人才队伍建设

从红色金融的发展历程来看，金融政策制定与实施的速度和能力取决于红色金融人员的规模及专业素养。金融人才的匮乏或培养的金融工作人员专业素养不够都会降低金融市场的运行效率，从而影响到作战效果。回

---

① 中共中央文献研究室、中央档案馆编：《建党以来重要文献选编（一九二一——一九四九）》第七册，中央文献出版社 2011 年版，第 684 页。

② 中共中央文献研究室、中央档案馆编：《建党以来重要文献选编（一九二一——一九四九）》第十一册，中央文献出版社 2011 年版，第 172 页。

③ 舒龙：《毛泽民》，军事科学院出版社 1996 年版，第 230 页。

顾红色金融的建设历程，有很多卓有建树的经济学家、革命家参与其中，同时挖掘和培养了大批优秀的红色金融人才。

在大革命时期，红色金融人才的发掘和培育主要依靠"传帮带"和"干中学"的传统方式；土地革命战争时期，中国共产党在中央苏区创建了苏维埃国家银行后，通过设立银行学校，对相关工作人员进行金融知识和理论的专业化培养；抗日战争时期，在局势波动、政权不稳定的情况下，红色金融人才培养面临巨大挑战。随着独立自主的银行体系的建立，根据地对金融人才的发掘方式以及培育依托的载体不断丰富，除了根据地内的革命学校和干部学校外，部分根据地银行还设立了财经学校，对财经人才进行集中培训；解放战争时期，随着解放区面积的迅速扩大，急需大量的专业金融人才参与金融整顿工作。这一时期，金融人才的发掘和培育逐步走向正规化和规模化发展，尤其在解放战争胜利前后，中国共产党相继建立了许多专业性的高等财经学校，为新中国金融事业储备了大量专业人才。

三、红色金融文化助力新时代金融强国建设

金融是现代经济的核心，是实体经济的命脉，与国民经济两者共生共荣，关系中国式现代化的建设全局。加快建设金融强国使命在肩、责任重大。从西方国家的发展历程来看，强大的金融体系在促进经济高质量发展，提高人民生活水平的过程中发挥了重大作用。党的十八大以来，以习近平同志为核心的党中央对金融与经济的关系作了深刻阐述。2023 年 10 月，习近平总书记在中央金融工作会议上首次提出"金融强国"的概念，强调建设金融强国、走好中国特色金融发展之路的目标。2024 年 1 月 16 日，习近平总书记在省部级主要领导干部推动金融高质量发展专题研讨班开班式上进一步擘画出金融强国的标准轮廓，从经济基础、综合国力与实力、关键核心金融要素三个方面回答了金融强国应"强"在何处。其中，

"强大的货币、强大的中央银行、强大的金融机构、强大的国际金融中心、强大的金融监管、强大的金融人才队伍"是构建金融强国的关键核心金融要素，为我国由金融大国迈向金融强国明确了目标方向和实践路径。

文化是一个国家、一个民族的灵魂。习近平总书记指出："文化自信是一个国家、一个民族发展中最基本、最深沉、最持久的力量。"①先进文化具有凝聚人心、引导社会风气崇德向善的积极作用，能够提高人民群众的文化修养和精神境界。在世界文明发展中，中华文化博大精深、绵延不绝，不断丰富、发展；在数千年的历史传承中，形成了自己富有强大生命力的中国特色社会主义文化。中国特色金融文化是中国特色社会主义文化的有机组成部分，需要充分认识培育中国特色金融文化的重要意义，用中国特色金融文化引导各类金融活动，提升金融业服务水平，加快促进中国特色现代金融体系和金融强国建设。

从金融业自身的内在特点看，培育中国特色金融文化，提升金融文化"软实力"是促进金融业健康发展的内在要求。具体而言，第一，金融业是经营货币信用业务的特殊行业。金融活动不仅仅属于一般意义上的商业活动，经常面临信用风险、流动风险、市场风险、道德风险、操作风险等各类风险。正向的金融文化能引导人们自觉遵守行为规定，减少机会主义行为，降低风险发生概率。第二，金融业是生产性服务业。现代金融业体系庞大，涉及保险、银行、证券等多方面，服务各社会群体和不同部门，金融服务具有无形性、异质性特点，需要根据服务对象的财富状况、风险偏好、收益要求综合分析，提供恰当的金融服务，满足差异化金融需求。金融活动更加依赖于人的主观能动性和服务质量。第三，金融活动具有复杂性。随着现代金融的快速发展，各类衍生金融产品层出不穷，金融套利手段不断翻新。金融从业者作为金融领域的决策

---

① 《习近平谈治国理政》第四卷，外文出版社 2022 年版，第 103 页。

者及执行者，其思想政治素质与金融风险防范和金融系统安全息息相关。金融行业的特殊性和内在发展规律客观上要求不仅要加强现代金融机构和金融基础设施等"硬实力"建设，也要促进价值观、行为规范等"软实力"提升。营造良好的金融文化环境，是维护金融行业稳定和持续健康发展的必然要求，也是金融系统思想政治建设的重要组成部分。金融文化承担着加强行业自律、个人行为自律的重要作用，起到了以文化人、润物无声的效果。只有树立先进的金融文化理念，提高金融文化素养，才能在复杂多变的金融环境始终保持清醒的政治头脑，准确研判风险，科学决策，有效防范和化解金融风险。

从历史的足迹来看，中国共产党在红色金融实践过程中形成了中国特色红色金融文化。红色金融文化是中国共产党在长期红色金融实践中形成的共识，其最本质的特性是坚持党的领导，坚持为人民服务的价值取向。红色金融文化这个本质特性，不仅意味着中国金融发展的独特性、开创性，更是推动金融高质量发展、建设金融强国的巨大力量。红色金融在长期经济社会实践活动中凝聚而成的信用观、义利观、经营观、创新观、治理观等文化思想是红色金融文化的精髓，与诚实守信、以义取利、稳健审慎、守正创新、依法合规的金融实践要求高度契合。应该充分挖掘中国特色红色金融文化的宝贵资源，使独特的红色金融文化传统与面向未来的现代金融理念、治理体系与机制、金融行为进行有机融合，将金融的底层运作逻辑、经营治理理念、风险防范意识以及各种规制要求都上升至文化层面，渗透到金融体系、法规制度、政策要求以及金融机构的经营行为等所有金融活动中，为金融系统注入继承传统、积极向上的文化基因。这对夯实中国金融发展基础，增强中国金融系统的稳定性和可持续性极为重要，可从根本上提升金融发展的质量，加快促进我国从金融硬实力平面扩张的金融大国向金融软实力立体提升的金融强国转变。

四、近年来中国人民银行红色金融工作实践

新时代建设金融强国，对传承弘扬红色金融文化提出了新的更高要求。党的十八大以来，以习近平同志为核心的党中央把马克思主义金融理论同当代中国具体实际相结合、同中华优秀传统文化相结合，不断推进金融实践创新、理论创新、制度创新，逐步走出一条中国特色金融发展之路。在此过程中，中国人民银行把党的光辉历史、红色金融史中蕴含的智慧和力量转化为立足新发展阶段、贯彻新发展理念、构建新发展格局、推动金融强国建设的实际行动，不断加强统筹谋划，发挥多方合力，进一步加大红色金融文化的传承弘扬力度。

（一）加强红色金融史的系统性研究

金融文化建设是系统性工程。近年来，中国人民银行加强顶层设计，科学制定红色金融文化建设方案。通过发挥各地金融学会的作用，充分利用上下联动机制，积极调动当地高校、科研院所和金融机构的人才资源，持续围绕红色金融史领域特定专题开展深层次、多维度、延展式系列研究，取得了一批高质量研究成果，共完成专题研究成果 60 余篇，进一步加大了红色金融文化宣传弘扬力度。相关研究成果注重研究的体系化建设，将金融学、经济学方法论与历史研究相结合，努力挖掘红色金融丰富实践所蕴含的规律性、理论性逻辑，并搭建多维度、系统化的红色金融史研究框架，使得红色金融史研究领域不断扩展。2024 年 1 月 17日，中国人民银行总行在江西瑞金召开"精神与传承"红色金融专题研讨会，会上提出要充分认识开展红色金融史研究的重要性和历史价值，深入扎实开展研究工作，为后续持续开展更深层次、多维度的研究指明了方向。

（二）稳步推进红色金融文化保护力度

中国人民银行以对历史负责的态度，持续推动红色金融旧址保护和口述史料抢救整理工作，结合当地实际探索完善红色金融旧址和口述史保护工作机制，为传承弘扬红色金融文化奠定基础。具体来看：一方面，中国人民银行组织分支行对红色金融旧址进行全国普查和重点调研，搜集整理收录红色金融旧址保护基本信息，初步建立全国红色金融旧址数据库；按照历史价值的重要性、保护的迫切性和实施保护的可行性等原则，形成首批保护的红色金融旧址名单；推动相关分支行加强红色金融旧址保护经验交流。各分支行结合当地实际积极探索推动红色金融旧址保护的工作机制。经过努力，2023 年 9 月已经完成贵州刀靶水苏维埃国家银行旧址保护项目，其他首批旧址保护项目正在积极推进并已取得阶段性成果。另一方面，各分支行积极寻访红色金融亲历者及相关专家学者，抢救式收集整理红色金融口述史料。金融研究所已编辑印发《红色金融口述史料》（1921—1949）的第一册，《红色金融口述史料》（1949—1978）也正在编印中。

（三）注重发现和培养红色金融史研究人才

步入实现第二个百年奋斗目标的新征程，金融强国建设对新时代的人才工作提出了更高的要求。培养造就一大批德才兼备的高素质金融人才不仅关乎新时代金融改革开放事业的推进，也关乎现代中央银行制度建设和宏观调控作用的发挥。中国人民银行始终牢固树立人民银行的政治性定位，注重在全系统形成红色金融史研究的氛围，以严格标准选才、育才和用才，夯实红色金融体系人才队伍建设的政治根基。如陕西省分行牵头成立红色金融特色研究小组，积极组织青年员工开展红色金融史研究，红色金融史研究已成为陕西省金融学会学术研究领域的一张名片；江西省金融学会设立了红色金融专业委员会，凝聚了一批红色金融研究人才；辽宁省分行牵头建立东北红色金融史料馆等。

同时，全国 20 余家省级分行开展了以当地红色金融资源为依托的红色金融史专题展，形成了以研究丰富展览，以展览推动研究的良性互动局面。

五、推动党史和红色金融史研究教育的经验与建议

"学史明理，学史增信，学史崇德，学史力行。"中国人民银行充分利用既有研究成果和资源，加强红色金融史与党史的学习结合，并纳入到党性教育、人才培养等规划中，拓展党员群众学习路径，充分发挥党史以史鉴今、资政育人作用。在此过程中，中国人民银行聚焦重大主题，不断创新方式方法，探索形成了许多行之有效、极具特色的做法，积累了大量宝贵经验，为今天开展红色金融史研究教育提供了重要借鉴。

（一）党史和红色金融史研究教育的经验

1. 紧扣时代主题，树立正确的党史观

理论强，才能方向明、人心齐、底气足。通过党史研究教育加强思想政治工作，强化理论武装是我党的优良传统，是统一思想、凝聚共识的重要手段，是团结和凝聚人心的法宝，更是做好防控和化解金融风险的强大思想武器。在党史和红色金融史研究教育中，中国人民银行坚持用马克思主义中国化时代化最新理论成果来指导工作实践，坚持高质量发展和高水平安全良性互动，使金融系统的发展和安全动态平衡，相得益彰。教育引导全系统深刻认识到红色金融从无到有、从小到大、从弱到强的发展历程，不断学习思考和总结红色金融理论发展中的经验教训，从中汲取智慧和经验，把红色金融史学习教育成果转化为坚定理想信念和指导金融领域工作实践的强大动力，增强金融系统的战斗力、凝聚力和执行力。

2.科学统筹谋划，增强顶层设计

党史学习及红色基因的传承不是一蹴而就的，需要以常态化长效化的机制来保障。中国人民银行在工作开展中强化多方合作，统筹金融史研究整体推进。逐步从分领域学走向全面系统研究、深入思考学、联系实际学，扎实推进党史和金融史理论拓展，营造系统内常态化、长效化的红色金融学习生态环境。同时，充分利用上下联动机制，以对历史负责的态度持续推动地方保护、利用好红色资源，充分利用既有研究成果和资源，借助金融行业的独特性开展红色金融相关教育各项活动，实现学习教育与研究相互促进、良性互动。

3.坚持示范引领，注重培养高素质人才

为传承红色基因，擦亮红色金融底色，中国人民银行加强顶层设计和整体谋划，充分结合红色资源，以金融强国建设的实际需求为导向，以中国特色自主知识体系为框架，着力深化产教融合红色金融人才培养模式改革，加强高等院校与金融系统的合作，推动产教协同育人平台建设，培养了一大批政治过硬、作风优良、业务精通的红色金融人才，构建了一支德才兼备的高素质红色金融史研究人才队伍，有效发挥了领学促学作用，推动全系统红色金融史研究工作不断迈上新台阶，开创新局面。

（二）推进党史和红色金融史研究教育的建议

1.坚持党的领导，把准党史和红色金融史研究的政治方向

坚持党的领导是建设金融强国最根本的政治优势。新时代的红色金融史教育研究要坚持服从党的统筹领导，并加强系统规划和组织体系支持。通过制定科学可行的学习制度及计划，并坚持领导干部的示范引领作用，广泛调动金融系统红色金融史学习与研究的主动性，从而激发内生动力，强化红色金融史的连贯性与学习成果的稳定性，形成全系统学红色金融史、知红色金融史和用红色金融史的"文化磁场"。

2.紧密联系实际,深挖党史和红色金融史的研究维度

新时代,开展党史红色金融史的研究教育应立足社会现实,聚焦时代需求。应该契合时代发展的主题,紧紧围绕建设中国特色金融文化及金融强国等中心任务的需要,在红色金融史领域持续开展深层次、多维度、延展式系列研究,将红色金融史研究与发现和培育中国特色金融文化相结合,渗透到金融系统党组织的政治、思想、组织、作风、纪律等方面的建设中,不断增强金融系统的战斗力、凝聚力和执行力,充分发挥金融系统的战斗堡垒作用。

3.创新方式方法,强化党史和红色金融史研究教育效果

新时代新形势新任务,党史和红色金融史的研究与教育也面临着新的教育环境和教育要求。党史与红色金融史研究教育必须坚持守正创新,在守正的同时解放思想、积极创新。只有这样,才能更好肩负起举旗帜、聚民心、育新人、兴文化、展形象的使命任务。在开展党史和红色金融史研究教育的过程中,应该充分结合红色资源,把握规律性特征,运用贯穿其中的红色金融思想,完善金融制度提质增效,切实把解决思想问题同解决实际问题结合起来。除了传统的理论学习、党性教育、实践锻炼等研究教育方式,还可以利用当前互联网、VR等新技术,拓展红色金融旧址的空间维度。除此之外,还应进一步深化金融系统与高校、政府等单位的合作,积极挖掘中国特色红色金融文化,做红色金融文化的传承者。

加强社会主义法治教育

周占华[*]

习近平总书记指出："法律要发挥作用，需要全社会信仰法律。"[①] 社会主义法治教育作为引导全社会树立法治意识，使人们发自内心信仰和崇敬宪法法律的主要手段，是全面依法治国、建设法治中国的重要环节，是新时代思想政治工作的主要任务。中共中央、国务院印发的《关于新时代加强和改进思想政治工作的意见》明确深入开展思想政治教育的基本内容之一就是加强社会主义法治教育。

加强社会主义法治教育，有利于提高运用法治思维和法治方式深化改革、推动发展、化解矛盾、维护稳定的能力，更好推动我国思想政治工作走向深入。对于金融思想政治工作而言，加强社会主义法治教育能够引导金融从业人员形成法治意识和法治素养，推动在金融领域筑法治之基、行法治之力、积法治之势，营造良好的金融法治环境，更好实现在法治化轨道上推进金融高质量发展的远大目标。

---

[*] 周占华，中国法学会法治研究所所长、中国法学会法治文化研究会常务副会长兼秘书长。

[①] 中共中央文献研究室编：《十八大以来重要文献选编》上，中央文献出版社 2014 年版，第 721 页。

一、新时代加强社会主义法治教育的重大意义

习近平总书记指出："推进全民守法，必须着力增强全民法治观念。要坚持把全民普法和守法作为依法治国的长期基础性工作，采取有力措施加强法制宣传教育。"① 社会主义法治教育是传播法律知识、培养法律意识、弘扬社会主义法治精神的重要手段。党的十九大报告明确提出"加大全民普法力度"，"提高全民族法治素养"。党的二十大报告进一步提出"深入开展法治宣传教育，增强全民法治观念"。新时代新征程，在全社会树立好法律权威，必须深刻理解和把握加强社会主义法治教育的重大意义。

（一）加强社会主义法治教育是新时代思想政治工作的重要内容

思想政治工作是引导思想、规范行为的工作，是一切工作的根本保证和生命线。党的十八大以来，我国思想政治工作有效发挥了统一思想、凝聚共识、鼓舞斗志、团结奋斗的重要作用，全党全社会思想上的团结统一更加巩固。为了统揽伟大斗争、伟大工程、伟大事业、伟大梦想，战胜前进道路上的各种风险挑战，必须充分发挥思想政治工作传家宝和生命线的作用，为全面建设社会主义现代化国家提供强大精神动力。

社会主义法治教育是我们党的思想政治工作中的一种特殊教育，是思想政治工作作用于全面依法治国的直接方式。习近平总书记指出："要深入开展法制宣传教育，在全社会弘扬社会主义法治精神，传播法律知识，培养法律意识，在全社会形成宪法至上、守法光荣的良好氛围。"② 通过社

---

① 《习近平谈治国理政》第二卷，外文出版社 2017 年版，第 122 页。
② 中共中央文献研究室编：《习近平关于全面依法治国论述摘编》，中央文献出版社 2015 年版，第 88 页。

会主义法治教育"引导群众遇事找法、解决问题靠法，逐步改变社会上那种遇事不是找法而是找人的现象"①，就是要培养人们的法治意识、法治素养、法治能力，提高人们遵守法律、依法办事的自觉性，引导人们知法、守法、用法，从而让法治精神、法治文化真正成为当代中国人民的精神信仰、思维方式和生活实现方式，使践行法治成为当代中国人民的自觉，进而成为中国人民文化自信的一部分。

新时代推进思想政治工作发展，需要不断加强社会主义法治教育。社会主义法治教育能够把思想政治工作的目标要求、任务重点和实现方式等具体化、现实化，能够引导全体人民运用法律武器解决现实利益冲突，能够使全体人民自觉成为社会主义法治的忠实崇尚者、自觉遵守者、坚定捍卫者和积极践行者。

（二）加强社会主义法治教育是以法治推动高质量发展的必然要求

全面依法治国在党和国家事业发展中具有基础性、全局性、保障性作用。习近平总书记指出："当前，我国正处在实现中华民族伟大复兴的关键时期，世界百年未有之大变局加速演进，改革发展稳定任务艰巨繁重，对外开放深入推进，需要更好发挥法治固根本、稳预期、利长远的作用。"②党的二十大报告提出，高质量发展是全面建设社会主义现代化国家的首要任务。推动高质量发展，需要在法治轨道上推动经济发展，把法治作为完整、准确、全面贯彻新发展理念的重要方式。

有效发挥法治的保障作用，必然要求加强社会主义法治教育。一方面，知法是守法、用法的前提，提高人们的法律认知水平是社会主义法治

---

① 中共中央文献研究室编：《十八大以来重要文献选编》上，中央文献出版社 2014 年版，第 722 页。

② 《习近平著作选读》第二卷，人民出版社 2023 年版，第 568 页。

教育的重点任务。以法治推动高质量发展，需要让人们了解国家的基本法律制度，掌握基本的法律知识，熟悉我国社会主义法律的运行机制，要让全体人民特别是权力的行使人员依法办事、自觉遵守法律，真正养成从法律的视角思考、分析和解决法律问题的思维习惯。另一方面，法律的权威源自人民的内心拥护和真诚信仰，这种拥护和信仰必须经过系统的教育才能形成。社会主义法治教育就承担着培育法治信仰、维护宪法法律权威的使命，通过社会主义法治教育，使公民能够自觉遵守、崇尚和捍卫法治，从而奠定以法治推动高质量发展的群众基础。

在法治化轨道上推动我国金融创新发展，也要求进一步加强社会主义法治教育。习近平总书记指出："加强金融法治建设，这是加强党对金融工作领导的题中应有之义，根本目的是为金融业发展保驾护航。"[①] 在金融法治建设推动金融高质量发展的过程中，"金融系统各级领导干部和从业人员都要树立法治意识，自觉尊法、学法、懂法、守法、用法"[②]。这是更好保证金融工作依法依规进行，更好落实 2023 年中央金融工作会议所提出的"坚持把防控风险作为金融工作的永恒主题，坚持在市场化法治化轨道上推进金融创新发展"的必然要求。

二、新时代加强社会主义法治教育的基本内容

习近平总书记指出："要在全社会树立法律权威，使人民认识到法律既是保障自身权利的有力武器，也是必须遵守的行为规范，培育社会成员办事依法、遇事找法、解决问题靠法的良好环境，自觉抵制违法行为，自

---

① 中共中央党史和文献研究院编：《习近平关于金融工作论述摘编》，中央文献出版社 2024 年版，第 114 页。

② 中共中央党史和文献研究院编：《习近平关于金融工作论述摘编》，中央文献出版社 2024 年版，第 114 页。

觉维护法治权威。"①这为我们做好思想政治工作、加强社会主义法治教育指明了方向。进一步加强社会主义法治教育，要按照《关于新时代加强和改进思想政治工作的意见》的部署和要求，深入学习宣传习近平法治思想，在全社会普遍开展宪法宣传教育，有针对性地宣传普及法律、法规和法理常识，加大党章党规党纪宣传力度。

（一）深入学习宣传习近平法治思想

习近平法治思想把马克思主义法治理论作为理论起点、逻辑起点、价值起点，聚焦全面依法治国的时代命题，深入回答了事关我国社会主义法治建设的一系列重大问题。习近平法治思想主要方面集中体现为"十一个坚持"，其核心要义深刻阐明了全面依法治国的政治方向、重要地位、重点任务、重大关系、工作布局、重要保障，构成了一个富有开创性、实践性、真理性、前瞻性的科学思想体系，标志着我们党对社会主义法治建设和人类法治文明发展的规律性认识达到了新的历史高度，成为引领新时代中国特色社会主义法治建设的思想旗帜。

深入学习宣传习近平法治思想，是新时代开展社会主义法治教育的关键所在。开展习近平法治思想教育，就是要以此提高认识法治现象、分析法治问题、推进法治实践的能力，增强反思法治模式、探索法治规律、谋划法治发展的本领，从而提升体悟法治进步、坚守法治事业、砥砺法治前程的境界。新时代新征程，我们要进一步学深悟透习近平法治思想，通过多种形式宣传阐释习近平法治思想，在这个过程中切实把习近平法治思想转化为推进全面依法治国、建设法治中国的强大动力。

1.把习近平法治思想作为领导干部学习的重点内容

习近平总书记强调，"各级领导干部在推进依法治国方面肩负着重要

---

① 《习近平著作选读》第一卷，人民出版社 2023 年版，第 305 页。

责任""必须抓住领导干部这个'关键少数'"。^①各级领导干部要深入贯彻落实习近平法治思想，坚决贯彻落实党中央关于全面依法治国的重大决策部署，进一步明确推进全面依法治国的关键点和着力点。

一是定期组织、专门开展习近平法治思想学习培训。组织理论学习中心组定期学习习近平法治思想，引导党校（行政学院）和干部学院开设习近平法治思想专门课程，推动领导干部深化思想认识、筑牢理论根基，提高领导干部运用法治思维和法治方式开展工作的本领。

二是把习近平法治思想学习贯彻情况纳入考核内容。设置领导干部法治素养"门槛"，发现问题就严肃处理，让尊法学法守法用法成为领导干部的自觉行为和必备素质，不断提高领导干部运用法治思维和法治方式处理问题的能力。

2. 推动习近平法治思想进教材、进课堂、进头脑

为了更好培养人民群众形成良好的思想政治素养、道德素养、法治素养，需要进一步落实好习近平法治思想进教材、进课堂、进头脑工作。

一是将习近平法治思想列入学校课程当中。借助通识必修课"思想道德与法治"的内容体系，让学生群体初步形成对习近平法治思想的整体性认知。组织"法理学""宪法学""中国法律史""司法制度""法律文化"等法学专业课程的任课教师，在集中备课的基础上，单独或联合开设有关习近平法治思想的全校性公共选修课。

二是利用不同宣讲平台提升习近平法治思想宣传力度。依托"百名法学家百场报告会""中国政法实务大讲堂"等平台，深入宣讲习近平法治思想，坚定广大学生群体走中国特色社会主义法治道路的信心。

三是在金融院校实践活动中开展习近平法治思想教育。依托社团力量，结合"四史"教育、国情教育，有针对性地开展红色法律文化场馆参

---

① 《习近平谈治国理政》第二卷，外文出版社 2017 年版，第 126 页。

观等能够彰显习近平法治思想鲜明特色的实践活动，使学生群体亲身感知习近平法治思想的理论和现实意义。

3.深入基层开展习近平法治思想宣传教育活动

为了推动习近平法治思想入脑入心、走深走实，扩大覆盖面、增强影响力，需要充分发挥各类基层普法阵地的作用。

一是推动基层多渠道开展习近平法治思想宣传教育。探索依托宣传栏、LED 屏、基层党群服务中心，以及微信群、"学习强国"等平台阵地，以线上线下相结合的方式，常态化开展习近平法治思想宣传教育工作，进一步提高人民群众的法治意识，推动习近平法治思想落地生根。

二是组织行业层面、企业层面开展习近平法治思想专题宣讲活动。鼓励有条件的企业主体或者行业组织聚焦实际开展差异化探索，及时选择、总结、推广先进典型经验，不断提高各行各业对习近平法治思想的理解认识。比如，中管金融企业可以根据情况，专门设计学习贯彻习近平法治思想的方案，以提升金融行业从业人员的法治意识和法治观念。

（二）在全社会普遍开展宪法宣传教育

习近平总书记指出："全国各族人民、一切国家机关和武装力量、各政党和各社会团体、各企业事业组织，都必须以宪法为根本的活动准则，都负有维护宪法尊严、保证宪法实施的职责。"① 我国现行宪法是在党的领导下，在深刻总结我国社会主义革命、建设和改革实践经验基础上制定和不断完善的，实现了党的主张和人民意志的高度统一，具有强大生命力，是我国的根本法，是治国安邦的总章程，是中国特色社会主义法律体系的核心，为改革开放和社会主义现代化建设提供了根本法治保障。

宪法宣传教育是社会主义法治教育的核心要求，是全面贯彻实施宪

---

① 《习近平著作选读》第二卷，人民出版社 2023 年版，第 380 页。

法、全面依法治国的重要基础性工作。习近平总书记指出："必须坚持宣传、教育、研究共同推进，坚持知识普及、理论阐释、观念引导全面发力，推动宪法深入人心，走进人民群众，推动宪法实施成为全体人民的自觉行动。"①在全社会普遍开展宪法宣传教育，需要引导人民群众深入了解宪法知识，深刻领会宪法精神，掌握宪法理念，坚定宪法自信，增强宪法自觉，真正落实好加强社会主义法治教育的基本目标。

1.把宪法教育纳入国民教育体系

习近平总书记指出："要在全社会广泛开展尊崇宪法、学习宪法、遵守宪法、维护宪法、运用宪法的宣传教育，弘扬宪法精神，弘扬社会主义法治意识，增强广大干部群众的宪法意识，使全体人民成为宪法的忠实崇尚者、自觉遵守者、坚定捍卫者。"②这要求把宪法教育纳入国民教育体系，帮助国民树立宪法法律意识，养成遵法守法习惯。

一是引导青少年从小掌握宪法法律知识。搭建"学宪法、讲宪法"学习平台，加强"宪法教育研究中心"建设，广泛开展宪法学习、普及宪法知识、增强宪法意识、坚定宪法自觉。持续举办好"学宪法讲宪法"、国家宪法日"宪法晨读"、网上学法用法等活动，帮助青少年从小掌握宪法法律知识。

二是将宪法教育有机融入学校管理。在制定和修订《中小学生守则》《中等职业学校学生公约》等学生行为规范中，强化学生权利义务意识和规则意识，体现宪法的基本原理和基本精神。

2.在宪法实施过程中推进宪法宣传教育

作为一项系统性工程，宪法宣传教育无法脱离宪法实践，有必要结合宪法实施过程全面推进宪法宣传教育。

---

① 习近平：《谱写新时代中国宪法实践新篇章——纪念现行宪法公布施行40周年》，《人民日报》2022年12月20日。

② 习近平：《论坚持全面依法治国》，中央文献出版社2020年版，第218页。

一是结合宪法修改、宪法解释、备案审查与合宪性审查等环节强化宪法意识。全面、系统、整体地推进宪法宣传教育，让人民群众在实践活动中走近宪法，在访问互动中贴近宪法，推动人民群众宪法意识的增强、宪法理念的提升和宪法精神的形成。

二是引导人民群众在行使宪法赋予的基本权利的过程中提升宪法意识。鼓励人民群众关心和参与国家政治生活，行使宪法赋予的基本权利，比如依据宪法规定行使选举权和被选举权等，以提升人民群众关心并参与政治生活的积极性，让人民群众实现由"被动教育"到"主动接受"的转变。

（三）有针对性地宣传普及法律、法规和法理常识

全民普法是全面依法治国的基础性、战略性、保障性、长期性工程，其中的重点内容是开展法治宣传教育，加强社会主义法治文化建设。中共中央办公厅、国务院办公厅印发的《关于加强社会主义法治文化建设的意见》指出，社会主义法治文化建设的总体目标之一是"尊法学法守法用法氛围日益浓厚"。《中央宣传部、司法部关于开展法治宣传教育的第八个五年规划（2021—2025 年)》明确要求进一步提升公民法治素养，推动全社会尊法学法守法用法。

有针对性地宣传普及法律、法规和法理常识，是社会主义法治教育实现全面有效覆盖的必要环节，是提升全社会尊法学法守法用法意识的必然要求。习近平总书记指出，"普法工作要紧跟时代，在针对性和实效性上下功夫"[1]。有针对性的法治宣传教育不单纯是让人们知道法律的内容，而是希望通过法律法规的学习，营造办事依法、遇事找法、解决问题用法、化解矛盾靠法的良好氛围，逐步在整个社会中打造出良好的法治环境。新

---

① 《习近平著作选读》第二卷，人民出版社 2023 年版，第 384 页。

时代开展社会主义法治教育，需要更加注重方式方法的创新运用，适时开展重点普法、专门普法，发挥法治文化的影响力，推进法治宣传教育走深走实。

1. 针对不同群体分层分类开展普法教育

法治宣传教育应做到方式与对象的有机统一，适应不同教育对象具有不同接受能力的一般规律。为此，要分层分类开展法治教育，针对不同层次不同类别的群体，选择不同的方式方法传播知识，真正做到对不同受众群体都有其适用的普法方式方法，尽量消除法治宣传教育的盲区。

一是完善国家工作人员学法用法制度。健全考核评估机制，创新工作方式方法，不断推进国家工作人员学法用法工作持续深入开展，努力提高国家工作人员法治素养，更好发挥其在建设社会主义法治国家中的重要作用。

二是探索金融单位领导干部学法用法制度。开展重点行业、重点人群普法宣传，组织金融单位领导干部参加培训讲座，及时推送社会热点法律问题，提高金融业各级领导干部依法经营、依法管理、防范法律风险的能力，提升企业管理法治化水平。

三是形成金融行业从业人员学法用法制度。在金融行业综合运用诵读法条、观看视频、心得分享、学法测试、个人自学等方式，健全多层次学法阵地，严格落实学法任务，营造崇尚法律、学习法律、运用法律的浓厚氛围。

2. 针对金融法治建设开展普法宣传

法律法规是金融运行、发展与稳定最根本、最有效的支撑与保障，为此要做好与金融法治建设密切相关的法律法规宣传教育。

一是落实《民法典》普法工作，以更好保障金融消费者合法权益。《民法典》中规定了民事活动平等、自愿、公平、诚信等基本原则，规定了经济贸易资金交易中实现合同、契约有效履行和产权与权益有效保障的制度内容，宣传阐释好《民法典》，有利于保障金融交易活动公平有序进行。

二是广泛开展金融监管法律法规普法工作，以更好保障金融风险防范处置。《中国人民银行法》《商业银行法》《证券法》《保险法》《证券投资基金法》《信托法》《期货和衍生品法》《银行业监督管理法》《非银行支付机构监督管理条例》《外汇管理条例》等法律法规，为金融活动设定了规范准则。在全社会广泛宣传金融监管法律法规，有利于推动金融机构落实监管要求。

三是做好数据安全相关的法律普法工作，以更好保障金融业守好数据安全底线。《网络安全法》《数据安全法》《个人信息保护法》等法律规定了数据获取、利用、跨境流动等方面的内容，金融行业对数据需求量、使用量大。做好数据安全方面的普法工作，有利于推动金融机构明确数据全生命周期安全要求。

3. 引导企业培育合规经营的法治文化

合规经营是企业稳健运行的基石，只有让合规经营的意识牢牢扎根在广大企业从业人员心间，让企业中形成浓厚的合规文化，才能更好发挥法治的保障作用。

一是健全合规培训教育长效机制。通过岗前合规意识教育制度和分发合规手册，强化合规意识教育；通过举办合规意识建设专题讲座、表彰先进、宣传模范、树立典型等活动，加强合规意识宣传。

二是加大合规考评力度。把员工合规意识建设纳入员工教育工作的总体规划，引导企业员工树立合规意识和风险意识，定期梳理重点岗位合规风险，严格考核管理，培育合规理念，使合规成为金融工作人员的内心信念。

三是组织签订合规承诺。引导企业领导人员带头作出承诺，依法依规开展经营管理活动；推动全员开展自我合规约束，强化守法诚信、合规经营意识，使合规成为金融工作人员活动的价值判断准则。

（四）加大党章党规党纪宣传力度

党章是党的根本大法，是全党必须遵循的总规矩；党规是中国共产党的各级组织和全体党员必须遵守的行为规范和规则；党纪是保持中国共产党先进性和纯洁性的重要纪律。认真学习党章党规党纪、严格遵守党章党规党纪是党员应尽的义务。经党中央批准，中共中央办公厅于 2024 年 4 月印发《关于在全党开展党纪学习教育的通知》，要求在全党开展党纪学习教育，深入学习贯彻修订后的《中国共产党纪律处分条例》，进一步增强党员干部纪法意识。

党章党规党纪宣传是社会主义法治教育的重要组成部分。习近平总书记指出："把党章和党规党纪学习教育作为党性教育的重要内容，引导和推动领导干部不断提高思想觉悟、精神境界、道德修养，树立正确的权力观、政绩观、事业观，保持共产党人的政治本色。"[1]要进一步加大党章党规党纪宣传力度，把党章和党规党纪学习教育作为社会主义法治教育中的"必修课""常修课"，让广大党员干部以党章党规党纪为标尺正身立行。

1.把实的要求贯穿党章党规党纪宣传始终

开展党纪学习教育，就是要让党章党规党纪成为党员干部规范自身言行的"准绳"，在法治轨道内使用权力。

一是做到学纪、知纪、明纪、守纪一体推进。组织党员特别是党员领导干部认真学习《中国共产党纪律处分条例》《中国共产党问责条例》《中国共产党廉洁自律准则》等党规党纪，让遵规守纪真正地入心入脑，真正地融入基因、融入血脉，促使党员特别是党员领导干部始终把纪律变成言行举止的自觉遵循。

二是把问题意识贯穿学习教育始终。聚焦解决一些党员干部对党规党

---

① 习近平：《在中央党校建校 90 周年庆祝大会暨 2023 年春季学期开学典礼上的讲话》，《求是》2023 年第 7 期。

纪不上心、不了解、不掌握等问题，有针对性地开展专题学习教育，让党员干部搞清楚党的纪律规矩是什么，弄明白能干什么、不能干什么，切实做到把遵规守纪刻印于心，内化为日用而不觉的言行准则，真正形成"自觉的纪律"。

2. 推进专题学习常态化制度化

党章党规党纪是我们共产党人永葆初心使命和党性修养的必然要求，也是提高各级党组织凝聚力、战斗力的政治保障，因此要常态化制度化加强党章和党规党纪专题学习，要注重将学习融入日常、抓在经常。

一是确保定期组织学习。各级党委（党组）负责人定期以党章党规党纪为主题讲廉政党课，推动各级基层党组织负责人结合"三会一课"制度定期讲授党章党规党纪，组织党员干部每年定期参观一次党风廉政教育基地，确保党员干部百分之百受到教育。

二是重视以研讨促学习。在学习过程中紧扣党的政治纪律、组织纪律、廉洁纪律、群众纪律、工作纪律、生活纪律进行研讨，引导党员牢记党的优良传统和作风，树立崇高道德追求，守住为人、做事的基准和底线，使铁的纪律真正转化为党员干部的日常习惯和自觉遵循。

3. 在金融领域加强警示教育

金融领域利益和资源相对集中，违规违纪案件涉案金额大，专业化、隐蔽性和复杂性强。针对金融机构、金融监管部门主要负责人和中高级管理人员，习近平总书记指出："加强对他们的教育监督管理，加强金融领域反腐败力度"①。因此，要加强警示教育，深刻剖析违纪典型案例，注重用身边事教育身边人，让党员、干部受警醒、明底线、知敬畏。

一是注重以案释纪、以案促警、以案正风。深刻剖析违纪典型案例，

① 中共中央党史和文献研究院编：《习近平关于金融工作论述摘编》，中央文献出版社2024年版，第85页。

发挥正面典型的激励作用和反面典型的警示作用，注重用身边事教育引导金融从业人员尤其是金融系统领导干部自觉遵循清廉从业理念和制度规范，切实维护风清气正的从业氛围。

二是加强警示教育阵地建设，传播廉洁理念。在阵地组织开展集中学习、交流研讨，让金融从业人员从警示教育中吸取教训，肃清恶劣影响，切实增强崇廉拒腐的内在自觉。

总之，在金融领域，要从源头上防范和治理金融风险，从根本上保障金融安全稳定，就必须进一步改进思想政治工作，加强社会主义法治教育，在强化金融法治短板上下大力气。只有通过持续开展法治宣传教育，使合规经营成为金融从业人员实实在在的行动和职业追求，才能在金融机构中真正构筑起科学先进、全面覆盖、权责清晰、独立权威、务实高效的合规管理体系。

广泛开展防范化解金融风险宣传教育

徐　浩[*]

党的十八大以来，习近平总书记高度重视金融风险防控工作，指出"防范化解金融风险，特别是防止发生系统性金融风险，是金融工作的根本性任务，也是金融工作的永恒主题"[①]。广泛开展防范化解金融风险宣传教育为建设金融强国提供坚实的思想支撑，是落实党中央对金融工作集中统一领导的根本要求，是防范化解金融风险的重要抓手，具有紧迫重要的现实意义。新时代推进金融高质量发展，要求广泛开展防范化解金融风险宣传教育，引导金融系统广大员工把思想和行动统一到党中央维护金融安全的战略决策和部署上，坚决扛起防范化解金融风险的政治使命和职责任务。

一、深入领会防控风险是金融工作的永恒主题

习近平总书记指出："维护金融安全，是关系我国经济社会发展全局的一件带有战略性、根本性的大事。"[②]必须从事关国家安全和政权安全的

[①]　《习近平著作选读》第一卷，人民出版社 2023 年版，第 618 页。

[②]　中共中央党史和文献研究院编：《习近平关于总体国家安全观论述摘编》，中央文献出版社 2018 年版，第 95—96 页。

高度，从事关党的执政基础和人民利益的高度，从事关伟大复兴历史使命的高度，充分认识防范化解金融风险的极端重要性。

（一）防范化解金融风险是"一场输不起的战役"

习近平总书记指出："金融安全是国家安全的重要组成部分，是经济平稳健康发展的重要基础。"[1] 维护金融安全，关系我国经济社会发展全局，是治国理政的一件大事。当今世界，金融是大国博弈的必争之地，确保国家金融安全是博弈的焦点和首要任务。金融安全这场仗如果打不好、金融领域一旦发生系统性风险，就会严重影响经济社会发展，损害人民群众利益，危及国家安全和党的执政基础，甚至影响或者迟滞中华民族伟大复兴的进程。必须动员全社会力量，倾尽全力、顽强作战，确保打赢打好防范化解金融风险的攻坚战和持久战，为国家安全、强国建设和民族复兴伟业打下坚实基础。

（二）防范化解金融风险是金融工作的"永恒主题"和"根本性任务"

习近平总书记强调，"金融在赋予国家强大能力的同时，也包含着巨大风险"[2]。金融的本质和运行规律决定了金融自带风险基因，金融活动和金融风险相伴相生，防范化解金融风险是金融工作永远存在、必须始终面对的重大基本问题。同时，金融风险隐蔽性、复杂性、突发性、传染性、危害性都特别强，金融风险防控对金融工作乃至全局工作都有至关重要的影响，在金融工作的各项任务中位于基础性、根本性和决定性的地位，理

---

[1] 中共中央党史和文献研究院编：《习近平关于总体国家安全观论述摘编》，中央文献出版社 2018 年版，第 95 页。

[2] 中共中央党史和文献研究院编：《习近平关于金融工作论述摘编》，中央文献出版社 2024 年版，第 84 页。

应作为永远不能回避的核心任务，作为牢牢把握的主题主线，作为毫不动摇的中心工作，久久为功、抓实抓细，绝不能有半点松懈。

（三）防范化解金融风险是"实现高质量发展必须跨越的重大关口"

习近平总书记指出，"金融是国民经济的血脉""高质量发展是全面建设社会主义现代化国家的首要任务，金融要为经济社会发展提供高质量服务"。[①] 金融活，经济活；金融稳，经济稳。高质量发展离不开金融体系的强大支撑，无论是推动经济实现质的有效提升和量的合理增长，还是适应新发展阶段社会主要矛盾变化，解决当前发展不平衡不充分问题，都需要金融体系保持稳定和安全，防范化解金融风险是必须跨越、无法绕过的重大关口。当前，我国经济金融领域仍然面临较多风险隐患，防控金融风险是高质量发展最为突出的挑战和困难之一，绝不是一个轻轻松松、敲锣打鼓就能实现的任务。唯有咬紧牙关、负重攀登、爬坡过坎，奋力跨越防范化解金融风险的"雄关漫道"，高质量发展才能不断取得新突破、新胜利。

二、准确认识防范化解金融风险宣传教育的重要意义

防范化解金融风险宣传教育具有鲜明的政治性、人民性、实践性和时代性。在党的领导下，各级党组织和金融机构面向广大群众宣传防范化解金融风险的政策方针，提升全社会风险防控意识和能力，牢牢守住国家金融安全防线，为新时代金融高质量发展、加快建设金融强国提供强大动力，意义十分重大、作用不可替代。

---

① 中共中央党史和文献研究院编：《习近平关于金融工作论述摘编》，中央文献出版社 2024 年版，第 11、14 页。

（一）广泛开展防范化解金融风险宣传教育是金融工作履行职责使命的必然要求

面对全面建成社会主义现代化强国、实现中华民族伟大复兴的历史使命，金融系统广大干部员工要锚定第二个百年奋斗目标，坚定不移走好中国特色金融发展之路。伟大的事业需要科学的理论作为引导，需要坚定的理想信念作为保障，需要安全的环境作为支撑。"思想和政治又是统帅，是灵魂"①。宣传教育作为思想政治工作的重要内容，拥有举旗定向、统一思想的强大功能，必须作为防范化解金融风险的基础性和引领性工作，树好风向标、挥好指挥棒，以当代中国的马克思主义教育人民、团结人民、鼓舞人民，推动金融系统深刻把握习近平新时代中国特色社会主义思想的重大价值，进而增强金融风险防控能力，推动金融高质量发展。

（二）广泛开展防范化解金融风险宣传教育是应对金融风险防控形势的关键举措

当前，风险防控环境变化之快、改革发展稳定任务之重、矛盾困难之多，对我们的考验都是前所未有的。中央金融工作会议明确指出，金融领域各种矛盾和问题相互交织、相互影响，有的还很突出，经济金融风险隐患仍然较多，金融服务实体经济的质效不高，金融乱象和腐败问题屡禁不止，金融监管和治理能力薄弱。②风险挑战越多、形势越严峻，宣传教育工作越重要。妥善应对金融安全的复杂形势和各种矛盾，必须发挥宣传教育工作补钙壮骨、引导激励的作用，强化责任意识，涵养斗争精神，回应金融高质量发展的现实需要，解决当前风险防控的紧迫问题。

---

① 中共中央文献研究室编：《建国以来重要文献选编》第十一册，中央文献出版社 1995 年版，第 47 页。

② 《中央金融工作会议在北京举行》，《人民日报》2023 年 11 月 1 日。

（三）广泛开展防范化解金融风险宣传教育是维护国家金融安全的重要保障

维护金融安全是一项系统工程、长期工程，需要统筹协调各方面力量同向发力。只有持之以恒塑造思想、汇聚力量，才能让维护金融安全工作真正成为全社会的集体共识、价值观念和自觉追求。宣传教育工作高擎马克思主义、中国特色社会主义的伟大旗帜，为防范化解金融风险筑牢思想基础、群众基础、舆论基础、人才基础和文化基础，使得广大群众在思想上形成最广泛的认同，自觉与以习近平同志为核心的党中央保持高度一致；在行动上激发最浑厚的内力，毫不动摇落实防范化解金融风险的决策部署；在作风上鼓起最昂扬的斗志，共同凝聚成为维护金融安全的强大力量。

三、加强防范化解金融风险宣传教育内容建设

加强内容建设是防范化解金融风险宣传教育工作的重点环节和有效途径，是发挥宣教功能、实现宣教目的的"桥或船"。要紧紧围绕金融风险防控这一主题，丰富宣教内容，优化内容体系，确保防范化解金融风险宣传教育方向正确、重点突出、特色鲜明。

（一）加强习近平总书记重要论述的学习教育，持续加强理论武装

党的十八大以来，习近平总书记围绕防范化解金融风险的重大理论与实践问题作出的一系列重要论述，既是世界观，也是方法论，必须作为首要的宣传教育内容。深刻理解重要论述的重大价值。习近平总书记重要论述将防范化解金融风险的规律性认识提高到全新高度，是习近平经济思想金融篇的重要内容，是马克思主义政治经济学在金融领域的中国化、时代

化；为做好新时代金融风险防控工作提供了根本遵循和行动指南，是回答时代之问、指导金融风险防控实践的重要法宝。系统把握习近平总书记重要论述的丰富内涵。习近平总书记重要论述揭示了金融风险的成因、特征和本质规律，阐述了防范化解金融风险工作的重大意义，指出了风险防控面临的形势和问题，明确了防范化解金融风险的方针、任务和要求，内涵十分丰富、认识十分深刻。要结合习近平经济思想、习近平文化思想、习近平关于总体国家安全观重要论述，系统把握习近平新时代中国特色社会主义思想的科学体系。掌握运用习近平总书记重要论述的立场观点方法。坚持既要原原本本、深学细悟，又要掌握贯穿其中的立场观点方法，运用"六个必须坚持"指导风险防控工作，更好发挥党的创新理论的强大实践价值。坚持人民至上，牢牢把握防范化解金融风险工作的价值取向；坚持自信自立，独立自主走维护金融安全的中国道路；坚持守正创新，实现防范化解金融风险理论和实践上的新突破；坚持问题导向，聚焦金融安全面临的突出问题，研究务实管用的思路办法；坚持系统观念，统筹整体和全局谋划风险防控工作；坚持胸怀天下，为维护全球金融秩序贡献中国力量。

（二）加强风险防控形势教育，正确看待机遇挑战

形势带来挑战，形势提出任务。准确认识风险防控形势，回应时代和潮流要求，既是防控金融风险的前提条件，也是极为重要并且常做常新的课题。坚持底线思维，直面问题挑战。当前，"我国发展的外部环境急剧变化，不确定难预料因素显著增多"，如高通胀和地缘政治造成金融割裂，个别国家鼓动脱钩断链、滥用金融制裁，金融网络安全事件频发，国际金融风险向我国外溢，金融风险防控必将面对更多逆风逆水的外部环境。要通过底线思维教育，沉着应对各种风险挑战，守好不发生系统性风险的底线。坚持辩证思维，坚定信心决心。坚持用全面、辩证和长远的眼光准确

把握发展大势、看待风险形势，善于抓住关键、找准重点、洞察规律，引导广大党员群众坚定信心，认识到党中央高度重视金融风险防控工作，经济长期向好的基本趋势没有改变，这是我们防控金融风险的最大底气、最强支撑和最有利条件。坚持斗争精神，聚焦紧迫任务。中央金融工作会议对防范化解金融风险的重点领域和重点工作作出了明确部署。要通过斗争精神教育，引导广大党员群众敢于斗争、善于斗争，围绕当前重点紧迫任务开展宣教，准确把握风险防控的主要矛盾和矛盾的主要方面，坚持金融为经济社会发展提供高质量服务，全面加强金融监管，严厉打击非法金融活动，统筹化解房地产市场、地方政府债务和中小金融机构风险。

（三）加强金融安全知识教育，提升驾驭风险本领

要通过金融安全知识教育更好认识和把握金融规律，增强抓早抓小、前瞻管控能力，对风险"早识别、早预警、早暴露、早处置"，牢牢把握金融风险防控的主动权。掌握金融风险知识，提升专业化能力。金融风险复杂程度高，专业性和技术性强。要加强对金融运行规律，金融风险形成原因、表现类型、管理方法的系统宣传和教育培训，持续提升防范化解金融风险的专业能力和知识水平。掌握数字化金融工具，提升信息化能力。中央金融工作会议要求，科技金融要迎难而上、聚焦重点；数字金融要把握机遇、重视安全。要围绕做好科技金融、数字金融的大文章，学习以云计算、人工智能、大数据等为代表的新一代信息技术，提升网络安全和数据安全水平，为金融风险管控赋能提质。掌握金融法律法规，提升法治化能力。习近平总书记指出，"社会主义市场经济本质上是法治经济，经济秩序混乱多源于有法不依、违法不究"①。要以宣传教育服务金融法治建

---

① 中共中央文献研究室编：《习近平关于社会主义经济建设论述摘编》，中央文献出版社2017年版，第322页。

设，统筹立法与普法工作，宣讲宪法和民法、经济法、刑法等与金融安全密切相关的法律知识，推动金融系统各级领导干部和从业人员树立法治意识，自觉尊法、学法、懂法、用法。

（四）加强风险防控红色教育，传承汲取历史经验

要更好应对前进道路上各种可以预见和难以预见的风险挑战，我们必须从历史中获得启迪，从历史经验中提炼出克敌制胜的法宝。总结汲取我党应对重大风险挑战的丰富经验。我们党在内忧外患中诞生，在磨难挫折中成长，在战胜风险挑战中壮大，拥有成功应对风险挑战的丰富经验。尤其是党的十八大以来，以习近平同志为核心的党中央面对世界百年未有之大变局，运筹帷幄，打赢三大攻坚战，抗击新冠疫情，妥善化解各方面重大风险，确保中华民族伟大复兴的巨轮稳步前行。要以党的奋斗历程和伟大成就教育金融系统党员员工，增强战略自信，掌握战略主动。总结汲取我党防控化解金融风险的实践经验。从"扁担银行""马背银行"到金融大国，党领导的金融工作不断孕育萌芽、发展壮大、日臻成熟。近年来，党中央高度重视风险防控工作，针对重大金融风险精准拆弹，有力有序处置一批不良中小金融机构、不法金融集团和大型企业风险，守住了不发生系统性风险的底线。要从金融风险防控的实践中总结经验，在中国特色金融发展之路上持续探索完善。总结汲取我党运用宣传教育服务防控风险的历史经验。我党历来重视运用发挥宣传教育功能，推动和服务金融风险防控。如上海解放初期，我党为打击不法商人投机行为，在采取有力政治和经济手段的同时，发动强大宣传攻势，通过发布通告和训令、组织解放日报正面报道、发动大学生反投机游行等方式，宣讲经济金融政策，争取群众广泛支持，最终取得了"银圆之战"和"米面之战"的胜利。要总结宣传教育和金融风险防控相结合的历史实践，理解宣传教育的功能价值，更好服务防范化解金融风险工作。

（五）加强党的作风纪律教育，预防惩治道德风险

金融领域利益诱惑大、关系链条复杂，容易滋生腐败，预防金融领域道德风险是防范化解金融风险的重要一环。要坚持党性党风党纪教育一起抓，统筹衔接金融反腐和处置金融风险。加强党性教育，永葆政治本色。党性是党员干部立身、立业、立言、立德的基石，是保持党的先进性和纯洁性的重要保证。要通过持之以恒的党性教育，增强金融系统党员干部党性意识，时刻牢记党员是第一身份，为党工作是第一职责。加强党风教育，强化作风建设。党风是党的形象，关系人心向背，关系党的生死存亡。要通过党风教育强化作风意识，坚持发扬党的光荣传统和优良作风，自觉摒弃形式主义、官僚主义，破除"金融精英论""特殊论"等错误思想和错误论调。加强党纪教育，自觉遵章守纪。党的纪律是党的各级组织和全体党员必须遵守的行为准则，是维护党的团结统一、完成党的任务的保证。要通过建立党纪学习教育长效机制，强化金融系统党员干部纪律意识和规矩意识，自觉把党规党纪转化为内在追求。

四、推动防范化解金融风险宣传教育工作走深走实

只有将防范化解金融风险宣传教育工作落实到具体行动上、结合到实际工作中，才能转化成推动防控风险的生动实践。要增强责任担当、强化文化浸润、加强组织实施，不断提升宣传教育的引领力、感召力、覆盖力和吸引力，确保取得扎扎实实的成效。

（一）扛起宣传教育政治责任

金融系统要从讲政治的高度定位和谋划防范化解金融风险宣传教育工作，以高质量宣传教育服务防范化解金融风险工作。站稳政治立场。坚持从党和人民的立场、从大局和全局出发开展宣传教育工作，确保在风险防

控的重大问题上旗帜鲜明、立场坚定、敢于亮剑。紧密结合人民群众关心的热点、难点、焦点，将防控金融风险的理论语言、文件语言、官方语言变成实践语言、口头语言、大众语言。强化舆论引导。坚持正确舆论导向，确保宣传工作始终有利于风险防控工作的需要。把握信息传播规律，掌握宣传主动权，管控金融舆情风险，主动解疑释惑、消除杂音，努力"求取最大公约数"。力戒形式主义。坚持问题导向和目标导向，切实增强宣传教育吸引力和感染力，以真理力量、理性分析和鲜活案例说服人、教育人、启发人，防止"低级红""高级黑"，不搞假大空的宣传、空洞的说教。

（二）培育中国特色金融文化

坚持"要诚实守信，不逾越底线；要以义取利，不唯利是图；要稳健审慎，不急功近利；要守正创新，不脱实向虚；要依法合规，不胡作非为"要求，守好中国特色现代金融体系的"根"和"魂"。加强教育熏陶。强化中国特色金融文化的研究阐释，推动中国特色金融文化内化于心、外化于行，使之成为共同遵循、共同追求、共同信仰、共同受益的价值导向和行为习惯，为防范化解金融风险筑牢精神防线。强化实践养成。将中国特色金融文化融入金融活动全过程，引导金融机构树立正确的经营观、风险观、政绩观，牢记发展经济是政绩，防控风险也是政绩，坚持国家和人民利益至上，审慎稳健开展经营活动，不超越承受能力激进冒险，出现风险主动承担损失。融入社会生活。推动中国特色金融文化落细落实，引导全社会树立诚信意识和法治意识，加强自律、恪守规则，自觉遵守金融安全法律法规，合法参与金融活动，将精神力量转化为防控风险的行动自觉。

（三）加强宣传教育组织实施

坚持系统设计、统筹推进，突出机制创新、周密部署，持续激发活力、提升效能，推动宣传教育工作取得扎实成效。组织专题宣传教育。规范化、常态化开展防范化解金融风险专题教育，举办主题论坛、报告、讲座、普法和群众性宣教，推动防范化解金融风险教育进党校、进课堂、进基层，成为金融系统理论学习、业务培训和服务基层的基础课和必修课。挖掘和整合教育资源，推动防范化解金融风险成为国家安全、法律法治、文化建设、金融消费者保护等各类教育的重要组成。开展针对性宣教活动。坚持因地制宜，服务各地区、各部门的风险防控需要，将宣传教育小课堂融入防范化解金融风险的实践大课堂。坚持因时制宜，找准切入点和着力点，做到防范化解金融风险的中心工作推进到哪里，宣传教育工作就跟进到哪里。坚持因材施教，针对金融系统领导干部、党员员工和广大群众的特点开展个性化宣教，加强监管部门、金融机构和广大群众之间的互动交流，发动群众自发宣讲和自我教育。整合宣传教育平台。坚持一体化发展方向，壮大宣传教育的全媒体和各平台。巩固党报党刊、广播电视和图书出版等传统平台，创作推出防控金融风险主题的教材读本和文艺作品。适应传播方式和格局的深刻变化，加强各级政府和金融机构的移动传播平台建设，构建"两微一端"的移动多媒体新渠道。

五、凝聚防范化解金融风险宣传教育的强大合力

广泛开展防范化解金融风险宣传教育是各级党委政府、金融系统和广大群众的共同任务。要充分发挥党的政治优势、组织优势和密切联系群众优势，确保党牢牢掌握领导权，最大限度调动金融系统广大党员干部的主动性积极性，打好防控金融风险的人民战争。

（一）发挥党的政治优势，毫不动摇坚持党的领导

领导权问题是马克思主义建党学说的重大问题。党的领导是中国特色

社会主义制度的最大优势，必须在防范化解金融风险宣传教育工作中牢牢坚持。坚持党的领导毫不动摇。在习近平新时代中国特色社会主义思想中，党的领导在作为指导思想层面的"十个明确"中位于压轴位置，坚持党对一切工作的领导在作为行动纲领层面的"十四个坚持"中居于首位。防范化解金融风险宣传教育作为党的思想工作、经济工作和安全工作的统一，更应坚决贯彻和有效落实党的领导。无论时代如何发展，形势如何变化，这一本质属性和首要任务都不能有任何动摇。确保党性原则全面加强。党性原则是共产党人的根本政治品格，也是宣传教育工作必须牢牢坚持的根本原则。要旗帜鲜明、毫不动摇宣传党对防范化解金融风险的理论路线方针政策、重大工作部署，推动广大党员干部增强"四个意识"、坚定"四个自信"、做到"两个维护"，把党的领导的政治优势转化为维护金融安全效能。推动党的领导有效落实。坚持和加强党的全面领导，必须是具体的、切实的。要加强党对宣传教育工作的政治领导、思想领导，强化制度保障、组织保障、机制保障和纪律保障，确保党的领导在防范化解金融风险宣传教育中得到全面落实和体现，确保党始终总揽全局、协调各方，将领导权、管理权和话语权牢牢掌握在手中。

（二）发挥党的组织优势，提供坚强有力组织保障

党的力量来自组织，组织能使力量倍增。中国共产党具有崇高组织使命、严密组织体系、强大组织队伍，为防范化解金融风险宣传教育工作提供强大力量。以金融工作的共同使命提供强大动员力。习近平总书记提出，金融系统要胸怀"国之大者"，强化使命担当，以金融高质量发展助力强国建设、民族复兴伟业。[①]这为金融系统和金融工作提出了共同的目

---

① 中共中央党史和文献研究院编：《习近平关于金融工作论述摘编》，中央文献出版社2024年版，第13页。

标和使命。金融系统要时刻牢记职责使命，自觉激发出强烈的责任感和使命感，立足本职工作，找准结合点发力点，为防范化解金融风险宣传教育添砖加瓦、贡献力量。以金融体系的严密组织提供强大凝聚力。金融机构是中国特色现代金融体系的构成要素和重要微观基础。我国金融体系的重要特征和优势是国有金融机构占主体。国有金融机构是推进国家现代化、维护国家金融安全的重要保障，是我们党和国家事业发展的重要物质基础和政治基础。各级国有金融机构要将党的组织和中心工作有形结合，开展深入细致的思想政治工作，为广泛开展防范化解金融风险宣传教育提供坚强组织保证。以金融系统的队伍建设提供强大行动力。毛泽东曾指出："什么是宣传家？不但教员是宣传家，新闻记者是宣传家，文艺作者是宣传家，我们的一切工作干部也都是宣传家。"①金融系统拥有数量众多的先进分子和优秀人才，这是广泛开展防范化解金融风险宣传教育的骨干力量和动力来源。尤其是金融系统的领导干部，作为防控风险工作的"关键少数"，要在防范化解金融风险宣传教育中学在前、作表率，更好把握方向、把握大势、把握全局。

（三）发挥密切联系群众优势，打好防控风险人民战争

密切联系群众是党的优良作风。群众路线是党的根本工作路线和根本工作方法，是防控金融风险的不竭动力源泉。坚持防控风险为了人民。习近平总书记指出："培养什么人，是教育的首要问题。"②全心全意为人民服务是我们党一切行动的根本出发点和落脚点。防控金融风险与人民群众利益密切相关。广大群众金融知识有限、抗风险能力弱，往往成为金融违法和风险事件的受害者。必须通过维护金融安全，守好人民的"钱袋

---

① 《毛泽东选集》第三卷，人民出版社 1991 年版，第 838 页。

② 《习近平著作选读》第二卷，人民出版社 2023 年版，第 195 页。

子"，维护人民群众金融财产安全和合法权益。坚持防控风险依靠人民。人民是党执政兴国的最大底气。劳动群众作为历史的创造者，是防范化解金融风险的决定性力量。要紧紧依靠人民推动风险防控，既教育人民群众掌握金融风险知识，提升风控能力；又激发人民群众的主观能动性和智慧，尊重人民首创精神，共产党员"每天都是民众的教师，但又每天都是民众的学生"①，共同形成防控风险的强大推动力量。坚持防控风险成果为人民共享。让发展成果更多更公平惠及全体人民，是我党坚持人民至上的价值追求。要通过宣传教育守好金融风险安全防线，推动金融高质量发展，更好服务全体人民共同富裕，让人民群众在金融风险防控的实践中增强获得感、幸福感、安全感。

---

① 《毛泽东选集》第二卷，人民出版社1991年版，第523页。

第三篇

提升金融系统基层思想政治工作质量和水平

推动新时代金融系统思想政治工作的守正创新

汪　洋[*]

思想政治工作是我们党的优良传统和传家宝，是党的工作的重要组成部分，是经济工作和其他一切工作的生命线。党的十八大以来，以习近平同志为核心的党中央结合国内外的新形势、新变化、新动向，发表了一系列关于加强和改进思想政治工作的讲话、指示、批示，提出了许多新观点、新论断、新要求，作出了许多重要部署，丰富了思想政治工作理论，有力推进思想政治工作的科学化，促进了思想政治工作实效性的提升，充分体现了实践逻辑、理论逻辑和历史逻辑的高度统一，更加彰显了这一党和国家一切工作生命线的时代价值。在 2023 年 10 月召开的中央金融工作会议上，习近平总书记强调："坚持党中央对金融工作的集中统一领导，坚持以人民为中心的价值取向，坚持把金融服务实体经济作为根本宗旨，坚持把防控风险作为金融工作的永恒主题，坚持在市场化法治化轨道上推进金融创新发展，坚持深化金融供给侧结构性改革，坚持统筹金融开放和安全，坚持稳中求进工作总基调。"[①]这为我们准确把握时代方位，谋篇布局金融工作，认清中国特色金融发展之路的本质特征，做好新时代金融思想政治工

---

*　汪洋，金融时报社原社长。

① 《中央金融工作会议在北京举行》，《人民日报》2023 年 11 月 1 日。

作的守正创新，服务实体经济、防控金融风险、深化金融改革，做好科技金融、绿色金融、普惠金融、养老金融、数字金融"五篇大文章"，建设金融强国指明了前进方向，奠定了工作基础。我们要用好思想政治工作这个法宝，为国家兴旺发达、金融事业永葆活力、人民幸福安康提供不竭动力。

一、认清新时代思想政治工作的新情况

随着社会的进步、事业的发展、实践的深入，思想政治工作的外部环境、物质基础、社会条件、传播手段、工作对象也在不断发生着新的变化，做好新时代中国特色社会主义的思想政治工作比以往任何时候都显得重要。准确研判党和国家面临的形势和变化，是做好思想政治工作的基本前提。我们要准确把握时代脉搏，认清世情、国情、党情、民情、舆情，胸怀大局、把握大势、着眼大事，做到因势而谋、应势而动、顺势而为，巩固马克思主义在意识形态领域的指导地位，巩固全党全国人民团结奋斗的共同思想基础，丰富人民精神和物质生活需求。

（一）新时代亟待的新作为

世界正处于百年未有之大变局大发展大调整时期，世界多极化、经济全球化正面临着前所未有的复杂局面；国内发展黄金期和矛盾凸显期并存，改革进入攻坚期和深水区，各种社会矛盾和问题相互交织纠缠，呈现出短期矛盾和长期矛盾叠加、结构性因素和周期性因素并存等新特点。新时代社会主要矛盾发生变化，全面建成小康社会、全面建设中国式现代化国家任重道远，金融工作肩负着创新和完善宏观调控、防范和化解金融风险、深入推进金融改革开放、促进经济金融高质量发展的艰巨任务，给金融系统提出了新任务新要求新课题。我们要不忘初心、牢记使命，适应新时代，体现新作为，唱响新时代的主旋律，以更大的决心为新时代扎实有

效履行金融职责、推进经济社会健康发展、实现新时代赋予金融的历史使命提供坚强的思想政治保障和强大的精神动力。

（二）新形势面临的新变化

改革开放 40 多年来，国家经济社会高速发展，人民生活水平不断提高，但伴随着社会转型的加速，各色主义和思潮也迅速涌入，特别是中华民族传统的价值理念和人们的价值观不断受到西方价值观、"普世价值"、历史虚无主义等外部因素冲击，社会和个人精神层面的道德缺失、利己主义、价值观混乱等问题日益凸显，个别干部职工产生了一些模糊认识或者价值取向偏移，甚至理想信念淡化，引领、统一干部职工思想的难度加大。因此，我们要看清这种变化，不断推进金融思想政治工作的创新，集聚正能量，壮大主流思想文化，做好教育引导工作，形成干部职工思想共识。

（三）新媒体带来的新挑战

近年来，新兴媒体的迅猛发展给思想政治工作带来了新的难度。一方面思想政治工作的时效性大大增强，干部职工的接受度和参与面大大提高；另一方面空间局限性进一步打破，创新创意创造有了更大的可能性和更多的平台。从思想理论领域看，互联网已成为意识形态斗争主战场。网上网下各种社会思潮粉墨登场，各种主张观点频频发声，思想意识多元、多样、多变的特点更加明显，多元中立主导、多样中求共识、多变中定方位的难度在增大。与此同时，信息来源的多样性和开放性增加了干部职工鉴别真假、明辨曲直是非的难度；新媒体传播的隐蔽性和虚拟性降低了失信、违规甚至违法成本；新媒体快速便捷的传播效率也更容易成为负面舆情发酵、错误思想传播的放大器。在新媒体的冲击下，我们对舆论引导和管控的难度大大增加，传统的思想政治工作方式在发挥其积极作用的同时，也暴露出吸引力、受众面、参与度等方面的不足和局限。这种新挑战，也增加了我们创新金融思想政治工作的紧迫性和必要性。

（四）新课题带来的新问题

一是对新形势下积极开展思想政治工作重要性的认识还不足。认为业务工作是硬指标，思想政治工作是软任务，从而片面追求政绩，忽视了无形的思想政治工作的重要性。同时在对运用新媒体等创新开展思想政治工作的心态上，特别是加强运用互联网进行思想政治工作的方式方法及成效上还要深入研究探讨。二是对科学整体规划、提高系统性和融入度创新开展思想政治工作还不够。对思想政治工作的理论研究、提高思想政治工作实效的路径上，还要从全局出发系统谋划。三是要跳出传统方式的框框，找准思想政治工作的切入点和着力点，增强思想政治工作的针对性和有效性，增强干部职工的参与度，激发干部职工情感共鸣，推动社会主义核心价值观等主流思想价值入脑入心。四是宣传思想干部队伍人员不足，有时工作合力不够，一定程度上是宣传部门在单打独斗，与其他部门的沟通配合欠缺，工作力度效果大打折扣。

虽然思想政治工作面临的环境形势变了，但思想政治工作的根本任务没有变、对象没有变、遵循的基本规律没有变、思想政治工作的职责任务没有变。

二、做好新时代金融思想政治工作的守正创新

习近平总书记指出："思想政治工作只能加强不能削弱，只能前进不能停滞，只能积极作为不能被动应对。"[1]思想政治工作的创新，是在继承

---

[1] 中共中央党史和文献研究院编：《十八大以来重要文献选编》下，中央文献出版社2018年版，第479页。

基础上的创新，是在充实提高基础上的创新，是在加强和改进过程中的创新。实现思想政治工作的创新，需要从战略上、内容上、方法上、队伍的思想意识上有新的突破，在相对薄弱的环节有新的加强。要紧扣推进中国式现代化，坚持目标导向和问题导向相结合，奔着问题去、盯着问题改，坚决破除妨碍推进中国式现代化的思想观念和体制机制弊端，着力破解深层次体制机制障碍和结构性矛盾，不断为中国式现代化注入强劲动力、提供有力制度保障。着眼创新是新时代金融思想政治工作守正创新的关键所在，我们既要守得住正，又要有创得了新，没有创新，思想政治工作就失去了生机，失去了活力。

（一）创新学习制度，实现思想政治工作从"日常学习"向"理论武装"转变

思想政治工作的守正创新要牢牢把握一个大原则，就是用习近平新时代中国特色社会主义思想来指引，旗帜鲜明不偏轨道。按照习近平总书记提出的"加强党的建设，首要任务是加强思想政治建设"的要求，把认真学习宣传贯彻习近平新时代中国特色社会主义思想特别是习近平经济思想，作为金融思想政治工作的主线主题，作为理论学习和理论武装的首要任务抓实抓好，贯穿到金融改革发展稳定各项工作中，见效于领导班子、党员干部、职工群众等各个层面，并从内容形式载体等方面赋予其新的内涵，不断增强思想政治工作的吸引力。否则，理论上懵懵懂懂、似是而非，思想上就会模模糊糊、是非不明。

（二）创新机制体制，实现思想政治工作从"单打独斗"向"齐抓共管"转变

建立健全思想政治工作机制，通过构建全方位的组织保障机制，做到党委高度重视思想政治工作，认真履行党委（党组）书记第一责任、党委

班子领导责任和"一岗双责"。将思想政治工作作为党建工作的重要内容，与业务工作同部署、同落实、同检查、同考核，形成"党委集体抓、书记带头抓、班子成员分工抓、部门协力抓"的思想政治工作责任体系。树立"大政工"理念，在党委统一领导下，宣传部门组织协调、各部门齐抓共管、干部职工广泛参与的"立体化、全方位"思想政治工作体系；树立党建工作统揽全局、意识形态引领方向、思想政治工作筑牢保障的理念，把思想政治工作纳入基层党建各环节，让党组织成为引领创业干事的"火车头"，党员干部成为奋勇争先的"排头兵"；树立抓业务从思想入手，抓思想从业务出发的理念，把管人、管事和管思想有机统一起来。同时要将系统内外、家庭与社会、线上与线下的资源有机衔接起来，形成全方位、宽领域、深度融合的大政工大宣教格局。构建思想政治工作量化考核引导体系，将思想政治工作考评结果作为评先评优、绩效考核、干部选拔任用的重要依据。构建运行机制和激励机制，特别对宣传思想工作赋予其科学的量化权重，营造"不抓不行，抓不紧不行，持续抓好才行"的工作氛围，将思想政治工作贯穿于日常业务和管理的全过程。

（三）创新理念思路，实现思想政治工作从"大水漫灌"向"精准滴灌"转变

正确把握新时代金融思想政治工作的本质和特性，坚持与解放思想、实事求是、与时俱进思想路线相符合的理念和"互联网+"的理念，通过顶层设计、完善制度、分层分众、靶向施策、人文关怀、因势利导、贯穿融入等方式方法，使思想政治工作与党的执政理念和工作指导思想相适应、相融合、共推进。运用分众化、对象化方法抓思想教育，强化党员干部的政治认同、思想认同、理论认同、情感认同和实践认同。新时代金融系统思想政治教育内容广泛、切入点多，要坚持思想政治工作"三贴近"理念，通过培育"微讲师"，解决"谁来讲"的问题；提炼"微话题"，解

决"讲什么"的问题；善用"微技巧"，解决"怎么讲"的问题；营造"微场面"，解决"在哪讲"的问题，将"有意义的事"变成"有意思的事"。

（四）创新内容形式，实现思想政治工作从"枯燥单一"向"丰富多彩"转变

习近平总书记指出，人民对美好生活的向往就是我们的奋斗目标，抓改革、促发展，归根到底就是为了让人民过上更好的日子。[①] 一是融入价值培育和文化引领，塑造思想政治工作的"魂"。将培育践行社会主义核心价值观和金融系统文化建设作为凝魂聚气、强基固本的重要手段，通过实施"知、感、行"三维度培育工程，不断增强思想政治工作的感染力。二是把思想政治工作深化于典型选树中。通过编发人物通讯、简报特刊，制作舞台剧、微电影等，让身边可亲、可信、可敬、可学的典型，走进业务核心，走进干部职工内心。三是将金融文化建设作为思想政治工作的落脚点。弘扬党的优良传统，讲好革命故事；用好丰富的红色文化教育资源，开展多种形式活动，讲好红色文化故事。净化员工心灵、升华思想境界、提振工作精神，于细微处育文化、于细小处传播正能量、于细节处提升执行力，增强思想政治工作的感染力。四是注重人文关怀和心理疏导，凝聚思想政治工作的吸引力。坚持以人为本的优良传统，把思想政治工作落实到解决干部职工最关心、最直接、最现实的问题上；坚持谈心和访谈制度，从"单向输出"变为"双向互动"，近距离掌握干部职工思想状况，让员工和家属感受到亲情般的温暖；关心关爱年轻同志，解决他们的实际困难，解除他们的后顾之忧；因地制宜为职工营造轻松和富有文化氛围的宽松环境。五是融入监督管理和风险防范。将金融思想政治工作作为履行全面从严治党主体责任的重要内容，层层落实责任，营造遵规守纪、崇廉

尚洁的浓厚氛围。将包含思想政治建设在内的各项党建工作任务进行定责、述责、考责和问责，将思想政治工作责任落实到岗、明确到人，把思想政治工作的"软任务"变为"硬杠杠"，把制度的刚性管理、有形约束与思想政治工作的软性影响、无形渗透结合起来，形成"合心、合拍、合力"和"风清、气正、劲足"的良好工作氛围。

（五）创新方法手段，实现思想政治工作从"传统思维"向"互联网＋思维"转变

在继承发扬传统的思想政治工作方法手段的同时，积极构建网络数据化平台，充分运用网络新媒体、新技术开展思想政治工作，打造线上线下无缝对接的思想政治工作新阵地，潜移默化地影响和激励广大员工。将大数据分析运用到思想政治工作中，建立"思想政治工作方法分析应用系统"和思想政治工作方法案例库。建好思想政治工作方法效果评估数据搜集、整理、分析的体系架构，实现对思想政治工作方法的定量研究，为思想政治工作精细化、精准化、差异化管理提供科学依据。通过科学建群，建好"朋友圈"，让网络阵地建设"分块化"；培养新媒体队伍，主动发声，让网络阵地充满"正能量"；创办微刊，让网络阵地成为"学习角"；占领新媒体阵地，当好"引航灯"；廓清新媒体空间，构筑"防火墙"；遵循新媒体规律，打好"主动仗"；展播微视频，让网络阵地直播"好声音"，提升思想政治工作实效性，增强针对性，体现互动性，适应更多依靠创新、创造、创意的网络大趋势。

三、不断开拓新时代金融思想政治工作的新思路

思想政治工作一定要把围绕中心、服务大局作为基本职责，要把创新开展思想政治工作放到服务服从于金融工作这个大局下来定位、谋划、审

视和落实，紧抓主线、紧跟形势、紧扣履职，以新思路创新金融思想政治工作。

（一）注重做好统筹谋划

习近平总书记在济南主持召开企业和专家座谈会时强调，改革有破有立，得其法则事半功倍，不得法则事倍功半甚至产生负作用。[①] 我们要在深入调查研究、准确把握思想政治工作新变化新特点的基础上，结合工作实际和地域特色，在增强思想政治工作的吸引力和感染力、针对性和实效性上下功夫。在理念上，突出以人为本，精心设计开展干部职工喜闻乐见的实践活动，用活动来吸引人、感染人、教育人。在内容上，注重发挥社会主义核心价值观的引领作用，用主流价值凝聚干部职工思想共识。划清是非界限，澄清模糊认识，统一员工的思想，打牢共同思想基础，使主旋律更加响亮，精神生活更加充实，意识形态领域正能量更加强劲。在方法上，推动思想政治工作由平面向立体、由静态向动态、由单一向多维转变，树立系统化思维，从系统与要素、要素与要素、系统与环境的相互联系、相互作用中综合考量，确保思想政治工作各要素协调运行，提高整体效能。

（二）注重提高政治站位

习近平总书记强调，伟大事业都"始于梦想""基于创新""成于实干"。[②] 金融事业作为党和国家事业的重要组成部分，在新的时代背景下，面对新形势、新任务、新要求，必须深刻认识国际国内经济社会发展和意识形态领域新形势对金融干部职工思想状况带来的影响；深刻认识新时代金融思想政治工作的背景意义、重要作用以及金融系统思想政治工作呈现

[①] 《紧扣推进中国式现代化主题　进一步全面深化改革》，《人民日报》2024 年 5 月 24 日。

[②] 《为实现我国探月工程目标乘胜前进　为推动世界航天事业发展继续努力》，《人民日报》2019 年 2 月 21 日。

的新变化、新特点，带来的新机遇、新挑战；深刻认识创新思想政治工作是贯彻落实党中央进一步加强和改进思想政治工作有关精神的内在要求、凝聚思想共识、促进和谐稳定的迫切需要及重要保证。加强顶层设计，更好地体现时代性、把握规律性、富于创造性，努力以思想认识新飞跃打开金融工作新局面，积极探索有利于破解工作难题的新举措新办法。在日常工作中，一是加强思想政治工作的理论研究，着力解决理论体系、实现路径、机制框架等方面的问题，为创新金融思想政治工作打好基础。二是加大形势分析和研判，使金融干部职工加深对当前思想政治工作面临的形势、任务、要求的认识。把牢价值取向，讲求方式方法，为完成中心任务、实现战略目标增添动力，不断增强做好创新思想政治工作的责任感和使命感。三是深入挖掘总结创新思想政治工作的典型案例和好的经验做法，并通过多种形式宣传推广，以点带面形成良好的创新思想政治工作的潮流。

（三）注重做到靶向施策

思想政治工作，说到底就是做人的工作，每个个人都带有鲜明的主体特征和人格属性。如今，金融系统员工思想活动的独立性、选择性、多变性、差异性在明显增强，且人员结构复杂、年龄跨度大、思想差异大，特别是 90 后、00 后员工比例逐年提高，他们学历高、有活力、有朝气，容易接受新事物、新思想、新观念，对业务培训、精神生活等方面的诉求也更高。创新开展新时代金融思想政治工作既要及时了解干部职工的心理和想法，正确分析舆情、采取相应对策，将社会主流思想、正确政治观点、良好品德规范通过创新转化为干部职工特别是年轻人内在的价值认同、情感认同和行为习惯，用理想信念感召人、用先进文化感染人、用身边榜样激励人，达到潜移默化、润物无声的效果。同时也要坚持以人为本、靶向施策，立足实际，加强对不同地区、不同层级、不同人群干部职工思想状况的了解掌握和分析研判，为干部职工搭建成长成才的通道和平台，着力于人、致力于融、倾力于情、助力于和，在解决实际问题中贯穿思想教育，提高思想境界，真正发挥其思想引领、舆论引导、氛围营造、价值培育、精神激励和文化支撑的作用。

（四）注重用好宣传阵地

习近平总书记强调："要运用新媒体新技术使工作活起来，推动思想政治工作传统优势同信息技术高度融合，增强时代感和吸引力。"[①]"互联网＋"时代的蓬勃发展，正在悄然改变着人们的生产、生活和消费方式，同时也给有效运用新媒体创新开展金融思想政治工作提供了广阔空间。新媒体互动性、开放性、匿名性的特点，对思想政治工作引领社会思潮、促进和谐稳定提出了更高要求；新媒体的发展使意愿表达扁平化、时空传导无限化、身份认证虚拟化、沟通路径多点化、互动关系平等化、社会价值多元化，与之相适应的是人们的平等观念、权利意识和自主意识进一步强化，思想政治工作双向沟通、平等互动趋势愈加明显；新媒体丰富的共享信息资源和多姿多彩的信息形式，有利于增强思想政治工作的辐射力、吸引力、感染力。在这样的形势背景下，创新开展新时代金融思想政治工作：一是必须科学认识网络传播规律，坚持正面引导，树立开放思维，强化监督管理，主动把握互联网时代干部职工的信息需求和接受习惯；二是树立"善待媒体、善用媒体、善管媒体"的全媒体意识，求新、求实、求活、求深，搭建新时代线上线下全媒体宣传矩阵；三是充分运用PPT、网络、外媒、微信微博、微视频、微电影、"大数据"平台等现代传播技术手段创新开展金融思想政治工作，进行"键对键"交流、"心对心"沟通，通过新媒体展示风采；四是注重新媒体与传统媒体的有机融合，通过线上

---

① 《习近平谈治国理政》第二卷，外文出版社 2017 年版，第 378 页。

线下优势互补、相互促进，使形、声、色、意有机统一，形成思想教育合力。同时要加强对新媒体的监督管理，净化网络环境，提高舆论风险的可控性，使干部职工牢固树立"网上有法律、网上有道德、网上有监控、网上有追究"的思想意识，使互联网这个最大变量成为金融事业发展的最大增量。

（五）注重营造文化氛围

文化是一个国家、一个民族的灵魂。没有高度的文化自信，没有文化的繁荣兴盛，就没有中华民族伟大复兴。人类社会每一次跃进，人类文明每一次升华，无不伴随着文化的历史性进步。讲清楚中华优秀传统文化蕴含的思想观念，如革故鼎新、与时俱进、脚踏实地、实事求是，惠民利民、安民利民、道法自然、天人合一等，为我们改造主观和客观世界提供有益启迪；讲清楚蕴含的人文精神，如求同存异、和而不同的处事方法，文以载道、以文化人的教化思想，形神兼备、情景交融的美学追求，俭约自守、中和泰和的生活理念等；讲清楚蕴含的道德规范，如天下兴亡、匹夫有责的担当意识，精忠报国、振兴中华的爱国情怀，崇德向善、见贤思齐的社会风尚，孝悌忠信、礼义廉耻的荣辱观念，体现着评判是非曲直的价值标准；讲清楚创新新时代金融思想政治工作必须坚定文化自信，增强文化自觉的必要性。我们要不忘本来、吸收外来、面向未来，立足实际、突出特色，知晓蕴含的思想观念、人文精神、道德规范和历史渊源、发展脉络、基本走向，以及独特创造、价值理念、鲜明特色，以文化人、以文育人，让中国特色社会主义金融文化展现出永久魅力和时代风采，为干部职工提供强大的精神指引。

（六）注重科学管理和建设

思想政治建设是一项复杂的系统性工程，涉及金融单位的方方面面。

改革是发展的动力。我们要以巨大的政治勇气全面深化改革，冲破思想观念束缚，突破利益固化藩篱，破除各方面体制机制弊端，开创金融思想政治工作新局面。事实证明，努力构建程序严密、配套完备、有效管用的思想政治工作制度体系，是创新思想政治工作规范化、科学化和常态化、长效化的有效保障。构建全方位的组织保障机制，形成党委统一领导、党政工团和各业务部门齐抓共管、共同参与的，立体化、全方位的思想政治工作格局和一级抓一级、层层抓落实的良好局面；构建常态化的分析研判机制，加强对思想政治工作的分析研判，多渠道、多形式了解掌握干部职工思想动态，准确把握各种苗头性、倾向性问题，使关口前移，防患于未然，切实增强思想政治工作的针对性和有效性；构建严格的监督管理机制，将思想政治工作的开展情况、力度成效，作为工作责任制落实情况的重要内容，作为领导班子和领导干部考核的重要依据，作为党组织书记开展党建工作述职评议的重要内容进行考核评价；构建系统的培训机制，使宣传思想干部的学风、文风、作风有明显转变，综合素质和业务能力显著提高，成为思想政治工作的行家里手；构建队伍建设思路，优化人员结构，配足、配优、配强政工干部，培养一批能"为我所用"的宣传骨干，提高思想政治工作队伍的政治地位和晋升空间，打造一支政治过硬、本领高强、求实创新、能打胜仗的宣传思想工作队伍。

加强金融系统基层思想政治工作

刘朝晖[*]

思想政治工作是党的优良传统、鲜明特色和突出政治优势，是经济工作和其他一切工作的生命线，是治党治国的重要方式。加强和改进思想政治工作，事关党的前途命运，事关国家长治久安，事关民族凝聚力和向心力。党的十八大以来，以习近平同志为核心的党中央高度重视思想政治工作，不断加强和改进思想政治工作，采取一系列重大举措加以推进，使得思想政治工作有效发挥了提高认识、统一思想、凝聚共识、鼓舞斗志、团结奋斗的重要作用，成为我们党领导取得历史性成就、发生历史性变革的坚强思想政治保障。金融系统一直以来，坚持以思想政治工作为生命线，在发展中为社会主义革命、建设和改革作出了突出贡献，履行了稳大局、促发展、保民生的重要使命。中国特色社会主义进入新时代，金融企业责任重大，使命更加光荣，必须以更高的责任感做好思想政治工作。基层单位是金融企业最基本的经营场所和最前沿的营销阵地，在支持服务实体经济、防范化解金融风险和推动改革凝心聚力中发挥着不可或缺的重要作用。因此，必须高度重视金融企业基层思想政治工作，发挥好思想政治工作的引领作用，为新时代金融企业高质量发展提供坚强政治保障。

---

* 刘朝晖，中国金融思想政治工作研究会副秘书长、中国农业银行工会副主席。

一、深刻认识新时代加强金融系统基层思想政治工作的重要意义

党的十八大以来，习近平总书记高度重视思想政治工作，就加强和改进思想政治工作作出一系列重要论述，高屋建瓴、思想深邃、内涵丰富，为做好新时代思想政治工作提供根本遵循和行动指南。金融是国民经济的血脉，思想政治工作在金融业的改革发展中，一直"扮演"着不可或缺的重要"角色"。金融系统担负着为民众提供金融服务和支持经济发展的使命和责任，承担着推动行业发展、承担社会责任、体现国家意志的重要职能。金融企业基层单位具有受总部垂直管理、经营货币特殊商品、点多面广、直面群众等特点。习近平总书记强调，党的建设搞得好不好，事关金融系统的凝聚力和战斗力，决定金融事业成败。① 加强金融系统基层思想政治工作，充分发挥思想政治工作的传统优势、政治优势，有利于金融企业更加有效地支持服务实体经济，有利于金融企业更加有效地防范化解风险，有利于金融企业更有效地凝心聚力推动改革。因此，加强金融系统基层思想政治工作对金融企业在新时代实现高质量发展具有十分重要而深远的影响。

（一）金融系统基层思想政治工作是新时代金融企业高质量发展的"方向舵"

习近平总书记强调，金融是国民经济的血脉，是国家核心竞争力的重要组成部分，要加快建设金融强国。② 思想政治工作是党的工作的重要组成部分，是实现党的领导的重要途径。坚持党对金融企业的领导，很大程

---

① 中共中央党史和文献研究院编：《习近平关于金融工作论述摘编》，中央文献出版社2024 年版，第 31 页。

② 《中央金融工作会议在北京举行》，《人民日报》2023 年 11 月 1 日。

度上是靠卓有成效的思想政治工作实现的。习近平总书记在全国金融工作会议上深刻指出："做好新形势下金融工作，要坚持党中央对金融工作集中统一领导，确保金融改革发展正确方向，确保国家金融安全。"①加强金融系统基层思想政治工作，能够进一步促使金融企业成为党和国家最可信赖的依靠力量，成为坚决执行党中央决策部署的重要力量，成为贯彻新发展理念、进一步全面深化改革的重要力量，成为我们党赢得具有许多新的历史特点的伟大斗争胜利的重要力量。金融系统属于内部垂直分层管理（以银行为例，从总行—一级分行—二级分行—一级支行—二级支行—分理处或储蓄所），最少会有五个环节，因此金融系统基层思想政治工作尤为重要和关键，需要把思想政治工作贯穿经营管理始终，充分发挥党总揽全局、协调各方、举旗定向的领导核心作用，把党的领导落实到金融工作各领域各方面各环节，确保金融系统基层干部员工在思想上政治上行动上始终同党中央保持高度一致，采用有力思想政治教育手段来引导基层干部员工树立正确理想信念、爱岗敬业、内化于心、外化于行，打通"最后一公里"，从而保证党中央关于金融工作的大政方针和决策部署得到全面贯彻落实。站在新的历史方位，面对新的发展要求，要以更加强有力的金融系统基层思想政治工作推动金融企业坚持党的全面领导，加强党的建设，始终同党中央保持高度一致，锚定正确方向、实现高质量发展。

（二）金融系统基层思想政治工作是新时代金融企业高质量发展的"防火墙"

金融是国家重要的核心竞争力，金融安全是国家安全的重要组成部分。金融企业是经营货币这种特殊商品的特殊企业，属于高风险行业，也是腐败问题的高发区。《中国金融机构从业人员犯罪问题研究白皮书

---

① 《习近平谈治国理政》第二卷，外文出版社 2017 年版，第 281 页。

（2022）》表明，2015—2022 年，全国各级法院审结的金融机构从业人员犯罪案件共计 3594 件，其中，银行类金融机构涉诉案件量最高，占比 58.07%。近几年，金融领域腐败案件时有发生，特别是金融企业基层单位干部员工的违纪违法问题不容忽视。分析这些案例，无一例外都是干部员工思想蜕变、信念动摇的结果。思想上的滑坡是最严重的病变，"总开关"没拧紧，不能正确处理公私关系，缺乏正确的是非观、利益观、权力观、事业观，各种出轨越界、跑冒滴漏的问题就会屡禁不止。从中纪委通报查处的案件看，党员干部腐化堕落往往源于小事小节的失守，违法犯罪大多肇始于破纪，管好小事小节最行之有效的办法就是做好思想政治工作。习近平总书记反复强调，要从治标入手，把治本寓于治标之中，让基层干部员工因敬畏而"不敢"、因制度而"不能"、因觉悟而"不想"。面对日趋复杂严峻的改革发展形势，面对腐败问题带来的严重危害，必须提高基层思想政治工作的针对性，持续从思想上正本清源，使其因深化思想认识而"不想腐"，从源头上端正"不想腐"的动机，才能全面筑牢反腐防线，压降金融腐败风险，为金融企业改革发展营造风清气正、干事创业的良好政治生态，增强可持续发展后劲，进而保障金融企业高质量发展。加强金融系统基层思想政治工作，强化基层干部员工理想信念教育，教育引导党员干部锤炼品格强化忠诚，切实增强法纪意识、合规意识、风险意识，能有效防范各类风险和腐败问题发生，促进金融企业稳健经营。

（三）金融系统基层思想政治工作是新时代金融企业高质量发展的"动力源"

统一思想、凝聚民心、积聚力量，是思想政治工作的永恒主题。从根本上讲，思想政治工作是铸魂育人的工作。随着改革开放和社会主义市场经济的深入，金融企业正处于向高质量发展的关键时期。国际国内经济形势严峻，内外部环境正在发生深刻变化，对金融企业的改革发展提出了前所未有的新挑战新要求。金融企业思想政治工作环境、任务都发生了很大变化，员工队伍结构呈现新的特点，员工高知识化、高学历化，思想观念多元、多样、多变趋势明显。面对员工思想观念日趋活跃、价值取向更加多元、心态复杂多变的新态势，需要深入分析员工思想动态变化，推进作风建设常态化长效化，发扬好思想政治工作春风化雨的优势，突出人文关怀，强化典型引领，筑牢思想根基，不断激发正能量，力求在思想上解惑、精神上解忧、文化上解渴、心理上解压，增强凝聚力，汇集战斗力。需要把金融系统基层思想政治工作同企业经营管理、人力资源开发、企业精神培育、企业文化建设等工作结合起来，统一思想共识、凝聚人心力量，传导正向价值、疏解思想焦虑。金融企业正处于改革发展转型的关键时期，迫切需要加强和改进基层思想政治工作，发挥和拓展基层思想政治工作优势作用，提高运用思想政治工作体制机制优势的能力，才能引导干部员工与金融企业目标一致、信念一致、步调一致，才能始终为改革发展创新凝心聚力、提振士气，才能做好金融"五篇大文章"，以高质量金融服务助力经济高质量发展，走出中国特色金融发展之路。

二、充分认清新时代加强金融系统基层思想政治工作的问题症结

《中央宣传部、国务院国资委关于加强和改进新形势下国有及国有控股企业思想政治工作的意见》曾概括了国有企业思想政治工作中存在的若干一般性问题，包括工作覆盖不到位、工作体制机制不顺、工作方式方法简单、阵地设施建设不足、经费保障不力、队伍素质有待提高等。从金融企业基层单位实际情况来看，这些问题也不同程度地存在。特别是当前，经济下行压力进一步加大，金融企业竞争压力持续加大，思想政治工作面临的形势更为复杂，金融企业基层思想政治工作存在的问题更加突出，一

定程度上影响和制约了金融企业加快实现高质量发展的步伐。

（一）不想抓——思想认识不足，导致基层思想政治工作摆位"边缘化"

面对日趋激烈的市场竞争形势，金融企业基层单位"唯业绩论"观念盛行，有的基层单位管理者政绩观不够端正，存在"业务至上，业绩第一"的理念，往往将思想政治工作定位为务虚工作，甚至觉得影响了营销工作的开展，认为这一项工作投入时间精力多，是软指标、慢功夫，与业务工作不产生直接关系。在实际工作中，一些金融企业基层单位负责人抓经营管理和思想政治工作"一手硬、一手软"，对一线员工的思想动态、业务素质、成长困惑等缺乏准确把握和深刻认识，以致思想政治工作的主动性、计划性和针对性不强，只有等到出现员工行为问题，甚至员工违法乱纪被追究管理责任时，才认识到思想政治工作的重要性，悔之晚矣。2023年，某银行营业网点行长因违规与中介合作办贷受到开除处分，24名相关责任人受到经济处理、通报至记大过等行规处理处分，同时，其所在支行班子受到通报处理。在业绩优先的导向下，该网点所在一级支行思想政治工作建设流于形式，日常教育、提醒、监测不到位，网点行长未能以身作则，反而心存侥幸、明知故犯、带头违规，网点办贷人员不知法、不懂规，风险底线意识淡薄，对网点行长的违规指示盲目顺从，违规而不自知。

（二）不会抓——工作能力不足，导致基层思想政治工作开展"空洞化"

从调研数据看，有的金融企业基层单位把思想政治工作简单等同于理论学习，对员工的思想政治教育方式大都千篇一律采用理论学习的方式进行，缺乏主动思考、系统谋划。有的基层单位负责人经验不够、能力不足，在教育内容设置上空洞单一，习惯于召开会议、学习文件，运用大水"漫灌式"的宣教，只讲抽象文件和空洞理论，教育内容多数枯燥乏味、缺乏深度，不吸引人，不能回应一线员工个性化、多样性的诉求，没办法结合岗位的需要而运用到实际工作中，以致思想政治宣教的内容和形式缺乏针对性和创新性，实际作用较差。2023 年，某银行营业网点副行长因违规参与资金中介活动被开除。该名员工所在支行虽然做了不少廉政教育、警示教育等工作，但针对不同岗位、不同群体的精细化思想政治工作不足，存在个别人员学习效果不理想。该名员工每次均参加所在支行定期召开的警示教育大会，但对各类典型案例熟视无睹，心存侥幸，警示教育没有起到震慑效果，最终酿成大祸。

（三）抓不实——招法创新不足，导致基层思想政治工作效果"浅显化"

金融企业思想政治工作与经营管理"单循环""两张皮"的现象均有不同程度存在。有的基层单位思想政治工作和经营发展各弹各的谱、各唱各的调；有的基层单位开展思想政治工作，为了"落实"而"落实"，停在表面、浮在上面；有的基层单位没有积极适应在网络时代信息化深刻影响下人们思想观念的显著变化；有的基层单位习惯沿袭传统的老办法、老经验，工作载体、手段与微博、微信和微视频新媒体技术相融合的程度还比较低，工作方式比较简单呆板，导致部分员工对思想政治工作产生厌烦和抵制情绪，以致思想政治工作没有说服力和感染力。近年来通过校园招聘和干部选聘，90 后、95 后逐渐走上基层领导岗位，00 后逐步进入工作岗位，基层单位新鲜血液得到大量补充，某些基层行 90 后的人数占比已经接近一半，为基层行员工思想状况带来新的特点。同时随着社会发展进步，青年员工在学习、生活、精神需求方面也呈现出很大的变化。在学习需求方面，青年员工更加喜好共情式分享交流。在生活需求方面，青年消费观念转变，倾向追求高品质的生活。在精神需求方面，青年崇尚自由，自我意识比较强。近年来，青年干部员工违法乱纪，刚起步就跌倒的案例屡见不鲜，教育引导青年干部员工扣好廉洁从业"第一粒扣子"已经成为迫在眉睫的工作。传统的思想政治工作方法已经无法起到关心人、教育人、引导人的作用，亟须贴合实际进行方式创新。

（四）没人抓——力量配备不足，导致基层思想政治工作队伍"空心化"

工作人员配备不到位、力量不强是当前金融系统基层思想政治工作一个比较突出的问题。思想政治工作人员层层减弱、逐级递减，越到基层越弱的问题普遍存在。部分基层金融企业以工作任务重、指标压力大、基层人员少为理由，在政工部门的设置上、在政工人员的配备上明显不足，基层单位大都没有专职政工干部，个别干部身兼党建、纪检、群团、工会、人力数职，"上面千条线，下面一根针"，基层思想政治工作很难落地，很多出发点很好的工作机制、工作方案，落实到基层都变成了负担，基层政工干部忙于应付。有的把政工岗位当作"安置岗""中转站"，把能力弱、临退休等人员安置在政工岗位；有的把政工岗作为可有可无的岗位，一有机构改革任务，首先考虑精减政工干部，导致没有人愿意从事政工岗位，工作人员也没有足够精力抓思想政治工作，以致基层思想政治工作的效果不尽如人意、未达预期。

三、切实抓好新时代加强金融系统基层思想政治工作的思路举措

中共中央、国务院印发的《关于新时代加强和改进思想政治工作的意见》指出，要提升基层思想政治工作质量和水平。迈进新时代，开启新征

程，金融企业必须坚持以习近平新时代中国特色社会主义思想为指导，更新理念，守正创新，进一步增强责任意识、完善工作机制、改进工作方法，加强、改进和创新金融系统基层思想政治工作，为金融企业高质量发展提供强大的思想政治保证。金融企业基层思想政治工作必须积极适应新时代新形势新任务，积极转变理念，创新方法手段，坚持在巩固中深化，在改进中加强，在创新中发展，更加有效地发挥基层思想政治工作的传统优势，更加有效地赋能基层思想政治工作的活力动力，为金融企业的高质量发展提供重要思想政治保证和强大精神动力。

（一）进一步提高金融系统基层思想政治工作的政治站位

思想政治工作是关系到举什么旗、走什么路、用什么样的理论统一思想、凝聚共识、鼓舞斗志、团结奋斗的问题，关系到金融企业的方向问题。金融系统基层党委首先要解决好政治站位、思想认识、组织领导、责任落实的问题。一是聚焦"关键少数"，强化政治意识、抓好思想引领。金融企业基层党委领导班子要坚持把学习习近平新时代中国特色社会主义思想作为首要政治任务，全面系统学、联系实际学、及时跟进学，深入学习习近平总书记关于加强国有企业党的建设的一系列重要论述，学深学透习近平总书记在全国国企党建会议、中央金融工作会议等一系列重要讲话精神，认真贯彻党中央关于加强思想政治工作的部署要求，不断提升对加强金融企业党的建设重要性的认识，不断提升对加强金融企业基层思想政治工作重要性的认识，把基层思想政治工作摆上重要位置。二是聚焦职能部门，强化使命意识、抓好组织推动。金融企业基层宣传（党群）职能部门，要把思想政治工作作为职责使命，作为主责主业，全面对标党中央关于思想政治工作的部署要求，紧密结合金融企业的发展需要，深入分析基层思想政治工作的形势、找准存在的问题，主动为党委提出建议、拿出管用招法，积极协调相关部门，组织推动基层金融企业做好思想政治工作，提升基层思想政治工作的实效性质量和水平。结合金融行业特色，在学好党的政策理论的基础上，进行经济政策解读和时事政治分析，将思想政治教育与各类活动相结合，依托技能竞赛、知识竞赛、读书分享、青年联谊、体育竞技、亲子活动、志愿服务等形式，使思想教育内容更为丰富和充实。三是盯紧基层党组织，强化责任意识、抓好落实落地。基层党组织对员工的思想状况、精神需求等最了解、最清楚。基层思想政治工作能不能落实、能不能见效，基层党组织起着至关重要的作用。基层党组织一定要根据发展需要，结合金融企业实际情况，拿出足够的精力、配备得力的人员、运用好"四必谈三报告"等成熟经验，真抓实干，打通思想政治工作的"最后一公里"，保证基层思想政治工作的落实落地。重点关注青年干部员工，从关心人、教育人、引导人的角度出发，开展定制化纪律教育。综合运用理论学习、廉洁教育、案例警示、提醒谈话等方式，着力提高拒腐防变能力。结合团委工作开展"清廉课堂"活动，组织年轻干部到反腐倡廉教育基地进行学习，警醒年轻干部扣好廉洁从政从业"第一粒扣子"。

（二）进一步构建金融系统基层思想政治工作的制度体系

中共中央、国务院印发的《关于新时代加强和改进思想政治工作的意见》强调，要构建共同推进思想政治工作大格局。完善领导体制和工作机制，完善党委统一领导、党政齐抓共管、宣传部门组织协调、有关部门和人民团体分工负责、全党全社会共同参与的思想政治工作大格局。要压实责任，金融企业党委要积极履行主体责任，党委书记要履行"第一责任人"责任，分管领导要履行领导责任，班子其他成员按照"一岗双责"要求抓好分管部门和领域的思想政治工作。要科学统筹，把思想政治工作和经营管理、市场开拓、服务保障等领域的工作有机结合起来，实现"党业融合"做到同研究、同部署、同推动、同落实，有效融入金融企业治理的各个环节。要跟进推动，基层党委每年至少召开一次专题会议，深入分析基层思想政治工作形势，认真研究，制定思想政治工作责任清单，明确责任分工、重点任务、工作措施。要加强考核，把思想政治工作开展纳入全面从严治党主体责任考核、纳入经营业绩考核范畴，与金融企业领导人员的绩效、薪酬挂钩，充分发挥考核"指挥棒"导向作用。对抓思想政治工作不力、发生问题的，严肃追责问责。

（三）进一步创新金融系统基层思想政治工作的方法手段

基层思想政治工作最忌"老套路""空对空"。金融企业基层思想政治工作必须运用创新思维，要理念创新、手段创新、体制机制创新、方式方法创新，在继承好经验、好传统、好做法基础上，使各项工作更加适应时代要求、符合员工需求，更好体现时代性、把握规律性、富于创造性，增强吸引力、感染力。一是围绕中心任务创新提效，增强基层思想政治工作的"深度"。发展是解决一切问题的基础和前提，也是衡量思想政治工作实效的根本标准，金融企业思想政治工作的根本任务是保证和促进金融企业的高质量发展。基层党组织一定要把思想政治工作和金融企业的中心任务紧密结合，根据中心任务确定思想政治工作的总体思路、工作重点和实际举措，把思想政治工作的作用体现在改革发展上、体现在经营管理上，把思想政治工作的政治优势转化为经营发展优势、市场竞争优势。聚焦发展，围绕党委的工作思路，宣传工作理念，推动责任落实、措施落地。对"躺平"不作为、脱离实际乱作为、搞花架子假作为的坚决纠治，对措施失当、落实不力、工作不在状态的精准问责，以实际行动提升思想政治工作的实际效果。基层思想政治工作要紧密结合金融企业改革发展需要，跟进搞好形势任务教育，引导员工理解改革、支持改革、参与改革，凝聚信心。要跟进搞好思想疏导工作，疏导员工情绪，保持员工思想平稳，为改革任务顺利推进铺路搭桥。二是围绕员工实际创新提效，增强基层思想政治工作的"温度"。要坚持把"显性教育与隐性教育、解决思想问题与解决实际问题"结合起来。基层员工工作在经营管理第一线，对完成经营目标起着至关重要的作用。要把解决好员工的思想、工作、生活等方面的问题放在与抓好经营管理同等重要的位置来抓，既要关心其工作，也要关心其思想、生活。把纪律教育寓于生活日常、形成常态，又与党性教育、廉洁文化教育相融合，推动党员干部夯实党性根基，不断增强遵规守纪的自觉性。加强廉洁文化教育，充分挖掘中华优秀传统文化、革命文化和社会主义先进文化资源中的廉洁元素、纪律印记，推动滋德润心、严守纪律，形成遵规守纪的浓厚氛围。坚持正面引导和警示教育相结合。在重要关键节点制作发放党员干部廉洁自律提示卡，在内部网开设"纪检清风"栏目廉洁教育"微课堂"，让清廉文化"活"起来。开设"党规频道"，深入开展党规党纪教育，宣传解读党内法规，把制度解读贯穿纪律建设全过程。要建立健全领导干部联系基层、党员联系群众的工作制度，领导干部要俯下身子经常深入基层一线调查研究，经常同员工谈心谈话，主动了解员工所思所想，掌握基层员工的思想动态，要敢于让员工发发牢骚、说说"心里话"，认真听取员工的意见建议，站在员工的角度反思自身工作。要发挥组织优势，积极为员工解决工作、生活中最现实、最关心、最直接的问题和困难，让员工感受到组织的温暖。要加强人文关怀和心理疏导，广泛开展心理健康教育、心理咨询工作，建立员工思想动态调查与分析研判机制，针对员工思想状况及时有效加以引导。通过创新服务形式，丰富服务内容，主动深入群众、融入群众，打通服务群众的"最后一公里"，增强基层思想政治工作的温度。三是围绕形势发展创新提效，增强基层思想政治工作的"热度"。互联网时代，网上各类舆论信息"倒灌"和冲击传统思想政治教育阵地的力量非常大。新时代开展思想政治工作要树立"互联网"思维，善于发挥互联网在企业思想政治工作创新中的优势，强化互联网思维，创新方式方法、途径载体，形成运用互联网等新媒体加强和改进思想政治工作的新格局。要积极适应"微时代"的特点，积极利用互联网、手机等平台，通过微信、微视频、微电影等方式，立体化、互动式开展好思想政治教育。要引导干部员工积极探寻红色金融记忆，传承红色基因，弘扬红色文化，倡导新时代的金融伦理，自觉做中国特色金融文化的积极传播者和模范践行者，形成适应现代基层青年员工的生活方式与文化氛围。要充分发挥先进典型的示范导向作用，充分利用仪式感召，设置员工荣誉墙，年度感动任务、入职纪念、荣誉退休留念等，放大员工光荣感，强化归属感，全方位调动员工积极性，更好发挥身边人身边事的榜样力量，让金融企业基层思想政治教育活动更有感召力。

（四）进一步加强金融系统基层思想政治工作的队伍建设

金融企业思想政治工作的决定因素是思想政治工作者，具备一支数量充足、素质良好的思想政治工作者队伍是搞好金融企业基层思想政治工作的基础保障。《中央宣传部、国务院国资委关于加强和改进新形势下国有及国有控股企业思想政治工作的意见》明确要求，要根据企业实际需要确定专职政工干部的数量，原则上应不低于正式员工总数的1%。要牢固树立政工干部是企业人才的理念，按照稳定队伍、优化结构、提高素质的要求，实施企业思想政治工作队伍人才培养工程，采取措施吸引和选拔政治素质好、知识层次高、懂经营会管理的中青年干部和优秀高校毕业生到政工岗位上工作。一是严把关口，保证政工队伍"政治硬"。"打铁必须自身硬"。金融企业的特殊性，要求对政工干部必须选优配强。"首关不过，余关莫论"。基层党组织要切实把好政治"入口关"，旗帜鲜明讲政治，坚定执行党的政治路线，严守党的政治纪律和政治规矩，把思想纯洁、信念坚定、政治过硬的干部选拔到思想政治工作岗位上，从源头上保证这支队伍的政治坚定。二是加强锻炼，保证政工队伍"能力强"。思想政治工作是"育人"的工作。新形势下金融企业员工学历高、知识广、思维活跃，要求从事思想政治工作人员是"多面手"，既要了解思想政治工作的规律、熟悉思想政治工作的方法，还要有宽广的视野、渊博的知识；既要懂金融业务，又要懂管理学、心理学等。基层党组织要有计划、有步骤地组织从事基层思想政治工作的干部员工进行学习、培训、进修，通过多层次、多渠道的专业化培训，多方位、多角度的岗位轮岗，不断提升政工干部"遇事能想、开口会讲、提笔会写"的能力和水平，全面提升金融企业基层思想政治工作人才队伍的理论水平和业务能力，建立一支专业能力强、综合素质高的队伍。三是积极培养，保证政工队伍"活力足"。基层党组织要积极树立"有为有位"的鲜明导向。敢于压担子，对于在思想政治工作中表现突出的要优先考虑、大胆使用。推荐基层政工干部到上级单位人力资源、信访举报、党建党廉和巡视巡察等党口部门安排以干代训、以岗代训、以案代训，既"压担子"也教方法。进一步激发政工干部的内在动力和干事激情，如此基层思想政治工作岗位才有吸引力，基层思想政治工作也才能活起来。

思想政治工作是党的建设的生命线和传家宝，加强金融系统基层思想政治工作是保持金融系统稳定发展和促进经济社会繁荣的关键要素，不仅是促进企业发展的内生动力，更是塑造行业形象的根本保障。金融系统必须不断增强基层单位学习的系统性、针对性，持续提高干部员工的政治判断力、政治领悟力、政治执行力，深刻把握金融工作的政治性、人民性，坚决落实党对金融工作的决策部署，强化突出思想政治工作与金融业务工作的贯通融合、同向发力，为经济社会高质量发展提供坚强保障。

创新金融系统基层文化建设的方法手段

李锦望[*]

2024 年 1 月 16 日，习近平总书记在省部级主要领导干部推动金融高质量发展专题研讨班开班式上指出了走中国特色金融发展之路的"八个坚持"，即："坚持党中央对金融工作的集中统一领导，坚持以人民为中心的价值取向，坚持把金融服务实体经济作为根本宗旨，坚持把防控风险作为金融工作的永恒主题，坚持在市场化法治化轨道上推进金融创新发展，坚持深化金融供给侧结构性改革，坚持统筹金融开放和安全，坚持稳中求进工作总基调"[1]。又进一步强调，"推动金融高质量发展、建设金融强国，要坚持法治和德治相结合，积极培育中国特色金融文化，做到：诚实守信，不逾越底线；以义取利，不唯利是图；稳健审慎，不急功近利；守正创新，不脱实向虚；依法合规，不胡作非为"[2]。习近平总书记的重要讲话为我们建设中国特色金融文化明确了目标、指明了方向、提供了遵循。金融系统基层文化建设就是要贯彻落实这一部署要求，不断探索创新工作思路、管理模式、方式方法和平台工具，努力为培育中国特色金融文化作出贡献。

---

* 李锦望，中国金融思想政治工作研究会原副秘书长、中国建设银行原北京党建学院副院长。
① 《坚定不移走中国特色金融发展之路　推动我国金融高质量发展》，《人民日报》2024年 1 月 17 日。
② 《坚定不移走中国特色金融发展之路　推动我国金融高质量发展》，《人民日报》2024年 1 月 17 日。

一、金融企业文化建设概要

企业文化是企业的灵魂与核心，是企业基业长青的重要保证。企业文化属于管理学范畴，它是企业在经营管理过程中，逐渐形成的以价值观为核心的愿景、使命、经营理念、伦理道德、企业精神、制度规范、行为作风及品牌形象的总和。企业文化具有内生性、稳定性和不可复制性，它引领、凝聚、激励和约束员工思想行为，形成企业强大的凝聚力、执行力、创造力和竞争力，对提升企业经营绩效，实现基业长青具有十分重要的作用。

首先，应弄清楚两个概念：一个是企业文化管理，另一个是企业文化建设。企业文化管理就是企业价值观管理，在社会主义核心价值观统领下，用企业价值观整合并统一全体员工的价值观，实现"人企合一"，这是企业文化凝聚力和执行力产生的机理。企业文化建设就是通过持续的价值观管理形成了全员认同的同一价值观，即建设"人企合一"的共同价值观。

金融企业文化建设与其他行业的企业一样，都是一个具有连续性和周期性的完整过程，有其自身的基本规律。金融企业要遵循这个基本规律，不断创新内容、形式、方式、方法、工具等，深入扎实开展企业文化"认知""认同""转化"的推进工作，直至成功培育并践行共同价值观。

这一完整的工作过程包括以下五个方面。

（一）调查、提炼和构建企业价值理念体系

普遍的有效的做法是，聘请专业管理咨询公司，对企业文化开展调查诊断工作，在此基础上，提炼构建企业价值理念体系，即企业文化要素体系，包括愿景、使命、核心价值观、理念、精神、作风、警言、宣传语（口号）等；研究制定员工道德行为规范、员工岗位准则、员工合规手册等；构建企业形象视觉识别系统（VI），包括标识、商标、品牌、企业形

象广告、产品广告、产品包装、媒体宣传、企业内部环境布局等，制定完善的实施标准及细则等。

（二）开展企业价值理念体系学习培训和宣传教育

在企业党的建设引领下，结合学习和践行社会主义核心价值观，开展企业价值理念学习教育工作，目的就是让全员认知和认同企业价值理念，做到"内化于心"。这是实现企业价值理念"转化"为实际行动的重要前提，也是企业文化建设的首要环节。试想，如果员工连所在企业的价值理念体系要素的表述语及内涵都不知道，那么"转化"和"践行"就无从谈起。

（三）运用综合措施推进企业价值理念"转化"工作

这是整个企业文化建设的关键环节，包括建立组织机构、制定规划和实施方案；各级领导倡导推动、带头实践；开展专项文化建设，推进价值理念与经营管理融合；先进人物荣誉激励、示范引领；强化道德荣誉激励、薪酬物质奖励；严格制度规范约束、检查监督、考核奖惩等措施，通过各种激励约束手段和措施，强化员工对企业价值理念进行积极主动的践行，实现"知行合一"。

（四）着力打造和提升企业品牌形象与品牌价值

打造金融企业品牌，必须从打好经营管理的基础工作做起，重点包括：健全完善公司治理结构、合理高效的组织架构、一流的客户服务水平、良好的风险合规能力、出色的产品创新能力、高素质员工队伍、可持续的营利能力、积极承担社会责任等；在此基础上，利用各种媒体特别是官网、公众号、门户网，手机抖音、视频、微信等新媒体，大力开展企业形象广告、产品广告，以及服务新模式、经营业绩、先进人物、经典案例、公益事业、社会责任等宣传活动，塑造企业良好的声誉、口碑和形象，不断提升企业品牌价值。

（五）开展企业文化建设评估

众所周知，企业文化有周期性。每一版企业价值理念体系，大致经过 5 年或 10 年的时间，就需要聘请专业管理咨询公司进行一次文化诊断，对于那些不适应国内宏观经济形势或行业市场环境需要的文化要素及其内涵，则应及时调整、完善和补充。若企业遇到重组兼并或股改上市等组织架构、发展战略、经营方针发生重大调整，那么企业价值理念体系则应及时进行相应的调整或重构，不受时间长短的限制，以使企业价值理念与发展战略、体制制度之间相互匹配、相互支撑。

二、金融系统基层文化建设方法手段创新

根据企业文化建设规律，金融企业价值理念体系的建构必须是顶层设计，由总部主要领导提出思路建议和推动部署，经过由上而下和由下而上的调查、研讨、提炼、征求意见、修改完善等各个工作环节，最后提交总部党委会或董事会审议通过后，下发实施。同时，制定与企业价值理念体系相匹配的员工道德行为规范、员工岗位准则、员工合规守则等制度规范，一并经党委会或董事会审议通过后下发执行。

作为金融企业的基层分支机构，主要任务是贯彻落实执行总部的工作部署和要求，基层机构不得另起炉灶，自行制定另一套企业价值理念体系，甚至每个文化要素及其释义都不得修改或自行解释，必须严格维护总部制定的企业价值理念体系和各项制度规范的统一性、严肃性和完整性。

因此，金融系统基层文化建设的重点任务就是执行落实，即上面所说的工作过程的第（二）、（三）、（四）、（五）部分内容。金融企业的基层机构要扎扎实实做好这些任务并非易事，必须要有坚定不移的决心、坚持不

懈的恒心和润物无声的耐心。因为管理人的价值观最难，要做到"内化于心""固化于制""外化于行""显化于形"，进而实现"人企合一"和"知行合一"，是一个复杂的系统工程，除了遵循工作规律之外，还需要根据本单位的实际情况，不断创新工作思路、模式、方式、方法、工具、手段等。

（一）制定企业文化建设"落实细则"

金融企业基层机构在收到总部企业价值理念体系和实施规划后，必须结合自己的经营管理和员工队伍实际，细化落实方案，避免上下一般粗，在扎实做好总部规定动作之外，重点突出个性化和特色化的动作，这样会让员工喜闻乐见，产生心理共鸣与自觉认同，进一步增强文化建设工作的针对性和实效性。

在落实细化方案中，可创新的地方很多。建设内容上，可结合地方特色文化元素，如当地的历史文化、红色文化、少数民族文化及本行或本公司的历史文化传统、英模人物、社会责任、获得的荣誉等内容。落实措施上，深化企业价值理念与业务经营的融合，在服务文化、合规文化、创新文化、人本文化、社会责任文化等专项文化建设中，聘请客户担任服务质量监督员，定期暗访，发现问题及时整改；组织业务骨干，开展合规实践课题研究，探索基层员工合规心理行为规律，确定重点岗位、关键环节及预防风险措施；组织基层员工开展创新服务流程、优化产品、改进服务模式"金点子"征集；等等。组织形式上，除了组织主题实践活动、劳动比赛、演讲、征文、文体活动之外，可增加与部队、机构客户、公司客户、社区等共建共享的文化活动。

（二）组织开展企业价值理念体系学习教育

按照金融企业总部开展企业价值理念体系学习教育培训的总体要求，

基层机构也要结合自己的实际，进一步细化学习教育方案。

1. 制订详细的学习培训计划

基层机构制订企业价值理念体系学习培训计划，应采取长、中、短期相结合的学习培训方式，创新性地把企业价值理念体系与本单位的历史文化、改革发展战略、当前业务经营重点和管理工作难点等内容紧密结合起来，进一步增强员工对企业文化传承与发展、激励与约束作用的深刻理解。同时，将企业价值理念体系学习培训与各类业务培训、职业道德培训、廉洁从业培训、履职能力培训等深度融合，进一步提升员工的综合素质与综合能力；将总部举办的脱产学习培训和视频学习培训与自学、集中学、晨会、夕会结合起来，进一步提升学习培训的质量和效率。重点抓好基层管理人员的学习培训，增强其文化自信和文化自觉，培养其实施价值观管理的能力，提升基层机构管理水平。

2. 丰富企业价值理念学习培训资料

一是编写企业文化学习资料。如果总部没有编写企业文化培训教材，那么基层机构可以给员工购买高校编著的《企业文化纲要》《企业文化教程》等教材，还可以组织人员收集编写企业文化学习资料，包括历史文化传承、文化建设成果、感动人物故事、经典服务案例、典型合规案例、典型创新案例等，进一步丰富学习培训内容，提高学习培训效果。二是制作文化学习教育视频片或小电影。通过影视学习更加直观、生动，可将案例故事、影视动态、配音解说和三维动画融于一体，从而更加鲜活、翔实、丰富地展示本单位历史文化、价值理念、经营特色和品牌形象等，把文化学习教育影视片作为各类培训班的"教材"，进一步促进企业价值理念"内化于心"和"外化于行"。

3. 多渠道开展企业价值理念学习教育

近年来，随着移动互联网、人工智能、大数据等广泛应用，金融系统各个机构的学习培训，多将现场学习培训与网络学习教育有机结合，企业文化学习培训也不例外，充分利用各种渠道，尤其是新媒体的灵活运用，显著增强了学习的时效性、趣味性和有效性。

（1）多渠道开展现场培训教育。某国有银行构建了境内外区域校区、专业校区以及各一级分行培训中心为基地的文化培训网络，定期举办企业文化专题培训班。同时，利用机关大讲堂、道德讲堂、员工故事会、外聘专家讲课等形式，加大企业文化培训教育力度，实现多层面、多形式全面覆盖基层员工。

（2）创新开展网络学习教育。网络学习是随着计算机网络兴起的新型学习方式，具有省时、灵活、分散化、有趣味等特点，是对现场培训教育方式的有效补充。一是设计制作丰富的网络多媒体课程。借助网络学习平台，让全体员工能方便快捷地获取企业文化网络学习资源，做到想学就学、即来即学。二是不断创新网络学习教育方式。实现传统现场授课、面对面交流研讨等学习方式与"互联网＋"新培训方式有效融合，互为助益，调动员工学习积极性，进一步提升学习培训效果。三是利用新媒体开展网络文化培训。充分运用微信公众号、官方抖音、微信群等新媒体平台，创造出让广大员工感兴趣、想了解的文化产品和内容形式，让员工通过碎片化时间随时随地进行学习。

（3）加强企业文化讲师队伍建设。企业文化管理的理论性和实践性都很强，需要建立一支高素质的讲师队伍，确保基层员工教育培训的质量和效果。基层机构专门从事企业文化工作的人员少、专业水平有限，根据这个实际情况，可以创新思路和方法，在与总部沟通协调下，由多家基层机构精选各条线的业务骨干，建立不同层级、不同条线的文化讲师队伍，由总部统一培训后上岗，担当各个基层机构员工培训的讲师。同时，充分利用行内外资源，让讲师们参加专题研讨班、文化建设论坛、现场经验交流会等形式，开展学习交流，进一步强化文化讲师对文化管理和文化建设的认知理解和心灵感悟，从而提升授课水平。

（三）策划组织开展各类文化实践活动

所谓主题文化实践活动，就是能够体现企业价值理念引领、激励和推动业务发展的各类实践活动，它是企业文化传播、融合、落地的重要载体。这类活动包括以下几种形式。

1. 主题文化实践活动

这是一项结合业务经营、常做常新、深受广大基层员工欢迎的文化活动，很有感召力和生命力。这项活动的核心是"转化"，关键在于"实践"，主题就是"价值理念"与"业务经营"一体化，通过实践将价值理念转化为生产力。因此，组织策划这项活动必须做到"四贴近"，即贴近业务、贴近基层、贴近员工、贴近客户，以文化活动感染员工、教育员工、激励员工，增强员工的文化认同感和自豪感。例如：某金融机构开展"抓服务、讲合规、促发展"主题文化实践活动，创新活动形式，突出多样性和趣味性，动作组合设计包括专题论坛、主题演讲、服务案例分享、与客户互动、讲合规故事、劳动竞赛等，营造了团结和谐、积极进取、创先争优的文化氛围。

2. 开展专项文化建设

专项文化建设是金融系统基层文化建设的重要组成部分，由职能业务管理部门承担主体责任，将企业服务理念、风险理念、合规理念、创新理念、责任理念、廉洁理念、人本理念等走下"台阶"，与具体操作岗位结合，使"理念"可定位、具体化、能操作、可考核。将"服务理念"转化为所有服务岗位人员的自觉行动，不同时间、不同地点、不同人员做某一项业务服务，都能做到态度一样、操作流程一样、效率一样、质量一样、客户满意度一样，那么"服务文化"就真正地培育起来了。"风险文化""合规文化"与"服务文化"同理，以此类推。由于基层员工客户营销、风险合规、业务学习、业绩考核等工作压力很大，工作强度也很大，因此开展专项文化建设，内容、形式和方式方法的不断丰富、发展和创新非常重要，尽可能多一些正向激励、表扬和赞赏，少一些管、卡、压，让基层员工累并快乐着，使专项文化建设成为员工乐在其中的美感性体验。

3.企业文化管理现场交流活动

这项活动的积极作用是基层机构之间交流成功经验和亮点做法，相互学习、相互促进，共同提高。前期策划好活动方案很关键，直接决定了活动的质量和效果。主题是企业文化管理，即企业价值观管理；现场会地点最好选在获得过全国级或省级"文明单位"或"企业文化建设示范单位"的机构，会场要设置展示台，展示各参会单位的"文化成果"，包括出版物、光盘、视频等，便于相互了解、相互学习；参会人员要求是各基层机构的"一把手"，重点发言人要按要求提前准备好发言稿。除了集中研讨发言，重点是现场实地考察、交流。承办交流会的机构要做好充分准备，要从客户服务、合规内控、产品创新、人本管理、成本管理等工作中提炼出一个或两个方面的成功经验，通过视频生动地展示出来，为下一步各参会单位实施"标杆管理"、复制推广成功经验与做法打下基础。

4.对成功经验做法实施"标杆管理"

标杆管理也称基准管理，或对标管理，产生于20世纪70年代末80年代初，在美国学习日本的过程中，施乐公司首开标杆管理的先河。施乐公司将其定义为"一个将产品、服务和实践与最强大的竞争对手或行业领导者相比较的持续流程"。后来，很多企业运用这一科学管理工具，不断优化管理流程，降低生产与管理成本，提高生产与管理效率。标杆管理具有一套严密的、受控的方法和程序。这已成为企业改进管理、质量控制、流程再造和变革推动的首要步骤。它与企业再造、战略联盟一起并称为20世纪90年代的三大管理方法。标杆管理分为四个类型：一是内部标杆管理——以企业内部操作为基准的标杆管理；二是竞争标杆管理——以竞争对象为基准的标杆管理；三是职能标杆管理——以行业领先者或某些企业的优秀职能操作为基准的标杆管理;四是流程标杆管理——以最佳工作流程为基准的标杆管理。标杆管理的步骤包括:(1)计划,确认对哪个流程进行标杆管理,确定用于作比较的公司,明确收集资料的方法并收集资料。(2)分析,确定自己目前的做法与最好的做法之间的绩效差异,拟定未来的绩效水平。(3)整合,就标杆管理过程中发现的问题进行讨论确认,明确工作目标。(4)行动,制订行动计划,实施行动并监测进展情况。(5)完成,处于领先地位,全面整合活动资源,重新调整审核校准标杆。例如,建设银行新疆分行2001年开始打造全国金融系统知名的服务品牌"向党工作站",在网点业务转型时期,开始实施"标杆管理",量化"向党工作站"考核标准和指标数据,包括团队管理、业务培训、服务质量、风险合规、各项业务、客户满意度、员工满意度等40多项,在分行范围内进行复制推广。经过多年努力,现已复制出"向党工作站"网点40多个,提高了整体服务质量、合规能力和员工队伍素质,极大地提升了企业声誉和品牌形象。

5. 征集文化故事与讲故事活动

搜集和编辑文化故事是传播、提升和积淀文化的一项重要手段与载体。现实生动活泼的文化故事来自市场、员工和客户,是企业价值理念落地的典型表达和形象展示,也是企业价值理念的具体化、实践化和形象化。中外著名企业的经典文化故事与案例,已成为该企业文化传播的有效载体。例如:海尔"砸冰箱"的故事、"华为冬天"的故事等。这些文化故事与经典案例大都发生在员工身边,真实可信,亲切感人。把这些感人故事收集起来,采用网上连载、系列丛书或活页的形式,持续编辑、广泛传播下去,日积月累,就会对员工职业道德理想和良好行为习惯养成起到潜移默化的熏陶作用,不断提升企业文化的内在凝聚力和约束力。

6. 青年主题征文与演讲活动

主题征文的形式要灵活多样,诗歌、散文、戏剧、记叙文、议论文等均可。主题演讲要创新表现形式，除了单人演讲，还可以双人演讲、多人演讲；可用普通话，也可用当地方言，如粤语、闽语、吴语、客家话等，还可配背景音乐，以增加情境感、亲切感和感染力。整个主题系列活动结束后，按照活动预案，运用传统媒体和新媒体，做好立体化宣传，以系列文化实践活动为载体传播企业价值理念，对内对外展示企业形象。

7.组织员工参与社会公益活动

组织广大员工积极参与社会公益活动，强化员工的社会责任意识，助力自觉践行企业价值理念。要把主题实践活动与抗震救灾、捐资助学、公益捐赠等紧密结合起来，通过媒体宣传，讲好企业感动故事，提升企业社会影响力。此外，积极践行"以客户为中心"的经营理念，用企业文化搭台，积极策划开展银企联谊、军民共建、社区服务、反金融诈骗宣传等文化活动，为客户提供情感交流、信息沟通的平台，进一步满足客户心理需求、情感需求和文化需求，增强全员的服务意识和社会责任意识，提高员工职业素养。

8.组织开展员工"文体美"文化活动

将文化实践与员工"文体美"活动有机结合起来，寓教于乐、寓乐于教。通过鼓励员工成立文化艺术社团等，组织开展舞蹈、歌唱、绘画等丰富多彩的活动，给员工展示才艺、展现自我的舞台和空间，加深员工对公司文化的理解和感受，增强归属感和自豪感。

（四）严格落实规章制度和考核奖惩机制

没有考核就没有管理。金融机构总部统一制定公司章程、员工道德行为规范、岗位准则、合规守则、廉洁从业规定及业务操作规程、标准和日常管理规范。基层机构的主要职责是严格执行这些规章制度、流程标准，落实工作机制。如何做到严格执行和落实，要讲究工作方式方法，更要创新思路、模式和工具。

员工是否遵守各项规章制度，可分为两种情况：一种是自觉遵守、愿意做。这些员工的道德人格形成了自我约束机制，有荣辱感、羞辱心；知道什么是应该做的，做了心安理得；什么是不应该做的，做了自感耻辱，问心有愧。这种人属于高素质员工。另一种是不得不遵守、被迫做。这些员工内心不想遵守这些规矩，但是因为怕受到惩罚而不得不约束自我。这种人属于被制度"刚性"约束者，是趋利避害的"理性人"。他们是这样盘算的，如果我违规的成本大于我的收益，就不得不遵守制度规定；如果我违规的收益大于成本，便不惜违纪违规，甚至违法犯罪。因此，对这部分人，要作为"硬约束"的重点，日常工作中就要严格教育、严格监督、严格考核；定期轮岗，定期谈心，细化监督。大量基层人员违法犯罪的案例警示我们，抓住关键岗位、关键人员、关键环节是有效防范道德风险和操作风险的有效方法和有力手段。

此外，对于总部制定的考核奖惩机制，基层机构可根据实际情况，着眼于最大限度地激励员工的积极性和创造性，适当做一些调整、补充和细化，避免赏罚不公或存在漏洞。同时，考核指标权重的设置，应多向业务经营的前沿一线倾斜，让实干拼命干的员工满意是衡量一个企业考核奖惩机制是否科学合理的重要标准。

（五）健全和加强企业文化传播系统管理

金融系统基层机构企业文化传播系统分为正式与非正式两个系统，其中"正式传播系统"又分为"实体场景类"和"非实体场景类"。

"实体场景类"主要包括：内部刊物、企业网站、企业公众号、文化橱窗、文化长廊、宣传栏、荣誉室、职工之家、行史馆等渠道载体；各类工作会议、党委（党组）理论学习中心组学习、企业文化培训班、文化论坛、主题实践活动、主题征文及演讲、知识竞赛、劳动竞赛、文体活动等活动载体；企业年报、社会责任报告、员工手册、文化手册、文化故事、产品宣传册、企业史专题片、产品宣传片、英模人物宣传片等文字音像载体。

"非实体场景类"主要包括：组织权力运行系统、制度公文运行系统、财务会计管理系统、员工学习教育培训系统、审计监察运行系统、企业形象识别系统、对外信息发布及媒体公关系统等，这些都是传播企业价值理念的重要渠道、机制和载体。因此，要制定并严格执行操作、维护及管理标准，强化岗位人员政治素质和业务能力培训，提高保密意识和安全意识。

同时，也要健全完善"非正式传播系统"管理，主要包括：员工工作微信群、员工私人微信群、QQ社区与博客社区、抖音自媒体等。非正式传播系统具有非规范性、散在性和随意性，但传播快、覆盖广、影响大，在一定范围内，若出现与企业价值理念相冲突或相排斥的信息，要及时引导、整改和规范。

三、金融系统基层文化建设的特点与规律

（一）坚持党建引领基层文化建设

这是中国特色金融文化的显著标志。加强党建引领下的企业文化建设，是国有企业包括金融企业文化建设的指导方针。党建工作与企业治理、企业文化建设的工作目标是一致的，功能是互补的。将党风廉政建设与风险合规文化相结合，更好地服务国家战略和实体经济建设，相得益彰。

（二）坚持"以人民为中心"的价值取向

这是中国特色金融文化的人民性要求，是金融机构及其从业人员追求的价值目标。金融基层员工身处社会大众和企业客户之中，最了解基层情

况，最了解普通大众和企业客户的金融服务需求，服务和满足他们的需求，帮助他们实现对美好生活的期待和向往，就是践行"以人民为中心"的具体体现，也是金融系统基层文化建设的重要内涵。

（三）坚持服务实体经济

这是中国特色金融文化的初心使命。金融企业脱离实体经济就是无源之水、无本之木。金融企业应胸怀"国之大者"，积极响应国家经济结构调整、转型升级、高质量发展的要求，主动服务实体经济，发挥产业与金融的桥梁作用，力避脱实向虚和金融自由主义，严格金融监管。金融基层机构要着力培育服务文化，不断创新服务产品、优化服务流程、改进服务机制，以优质高效的服务意识和服务水平践行中国金融的初心使命，丰富和发展中国特色金融文化内涵。

（四）着力培育合规文化

这是中国特色金融文化的"压舱石"。诚信合规经营是金融企业行稳致远的立身之本，优秀的合规管理能力既是金融行业的本质特点，也是金融企业发展的内在要求，更是打造竞争优势的重要基础。金融基层机构应大力培育合规文化，严格执行规章制度和业务操作标准规程，有效防范和化解各类风险，金融企业的合规文化建设，不仅要进一步强化道德操守教育和制度机制约束，而且要实行穿透管理，形成"全面、全员、全过程、全覆盖"的合规风险管理体系，形成有理念、有标准、有制度、有监督、有考核、有惩处、有反馈的合规文化管理体系。

加强金融系统网络思想政治工作

张　丛[*]

当前，互联网已经成为意识形态斗争的主阵地、主战场、最前沿，成为我们党加强和改进思想政治工作的重要阵地和关键领域。加强网络思想政治工作，是顺应信息时代发展潮流、深化金融系统思想政治工作的必然要求，是壮大网上主流思想舆论、把握意识形态工作主导权主动权，防范金融领域发生重大风险和道德风险、维护国家金融安全的迫切需要。

思想政治工作过不了网络关，就过不了时代关，过不了安全关。要充分认识网络思想政治工作的重要性和必要性，主动将互联网信息技术与思想政治工作传统优势相结合，与群众工作优势相结合，使思想政治工作由平面向立体、由静止向动态、由单一向多元转变，增强思想政治工作的感染力和实效性，为锻造忠诚干净担当的高素质专业化金融人才队伍、更好服务国家金融安全和金融强国建设发挥积极作用。

一、金融系统加强网络思想政治工作的必要性

（一）拓展思想政治工作新空间的时代课题

据中国互联网络信息中心发布的第 53 次《中国互联网络发展状况统

---

[*]　张丛，中宣部宣传舆情研究中心党委委员、"学习强国"学习平台有限责任公司副总经理。

计报告》显示，截至 2023 年 12 月，我国网民规模达 10.92 亿人，互联网普及率达 77.5%。网民规模为全球第一，互联网发展水平居全球第二。我国互联网发展成就瞩目，互联网已经融入社会生活的各方面。随着以人工智能、大数据、云计算、元宇宙等为代表的数字技术加速发展，网络空间和现实空间相互嵌入、相互影响越来越深刻。

在无时不网、无处不网的时代背景下，推进互联网与金融在深度融合中健康发展成为金融系统未来工作的主要方向。"互联网＋金融"催生各种新型服务业态和场景，对金融企业、基层干部员工提出适应数字化工作的新要求。越来越多的金融企业鼓励基层干部员工通过互联网进行日常业务交流、开展理论学习和业务培训。同时，在金融系统中，传统媒介的使用频次和影响力大不如从前，网络空间的开放性、便捷性以及丰富的资讯内容和多元的形式，吸引了不少基层干部员工将其作为信息获取和发布的主要渠道、满足精神文化生活需求的重要载体。

人在哪儿，思想政治工作就要跟在哪儿。干部员工上了网，金融系统思想政治工作就要主动拥抱互联网。习近平总书记强调："要顺势而为、因势利导，研究把握信息网络时代政治工作的特点和规律，用好用活网络平台，占领网络舆论阵地，推动政治工作传统优势与信息技术高度融合，增强政治工作主动性和实效性。"[1] 实践证明，依托互联网思维、先进数字技术，网络思想政治工作能及时关注到基层干部员工学习生活需求。以视频、音频、图片为载体，党的思想理论、政策解读以及企业改革发展部署转化为基层干部员工喜闻乐见的互联网产品，更能吸引干部员工，激发共鸣、形成共识。因此，加强网络思想政治工作已经成为金融系统思想政治工作顺应时代发展的必然选择。

---

[1] 中共中央党史和文献研究院编：《习近平关于网络强国论述摘编》，中央文献出版社 2021 年版，第 54 页。

（二）搭建干部员工学习交流新平台的迫切需要

在转变发展方式、优化经济结构、新旧动能转换的关键时期，金融改革也步入"深水区"，面临市场竞争加剧、企业体制机制发生变化、新金融业态与传统企业管理模式相碰撞以及干部员工收入压力加大等实际问题。在互联网多元化思想的冲击下，干部员工思想观念日趋复杂化，利益诉求越发个性化、差异化，思想迷茫、前途不明、职业倦怠等负面情绪容易滋生；在物质浪潮的冲击下、价值多元的诱惑中，少数金融干部出现了理想信念防线松动等问题。越是在改革深化、发展提质增效的情况下，越要强化交流、问计群众，以思想碰撞筑牢理想信念之基，凝聚高质量发展共识。

强化金融系统网络思想政治工作，就是要充分运用信息化手段，发挥互联网扁平化、交互式、快捷性的优势，搭建权威高效的理论学习、思想交流平台，感知干部员工思想动态、畅通沟通渠道、辅助经营决策，不断提升广大干部员工的获得感、幸福感、安全感，夯实金融高质量发展的基础。

有效解决基层金融企业思想政治教育资源不足、力量薄弱、人员分散等现实问题。网络平台互联互通和新媒体创新传播，打破了时间和空间限制，让优质思想政治教育内容能够及时传递到各地各级金融企业和组织，信息开放、资源互通、好课共享，满足不同区域、不同金融机构和组织中干部员工开阔眼界、学习理论和提升业务的需要；适应金融系统条线多、业务分散等具体情况，网络思想政治教育内容 24 小时全天候供给，支持音视频图文学习资料实时下载，能够随时随地开展思想政治教育，有效提升思想政治教育的覆盖面和灵活性。

打破传统"集中灌输式"教育模式，网络思想政治工作较强的互动性将解决思想问题与解决实际问题深度结合。微信、微博以及论坛、直播等多元网络思想政治工作载体，将分散在全国各地的金融系统基层干部员工聚集在"云端",与企业、组织开展平等对话,与同行进行思想交流。"人人都有麦克风""人人都是新闻发言人",基层干部员工在网络平台中表达诉求、发表观点、解疑释惑;通过大数据分析留言、学习记录等,能及时关注干部员工的思想状况,有针对性地开展思想引导,帮助干部员工增强防止和抵御各种腐朽思想和错误思潮干扰的能力;扁平化的网络沟通模式,鼓励企业干部员工积极参与业务工作优化、完善制度管理,找到"最大公约数",集中解决共性问题,提升网络思想政治工作组织群众、宣传群众、引导群众、服务群众的能力和水平。

(三)主动占领舆论引导新阵地的必然要求

金融是国民经济的血脉,是国家核心竞争力的重要组成部分。金融系统承担服务社会经济活动以及促进经济发展的重任,金融行业始终走在改革与发展的前沿,金融行业及其从业者一直以来都是社会关注的焦点,也是网络舆论的热点,提升金融行业干部员工网络素养、强化金融企业网络舆情处置能力,是网络时代金融系统思想政治工作的必然要求。

把握正向引导主动权,在规范互联网金融信息有序发布上积极作为。"我们要主动发声,让人家了解我们希望人家了解的东西,让正确的声音先入为主。"[①]加强网络思想政治工作,就是要坚持政治引领,围绕中心任务,主动推出宣扬主流意识形态、讲述金融高质量发展的互联网文化产品,用音视频、直播互动等新媒体方式讲好企业发展的故事、宣传好行业改革成就、做好先进典型宣传和反面案例警示等,教育引导基层干部员工知敬畏、存戒惧、守底线,掌握网络舆论引导的主动权。

积极回应社会关切,用事实讲思想凝聚网络共识。当前金融领域各种

---

① 中共中央党史和文献研究院编:《习近平关于总体国家安全观论述摘编》,中央文献出版社 2018 年版,第 116 页。

矛盾和问题相互交织、相互影响，有的还很突出，网络上涉金融领域的信息真假难辨，一度引发公众对金融系统和从业者的误解，影响基层干部员工的思想和行为，不利于健康金融文化氛围的形成。加强网络思想政治工作，就是要引导干部员工及时发现、识别网络舆情，并通过信息公开、答疑解惑等理直气壮地进行正面回应，捍卫干部员工和企业的网络权益，夯实职业发展信心，打造健康和谐网络金融文化。

二、提升网络思想政治工作实效性的有效路径

（一）坚持守正创新，强化网络思想政治工作的育人功能

始终将铸魂固本、立德树人作为根本任务。网络思想政治工作，是将传统思想政治教育主阵地拓展到互联网，依托互联网特质为思想政治工作增值提效，思想政治工作立德树人的根本任务和本质属性没有改变。

金融系统加强网络思想政治工作就是要用好以互联网为代表的信息技术，强化用习近平新时代中国特色社会主义思想铸魂育人，引导广大金融系统干部员工深刻领悟"两个确立"的决定性意义，不断增强"四个意识"、坚定"四个自信"、做到"两个维护"，坚定不移贯彻党中央重大决策部署，积极贯彻新发展理念，自觉在思想上政治上行动上同党中央保持高度一致，为金融强国建设作出积极贡献。

坚持以人为本，强化互联网用户思维，创新金融系统思想政治教育内容和形式，加强思想引领、组织引领、行动引领。在内容选择上，更加聚焦金融企业、基层干部员工学习、工作、生活实际需求；在形式表达上，多讲网言网语，少讲官话套话，多互动，少灌输，用干部员工喜欢的语言和接受的方式，把基本原理变成生动道理，把生动道理变成干部员工行动的指南；在机制保障上，注重网络思想政治教育评价、反馈，确保各项工作落地见效。

（二）推进网上内容建设，夯实网络思想政治工作基础

2021 年 7 月，中共中央、国务院印发的《关于新时代加强和改进思想政治工作的意见》提出，加强网络思想政治工作，深入实施网络内容建设工程，加强网络传播能力建设。金融系统强化网络思想政治工作要始终坚持"内容为王"，将高质量推进网上内容建设作为工作的基础和抓手，以内容建设强化正能量宣传，以内容优势赢得发展优势。

1. 与党的创新理论武装同步推进

围绕深刻理解把握习近平新时代中国特色社会主义思想和习近平总书记对金融行业重要指示批示精神的丰富内涵、精髓要义和实践要求，文图音视融合发力，搭建网络资料库、理论数据库，集纳原文原著、权威解读、创新探索；组织专项教育和网络学习讨论活动；联合各级媒体和行业网站，开展全行业网络主题宣传活动和企业员工网络宣讲活动，在提升金融企业内部优质内容供给的同时广泛凝聚共识。

2. 与中国特色金融文化培育相结合

组织开展金融系统社会主义核心价值观网上主题宣传和员工活动；讲好中华优秀传统文化、革命文化和社会主义先进文化赋能新时代金融的故事，用好新媒体手段，把"铁算盘、铁账本、铁规章"历史传承、"一诺千金""先义而后利者荣，先利而后义者辱"的金融文化基因生动鲜活地展示出来，激发行业共识，为培育中国特色社会主义金融文化贡献力量。

3. 与行业发展形势使命教育相结合

习近平总书记强调，新时代新征程上，思想政治课要"以中国特色社会主义取得的举世瞩目成就为内容支撑"[1]。落实在金融系统推进网络内容建设上，就是要用好新媒体技术，浓墨重彩地讲好中国金融发展成就，特

---

[1] 《不断开创新时代思政教育新局面　努力培养更多让党放心爱国奉献担当民族复兴重任的时代新人》，《人民日报》2024 年 5 月 12 日。

别是结合本系统本企业讲好创业史、建设史和改革史，搭建网上企业博物馆等；依托网络资源，讲清楚国内外大势、行业发展趋势和金融高质量发展形势，守住守稳意识形态主阵地；开设网上形势教育专栏，追踪重大项目进展，组织网络讲座、专题培训、政策解读、在线研讨等做好企业发展规划解读，引导干部员工支持参与企业深化改革，助力提升企业高质量发展。

4. 与行业先进典型培树宣传相结合

发挥先进典型模范作用，构建本行业本企业网上"劳动模范""金融工匠""两优一先""青年岗位能手"先进典型数据库，运用新媒体手段，反复讲述先进人物的事迹；以网上宣讲会、网络"劳模（工匠）工作室"等，引导先进典型与干部员工面对面讲心声、解疑惑，用身边人、身边事，壮大见贤思齐正能量。

5. 与企业品牌建设相结合

金融企业要善于在互联网上讲述中国金融的品牌故事，讲述企业的品牌故事，展示品牌培育发展成果。通过行业微纪录片、企业微宣传片，展示企业创新发展历程和践行社会责任实践，小切口反映中国金融为国为民担当；推出企业干部员工网上正能量故事汇，上线内容丰富的新媒体产品，培育企业正向网络形象，掌握网络舆论主动权。

（三）建立全媒全员矩阵，拓宽网络思想政治工作阵地

金融系统思想政治工作要进军网上、深入网上，不断推进资源数字化、平台网络化、手段智能化建设，在金融系统信息网络建设中全面融入思政元素，将网络思想政治工作与日常业务工作相融合，打通网络思想政治工作的"最后一公里"。

1. 激活企业自有网络渠道

推进金融系统"智慧党建"平台建设，开展网络思想政治专项教育；

依托企业内部电视、OA 系统、电子看板、内部论坛以及各类微信群、QQ 群等多种信息交流载体组建"交流园地""内部论坛""领导信箱""在线播放""职工感言""匿名留言区"等群众化的理论传播互动空间，开展思想政治学习和交流，让干部员工能说话，敢说话；在金融企业视频号、微信公众号、官方网站开设思想政治工作专栏，全方位、多层次精准推送党的最新理论成果，引介优质理论学习资源，定期推出企业先进典型访谈、事迹故事，开展网络征文活动，鼓励干部员工撰写"微理论"文章，组织线上互动游戏，引导干部员工沉浸式参与思想政治教育。

2. 用好权威网络宣教平台

善用"学习强国"学习平台、中国金融思想战线网等网络平台，持续发挥"青年大学习""关键小事"等全国性品牌活动阵地优势，不断丰富金融企业思想政治教育资源和渠道。依托"学习强国"平台搭建的组织架构，构建覆盖全员、互联互动、直通基层的思政教育矩阵，开展跨区域、有组织的学习教育活动，跟踪学习进度、反馈教育成效等，提升网络思想政治工作的实效性。

3. 探索社会化"网络大思政课"模式

专兼结合、内外协同，积极探索建立全员参与、全员育人的金融系统"网络大思政课"模式，充分调动社会资源，助力网络思想政治工作落到实处。

一方面，在金融系统内部建立"专兼结合"的网络思想政治工作队伍。网络思想政治工作纳入企业党建、文化建设工作体系，培养专职人才，着力建设一支政治强、情怀深、思维新、视野广、自律严、人格正的企业网络思政工作者队伍；加强网络技术和传播知识专项培训，网络思想政治工作者应能够在网络环境中以实名或匿名的方式与基层干部员工交流沟通，对干部员工关注的热点问题能够分析答疑等。同时，对于不具备条件设置专职网络思想政治工作队伍的基层企业、机构，应出台相应政策机制，鼓励扶持本系统本单位干部员工、网络志愿者"兼职"企业网络思想政治工作。特别要用好干部员工中的网络高手、网络正能量达人，围绕金融强国建设、企业发展中心任务，推出有情感、有温度和有服务的新媒体作品；引导广大基层干部员工自编、自演，讲身边人、说身边事，提升网络思想政治工作的感染力和参与度。

另一方面，内外协同，与属地高校、思政研究机构以及主题教育基地建立合作机制，共建、联建打造数字思政工作联盟。高校马克思主义学院、思政研究机构在人才、学科、资源方面具有不可替代的优势，而主题教育基地拥有丰富网络宣讲资源和数字教育场景，金融企业、组织与上述机构建立工作协同机制，邀请专家录制理论微课、与企业员工在线交流，与高校慕课系统、主题教育基地网络教育进行数字对接，引智引力有效丰富网络思想政治教育内容和场景，提升权威性和实效性。

（四）发挥青年群体积极性，提升网络思想政治工作的感染力

金融业是服务行业、窗口行业。在基层一线，青年干部员工占了很高的比例，直接面向广大人民群众提供服务。金融青年的精神风貌、行为修养、道德水准，直接影响整个金融行业的服务形象和工作水准。同时，金融系统青年干部员工思维活跃，接受新事物快，具有创新意识和能力；视野宽阔，信息渠道接触广泛，思想多样化、追求自我价值的实现。他们是互联网的原住民，也是互联网多元思想冲击的"易感人群"。抓住了金融青年干部员工，就抓住了金融系统网络思想政治工作的"牛鼻子"。

1.聚焦青年干部员工所思所想所求

网络思想政治工作要重点研究青年干部员工的心理特点、思维特征和急难愁盼，灵活运用青年人习惯的直播、短视频、动漫、Vlog 等融媒体形式，打造更多青年人愿听愿看、爱刷爱赞、共情共鸣的网络思想政治教育产品，提升网络思想政治工作教育引导青年的水平。

2. 与金融企业青年工作融合发展

将网络思想政治工作与青年理论学习提升工程、青年员工职业规划相结合，开展形式多样的网络技能培训，拓宽业务提升空间；组织"青年网络大讲堂""青年学习微宣讲"等品牌活动，破解思想理论困惑，对不了解的情况及时宣介，对模糊认识及时廓清，对怨气怨言及时化解，对错误看法及时引导和纠正。将网络思想政治工作与各级党委、团委、金融青联建设相结合，为促进青年的个人发展多办实事好事，凝聚青年、吸引青年，提升网络思想政治工作服务青年的能力。

3. 激发青年人主动参与的热情

青年干部员工对互联网有天然的好感，熟悉互联网生态，掌握互联网技术。鼓励支持更多金融青年拥抱网络思想政治工作，将自己的所学所想所思主动分享、主动创作、主动发布，让青年讲给青年听，用青年的力量影响感染更多人，更好促进网络思想政治教育在青年干部员工中的传播效果。

（五）结合金融工作实际，推动网络思政教育经常性生活化

习近平总书记强调，"要把思想政治工作作为企业党组织一项经常性、基础性工作来抓"[1]。根据中共中央、国务院印发的《关于新时代加强和改进思想政治工作的意见》要求，金融系统网络思想政治工作要与金融企业生产经营管理活动等相结合，常态化持续性开展。

1. 网络思想政治工作要与金融企业生产经营管理同步规划

一是金融企业网络思想政治工作总体要求应写入企业发展规划章程，将网络思想政治工作作为全面从严治党、从严治企的重要内容，扎实推进。二是与日常业务同步推进，互为依托。明确网络思想政治工作是通过

---

[1] 《习近平谈治国理政》第二卷，外文出版社2017年版，第178页。

教育引导，提升干部员工的政治素质，凝聚干事创业的信心，服务企业高质量发展；同时，依托网络思想政治工作的渠道和平台，可以强化企业、组织与干部员工的联系沟通，疏导员工情绪，推进民主管理和干部员工自我管理，从根本上提升企业管理效能，为生产经营工作顺利推进铺路搭桥。三是围绕中心任务和企业发展规划动态调整。在落实中，思想政治工作需要各企业和行业管理部门对照政策变动，根据行业新动态、新需求及时进行调整。

2.聚焦金融企业发展需要，丰富网络思想政治教育内容

围绕做好科技金融、绿色金融、普惠金融、养老金融、数字金融"五篇大文章"，将网络安全、网络金融风险防控以及廉政文化建设、生产安全等作为网络思想政治教育重要内容，推进干部员工理论素质提升和职业道德培养、职业能力建设等。

3.用好移动互联网手段，开展持续性网络思想政治教育

网络思想政治教育资源应支持持久更新和下载，并与个人智能手机建立数字关联，方便干部员工随时随地查看学习，建立动态学习组织和讨论群，探索积分兑换等多元网络奖励机制，引导干部员工在工作空隙、日常生活中持续开展网络思想政治学习，促进思想政治教育生活化、常态化。

（六）释放数字技术效能，赋能网络思想政治工作创新

1.以数字技术激活网络思政教育内容创新

习近平总书记强调："要运用新媒体新技术使工作活起来，推动思想政治工作传统优势同信息技术高度融合，增强时代感和吸引力。"[1]广泛运用互联网技术激活思想政治教育内容、提升学习积极性。

---

[1] 《习近平谈治国理政》第二卷，外文出版社2017年版，第378页。

实践中，可以充分运用已经普及的网络微视频、直播等新媒体技术，引导企业先进典型在线讲故事、打造思政微网剧、电影思政课等，增强思想政治教育的感染力和趣味性；依托现代化数据存储、传输技术，建立数字化学习平台或内部知识分享平台，推送党的重要文件、学习资源、理论文章以及企业重要宣传内容等，方便干部员工随时学习和思考；技术类金融企业或是与属地融媒集团、主题教育基地联合打造互动网络思政教育场景，将 AR（增强现实）、VR（虚拟现实）、MR（混合现实）、XR（扩展现实）等媒介技术，作为思想政治教育载体，通过历史场景再现、交互体验，营造沉浸式学习场景，强化在场感。互联网技术的广泛应用让网络思想政治教育内容"活"起来，更好地适应了个性化思想政治学习需求，容易调动参与者的情感，激发共鸣。

2. 以数字技术提升网络思想政治教育的精准度

建立大众化分众化推送机制。在数字技术加持下，网络思想政治工作能够有效实现，推进优质内容精准落地。通过人工设置、智能定制关键词，算法推荐技术可以实现个性化推送、排序精选、检索过滤等，为干部员工提供最符合自身需要的思想政治教育优质内容和信息。比如，为机关干部推送提高思想认识讲深讲透的理论宣讲和理论读物、解读文章；为企业员工推送行业发展趋势和职业道德和素质提升内容等。

建立数字思政全过程评价体系，形成企业干部员工的思政教育数字档案。通过网络技术跟踪评估参与网络思想政治学习干部员工情况，能够及时发现网络思想政治教育的实际情况，分析干部员工思想政治教育要素、形式和路径，及时优化调整内容布局和开展有针对性的活动。

三、加强防范管理是网络思想政治工作的关键举措

党的二十大报告指出，要"健全网络综合治理体系，推动形成良好网

络生态"①。习近平总书记强调："金融、能源、电力、通信、交通等领域的关键信息基础设施是经济社会运行的神经中枢，是网络安全的重中之重，也是可能遭到重点攻击的目标。"②金融系统网络思想政治工作，既要重视占领阵地，丰富和完善教育的内容和方式，以主流引导舆论；又要注重巩固阵地，加强平台管理，提升网络预警和防控能力，及时清理管控网上有害信息，有理有利有节开展网上舆论斗争。

（一）加强网络信息筛选、舆情动态跟踪研判

网络信息包罗万象、无所不及。加强网络思想政治工作，首先要善于识别网络信息、研判舆情动态，将优质网络资源作为思想政治教育内容，对负面有害信息进行删除。其次要与企业内部舆情处理部门动态关联，协同打造网络舆情应对机制。发挥网络技术优势，以金融系统曾经重大、典型的舆情作为案例素材，编制智能化的舆情预警体系。一旦发生重大网络舆情，及时发布回应信息，为干部员工解疑释惑、疏导情绪，引导干部员工自觉抵制消极观念，避免负面舆情干扰正常生产生活。

（二）优化网络管理机制，倡导文明办网、依法上网

加强金融系统网络思想政治工作，需要健全平台制度保障，引导金融企业文明办网、文明兴网，干部员工依法上网、文明用网。

规范网络平台使用行为。网络思想政治工作是在网络上开展思想政治教育，网络的开放性既为干部员工拓宽交流空间，也带来无序发言、不礼

---

① 习近平：《高举中国特色社会主义伟大旗帜　为全面建设社会主义现代化国家而团结奋斗——在中国共产党第二十次全国代表大会上的报告》，人民出版社 2022 年版，第44 页。

② 中共中央党史和文献研究院编：《习近平关于总体国家安全观论述摘编》，中央文献出版社 2018 年版，第 174 页。

貌交流等问题。保障网络思想政治工作顺利开展，就需要规范干部员工的用网上网。如推动制度保障：建立留言或者发言时候的规范用语制度、严禁传播不实信息机制，严禁企业员工在外网平台发布涉及企业保密信息制度等；倡导文明用网：积极开展网络文明建设活动，举办各类文明上网倡议活动、制定文明上网公约等形式，强化员工网上责任。

规范网络平台管理行为。提升网络思想政治工作者和企业网络管理者的文明素养，进一步规范网络思政内容生产、信息发布和传播流程，推进企业思政账号和媒体矩阵的动态管理。鼓励金融系统广大干部员工加入网络监督员队伍，健全网络不文明现象和虚假信息投诉举报机制；深度参与网信系统"清朗""净网"系列专项行动，打击网络金融违法犯罪，维护干部员工网络权益。

（三）提升网络技术配置，筑牢企业数据安全"防火墙"

习近平总书记指出："企业要重视数据安全。如果企业在数据保护和安全上出了问题，对自己的信誉也会产生不利影响。"[1]金融行业涉及资金流转与用户资金信息，金融企业网络安全应着重关注。一是确保内部数据安全。按照国家数据安全与发展政策要求，立足行业发展战略，建立针对大数据、云计算、移动互联网、物联网等场景下的安全技术保护体系，明确数据保护策略方法，提升金融系统网络数据安全等级；建立分级网络管理系统，企业用户系统和思想政治工作内部平台应有所区分，指定专门人员加强监控，强化数字生态场景下的各类思政平台数据风险管理，有效保护企业信息安全和网络安全。二是加强个人信息保护。干部员工思想政治学习记录和交流内容应该设置一定的隐私保护机制，不过度收集信息，共

---

[1] 中共中央党史和文献研究院编：《习近平关于总体国家安全观论述摘编》，中央文献出版社 2018 年版，第 176 页。

享和使用相关数据建立相应的机制和技术权限，用技术切实保障信息安全和个人隐私。三是防范处置有害信息。加大对涉及金融系统网络信息的监控，对网络谣言等有害信息及时与网信部门联系加大处置力度。加强技术攻关，增强抵御"黑客"攻击能力，杜绝境外有害网站突破系统内部的规则。

第四篇

构建金融系统思想政治工作大格局

完善金融系统思想政治工作
领导体制和工作机制

廖有明 *

一、中国共产党领导思想政治工作的历史沿革

中国共产党自成立之日起就将宣传思想政治工作摆在重要的地位。1921 年 7 月党的一大通过的《中国共产党纲领》规定，党员人数超过十人的地方委员会应设宣传委员。我们党在新民主主义革命时期的中心任务是通过武装斗争夺取政权，军事斗争是压倒一切的，中国工农红军第四军是最早开展思想政治工作的部队，成为我们党思想政治工作的策源地。

（一）新民主主义革命时期，思想政治工作是人民军队克敌制胜的法宝

1929 年 9 月 28 日，《中共中央给红四军前委的指示信》（即《九月来信》）正确地分析了政治形势，充分肯定了红四军建军两年来的斗争经验和正确做法，明确指出红军中政治部工作及宣传政治理论是红军政治命脉的论断。1929 年 12 月 28—29 日，中国共产党红军第四军第九次代表大会讨论通过《中国共产党红军第四军第九次代表大会决议案》（即《古田会议

---

* 廖有明，中国农村金融杂志社原党委书记、社长，中国金融政研会特约研究员。

决议》），确定了"思想建党、政治建军"的正确方向，是我们党思想政治工作史上的第一篇纲领性文献，标志着我党我军思想政治工作的形成，初步揭示了思想政治工作是红军"生命线"的内容。1932 年 7 月，党中央在《给苏区中央局及苏区闽赣两省委信》中第一次明确提出，政治工作是红军的生命线。1934 年 2 月 7—12 日，红军第一次政治工作会议在江西瑞金召开，总政治部主任王稼祥在开幕词中指出，"大家都明了，政治工作是我们红军的生命线，一切战争如果没有政治工作的保障是不能达到任务的"[1]。周恩来在大会演讲中指出，"政治工作是军队的生命线"[2]。朱德在致辞中强调，"政治工作是红军的生命线"。"如果没有政治工作，没有党和无产阶级的领导，是不会有红军的"[3]。"生命线"是一种比喻，它在于肯定思想政治工作的地位和作用，是我们党对辩证唯物主义和历史唯物主义中物质与精神、军事与政治、经济与政治辩证统一原理的具体运用，是几代共产党人集体智慧的结晶。

抗日战争和解放战争时期，我们党的思想政治工作围绕推翻压在中国人民头上的"三座大山"、建立新中国，进行理想信念教育，宣传党的政策，团结爱国进步力量，化解消极因素，凝心聚力、解疑释惑，形成人民战争的强大合力发挥了巨大的作用。

（二）社会主义革命和建设时期，党的思想政治工作为贯彻党在过渡时期的路线方针提供了精神力量

1955 年毛泽东在中国共产党全国代表会议上要求，"所有的省委书记、市委书记、地委书记以及中央各部门的负责同志，都要奋发努力，在提高马克思列宁主义水平的基础上，使自己成为精通政治工作和经济工作的专

---

[1] 《王稼祥选集》，人民出版社 1989 年版，第 91 页。
[2] 《周恩来军事文选》第二卷，人民出版社 1997 年版，第 110 页。
[3] 《朱德军事文选》，解放军出版社 1997 年版，第 153 页。

家。一方面要搞好政治思想工作，一方面要搞好经济建设"①。同年他在为《中国农村的社会主义高潮》所写的按语中提出了"政治工作是一切经济工作的生命线"②的著名论断，它是毛泽东思想中具有普遍指导意义的核心内容。毛泽东强调，"掌握思想领导是掌握一切领导的第一位"③，他还将正确处理内部人民矛盾作为我国政治生活的主题。这一历史时期我们党的思想政治工作有力有效，全国人民意气风发，焕发出巨大的建设社会主义热情，实现了对农业和资本主义工商业的社会主义改造，在旧中国"一穷二白"的基础上较短时间内建立起独立的、比较完整的工业体系和国民经济体系，能动的精神力量转化为巨大的物质力量。

（三）改革开放和社会主义现代化建设新时期，党的思想政治工作在恢复中加强

1978 年我国进入改革开放新时期后，党中央继承和发展了毛泽东关于思想政治工作的深刻论述，并结合新的时代特征对思想政治工作作出了新的阐述。邓小平在擘画社会主义现代化建设和党的建设新的伟大工程中十分重视思想政治工作，他强调，"我们说改善党的领导，其中最主要的，就是加强思想政治工作"④。1981 年，《关于建国以来党的若干历史问题的决议》强调"思想政治工作是经济工作和其他一切工作的生命线"。2000 年 6 月 28 日，江泽民在中央思想政治工作会议上的讲话中提升了思想政治工作的地位和作用，他指出，"党的思想政治工作，是经济工作和其他一切工作的生命线，是团结全党全国各族人民实现党和国家各项任务的中心环节，是我们党和社会主义国家的重要政治优势。""越是发展经济，越

---

① 《毛泽东文集》第六卷，人民出版社 1999 年版，第 396 页。
② 《毛泽东文集》第六卷，人民出版社 1999 年版，第 449 页。
③ 《毛泽东文集》第二卷，人民出版社 1993 年版，第 435 页。
④ 《邓小平文选》第二卷，人民出版社 1994 年版，第 365 页。

是改革开放，越要重视思想政治工作"。① 对思想政治工作的作用定位从"是一切经济工作生命线"拓展到"是经济工作和其他一切工作""中心环节""重要政治优势"。这个讲话将思想政治工作的地位和作用提高到了新的高度，其必要性和重要性是不言而喻的。胡锦涛进一步突出了思想政治工作的地位，他强调指出，"加强和改进新形势下的思想政治工作是全党的一件大事，是宣传思想工作的重中之重""宣传思想工作部门在加强思想政治工作方面，担负着重要责任"。② 既然是全党的一件大事，必须动员全党特别是领导干部都来做思想政治工作；既然是宣传思想工作部门的重中之重，决定了宣传思想工作部门要将思想政治工作摆在"一号工程"予以推动；既然是宣传思想部门的重要责任，那就要日夜思之怎样才能将工作做得有力有效。

（四）进入新时代，思想政治工作不断改革创新

党的十八大以来，中国特色社会主义进入新时代。以习近平同志为核心的党中央高度重视思想政治工作，习近平总书记指出："加强党的建设，首要任务是加强思想政治建设，关键是教育管理好党员、干部。"③"加强思想政治引领，广泛凝聚共识，广聚天下英才，努力寻求最大公约数、画出最大同心圆，形成海内外全体中华儿女心往一处想、劲往一处使的生动局面，汇聚起实现民族复兴的磅礴力量"④。2021 年 7 月，中共中央、国务院印发了《关于新时代加强和改进思想政治工作的意见》。以习近平新时代中国特色社会主义思想为指导，在毛泽东关于"政治工作是经济工作生命线"论断的基础上，对思想政治工作的地位和作用作出了新概括。该

---

① 《江泽民文选》第三卷，人民出版社 2006 年版，第 74 页。
② 《胡锦涛文选》第一卷，人民出版社 2016 年版，第 392 页。
③ 《习近平谈治国理政》第二卷，外文出版社 2017 年版，第 172 页。
④ 《习近平著作选读》第二卷，人民出版社 2023 年版，第 486 页。

意见指出"思想政治工作是党的优良传统、鲜明特色和突出政治优势，是一切工作的生命线"。由"经济工作生命线"发展到"党的优良传统、鲜明特色和突出政治优势，是一切工作的生命线"，这一新定位为新时代加强和改进思想政治工作提供了根本遵循。

第一，为什么说思想政治工作是我们党的优良传统，这是因为党的思想政治工作伴随党诞生成长、发展壮大的全过程，从来都是党的建设伟大工程的重要方面。第二，我们党是按照马克思主义政党学说建立起来的工人阶级政党，非常重视思想政治建设，始终用党的理论创新成果教育党员干部，这和西方一些国家政党派别林立、相互倾轧，为了赢得大选故意贬低对手等伎俩是完全不同的。第三，为什么说思想政治工作是我们党突出的政治优势。优势是指比对方有利的形势。我们党依靠共同的理想信念组织起来，通过持续的思想政治教育引导广大党员朝着实现自己的最高纲领而接续奋斗。这个政治优势可以转化为党巨大的凝聚力、影响力和感召力。第四，思想政治工作是一切工作的生命线。在过去定位为军事、经济工作的生命线基础上，拓展为一切工作的生命线，标志着我们党对思想政治工作地位和作用的认识达到新的高度，说明了它的基础性、先导性和广泛性，对做好一切工作不可或缺。党中央强调，加强和改进思想政治工作，事关党的前途命运，事关国家长治久安，事关民族凝聚力和向心力。"三个事关"充分揭示了思想政治工作的重要作用。首先，党的前途命运取决于全体党员对共产主义的信念和对马克思主义的信任。通过思想政治教育引导党员树立坚定的理想信念，补足精神之钙，鼓足精气神。党的思想政治建设是党的建设的基础工作，在党的建设中居于统领地位。其次，要确保国家长治久安，必须通过思想政治工作使全体人民有理想、有道德和守纪律。思想政治工作是国家长治久安的防护网，不受时空限制，时时可做，处处可为，起着春风化雨、润物无声的作用。再者，民族凝聚力和向心力取决于人心向背。党和国家发展经济、改善民生的方针政策，需要通过宣传教育等思想政治工作使广大群众知晓和理解，以人民为中心的工作导向是否取得了预期效果，需要老百姓去验证。思想政治工作就是针对不同层次的人群差异化展开，搭起的是党和人民的连心桥、风雨桥，增强的是民族凝聚力和人民的向心力。

二、建立健全思想政治工作领导体制和工作机制

新时代党的思想政治工作的基本任务是巩固马克思主义在意识形态领域的指导地位，巩固全党全国人民共同奋斗的思想政治基础，这是开展思想政治工作的根本所在。只有建立健全思想政治工作领导体制和工作机制，才能有力保障思想政治工作的开展。

（一）建立健全思想政治工作的领导体制

领导体制是指党和国家机关、企事业单位和社会组织为了某项工作所建立的领导组织结构和各种制度体系的总称，包括领导机构设置、领导权力结构、领导方式方法以及领导者的产生方式、职责边界及活动原则等内容。领导体制的核心是领导权力结构和权限的划分。人类社会进入组织共同活动阶段，领导体制就应运而生。如原始氏族部落议事会，它实际上是一种通过自然组合和习惯调节的自然式集体领导体制。随着社会分工的发展，逐渐出现了职业化的领导阶层。正是这种职业化领导阶层的出现，才使得各种积极社会活动都能在一种领导体制下进行，有序顺当。领导体制的日趋完善，催生出了领导学，后者能够为领导体制的发展完善提供理论支撑。领导学研究的范围包括研究领导行为的规律、原则和方法，领导工作的性质和基本职能，领导者应该具备的素质、才能、作风，领导体制的结构、功能以及领导思维、领导心理和领导效率等。

（二）工作机制与领导体制是有机整体

工作机制是指程序、规则的有机联系和有效运转，是一个相辅相成的整体，贯穿于经济社会活动的各个环节。在一个系统中，各元素之间的相互作用的过程和功能也可以理解为一种工作机制。工作机制与领导体制是同一事物的两个方面，推动工作的两个抓手，与领导体制的不同在于工作机制更侧重实际应用环节。

（三）建立领导体制和工作机制的重要性

实现党的十八届三中全会提出的"推进国家治理体系和治理能力现代化"，建立健全领导体制和工作机制是国家治理体系和治理能力现代化的题中应有之义。如果缺乏健全的领导体制，任何经济社会系统的领导活动将是随个人意志进行，谈不上建立在民主科学的基础上，久而久之将变得杂乱无章，甚至朝令夕改和相互掣肘。健全顺畅高效的领导体制能够保障领导活动遵循明确的管理层次、等级序列、指挥链条来进行，从而保证领导活动的高效化、规范化、制度化和非人格化，避免随意性。

如果缺乏周密有效的工作机制，工作纵向和横向上会乱如麻团，甚至相互掣肘，降低工作效率，侵蚀团队力量；如果缺失工作机制，员工的合法权益难以保障，难以根除员工受到不公平待遇；如果缺乏工作机制，难以维护组织内部工作秩序，保持稳定；如果缺乏工作机制，企业文化难以传承，共同认同的价值观和行为准则难以遵循等。综上所述，健全高效充满活力的领导体制和工作机制，大到对一个政党、一个国家，小到对一个机关、一家企业、一个社区都是不可或缺的。

（四）思想政治工作领导体制和工作机制的一致性和特殊性

思想政治工作是我们党的优良传统和政治优势。无论哪个行业、何种部门，领导体制和工作机制都是为完成党的中心任务和该行业该部门的具体任务提供保证。思想政治工作的领导体制和工作机制也不例外，都要为巩固马克思主义在意识形态的指导地位、巩固全党和全国人民团结奋斗的共同思想基础提供保障，这是它的一致性。思想政治工作领导体制和工作机制的特殊性体现在它既是党的思想建设和意识形态工作的组成部分，又是行政管理、企业管理工作的内容，纳入党的宣传教育工作、群众工作和管理工作统筹规划，同题共答、同向发力。

三、金融系统思想政治工作领导体制和工作机制的建立、发展和完善

金融系统思想政治工作历经革命、建设和改革的不同时期日渐成熟。

（一）新民主主义革命时期以革命战争为中心开展思想政治工作

为革命战争筹措资金，党领导人民在革命根据地逐步建立了银行、信用合作社。1926 年 4 月创立的柴山洲特别区第一农民银行是中国共产党领导的第一家银行，该行在章程中将"维护无产阶级、维持生活、扶持生产"作为办行宗旨。1932 年 3 月成立的中华苏维埃国家银行，由毛泽民任行长。井冈山中央革命根据地的银行，从负责人到普通员工"革命理想高于天"，在极端艰难困苦的条件下筹措经费支援革命战争，通过贷款帮助贫苦农民发展生产，抵制高利贷的盘剥。

1932 年 4 月，湘赣省苏维埃政府批准制定《信用合作社章程》。《章程》规定，信用合作社的"社员以工农劳苦群众为限。富农、资本家、商人及其他剥削者不得加入"。上述规定表明，我们党领导的金融工作一开始便将人民性、政治性摆在突出的地位。新民主主义革命时期，因战争筹款和维持人民生计的需要，我们党在革命根据地逐步建立了银行和信用社。我

们党非常重视用无产阶级革命理论教育银行、信用社职工，节省每一个铜板为革命战争服务、为工农大众发展生产和改善生活服务。

（二）社会主义革命和建设时期金融系统的思想政治工作有力有效

新中国的银行保险业是通过接管官僚资本银行保险业和没收帝国主义侵略势力银行保险业，通过实行社会主义改造建立起来的。党组织通过经常性、强有力的思想政治工作，在迎来新生的银行保险业职工紧密团结建设社会主义的旗帜下，通过信贷、储蓄、结算、现金管理和定损理赔等工作，为支持国民经济恢复、稳定物价，争取国家财政经济状况的根本好转发挥了积极作用。信用合作社继承和发扬革命战争时期的优良传统，通过金融服务实现农业社会主义改造、引导广大农民走上社会主义集体化道路发挥了积极的作用，获得了"草根银行""泥腿子银行""汗水银行"等良好的口碑。这一时期的金融系统，干部职工充满了建设社会主义的干劲，尽管物资匮乏，但洋溢着精气神，彰显了思想政治工作的力量。

（三）改革开放和社会主义现代化建设新时期金融系统思想政治工作在恢复中发展

1978 年 12 月，党的十一届三中全会作出了把党和国家工作中心转移到经济建设上来、实行改革开放的历史性决策。邓小平提出了把银行办成真正的银行，发挥银行的经济杠杆作用的重要论断。党中央恢复党的解放思想、实事求是的思想路线，团结一致向前看，向着社会主义现代化建设第一步战略目标迈进。党的理论宣传战线机构得到恢复、队伍得到充实，工作逐步走上正轨。在金融系统各级党组织的领导下，思想政治工作围绕改革开放新的历史时期党和国家的中心工作，以邓小平理论、"三个代表"重要思想和科学发展观为指导，用党的创新理论教育党员和干部职工，坚定对马克思主义的信仰、对党的领导的信心和对中国特色社会主义的信念，凝心聚力，解疑释惑，化解消极因素，积蓄正能量，为金融事业的发展和稳定作出了积极贡献。

（四）新时代金融系统思想政治工作守正创新，面貌一新

以2012年11月党的十八大召开为标志，中国特色社会主义进入新时代。新时代赋予了思想政治工作新内涵新使命。各级党组织在全面从严治党的新形势下努力探索思想政治工作与党的建设，与业务工作相互融合、相互促进的有效途径，对思想政治工作性质有新的定位。新时代思想政治工作在党的全面领导下，继承优良传统，着力改革创新。

四、立足新时代，金融系统构建共同推进思想政治工作大格局的思考

（一）党委统一领导是前提

党政军民学、东西南北中，党是领导一切的。党的全面领导是中国特色社会主义的最本质特征，党是我国最高政治领导力量。

由于货币需要全国统一流通、信贷资金在全国乃至全球统一流动等特点，金融系统实现垂直管理体制，事权主要集中在中央，与此相适应，金融系统党的组织实行系统管理。不论人民银行、金融监管总局等金融宏观调控部门、金融监管机构还是国家开发银行、中国工商银行、中国人民保险集团等中管金融企业，其党委是经党中央批准设立的党组性质党委。党委对本单位、本系统各项工作实行全面领导，这是始终不变也不能改变的。思想政治工作既是党的宣传工作的组成部分，要经常抓、抓经常；又有很强的政治性、时代性和普遍性，要及时抓、抓及时。如果没有党委的统一领导，群龙无首，各吹各的号，各唱各的调，思想政治工作是难以开

展的，即使形式上开展了，也收不到好的成效。在党委统一领导下开展思想政治工作是党建工作的题中应有之义和职责所系。党委发挥把方向、管大局、保落实的领导作用，担负以下职责：①加强对本单位本系统思想政治工作等党的建设和业务工作的领导，学习讨论和研究决定贯彻党中央以及上级党委关于加强和改进思想政治工作决策部署的措施，对党员、干部职工思想动态进行政治引导。②将思想政治工作与业务工作同谋划、同部署、同推进和同考核。③把政治建设摆在首位，教育引导党员、干部职工增强"四个意识"、坚定"四个自信"、做到"两个维护"，提高政治站位，始终在政治立场、政治方向、政治原则和政治道路上同以习近平同志为核心的党中央保持高度一致。④强化理论武装，组织党员、干部职工学习习近平新时代中国特色社会主义思想，引导他们坚定理想信念宗旨，自觉淬炼初心和履行使命。⑤落实意识形态工作责任制，确保本单位本系统业务工作体现意识形态工作要求、维护意识形态安全。⑥建设专兼结合思想政治工作的队伍，配齐配强骨干力量，充实优化专兼职人员，组织志愿服务工作队伍，有计划有步骤地开展思想政治工作岗位全员培训，评定或推荐思想政治工作人员申报专业技术职务，建立评聘制度，培养思想政治工作的行家里手。

金融系统党的基层党组织要认真贯彻党章党规要求，履行思想政治工作的以下责任：①组织党员、干部职工认真学习马克思列宁主义、毛泽东思想、邓小平理论、"三个代表"重要思想、科学发展观和习近平新时代中国特色社会主义思想。②组织党员、干部职工学习党的路线、方针、政策和上级决议，学习科学、文化、法律、信息技术和金融业务知识。③健全党的创新理论教育，对党员进行教育，引导他们坚定理想信念宗旨，推动理想信念宗旨教育常态化制度化以增强党性，提高党员素质。④广泛持久开展中国式现代化和中国梦、爱国主义、集体主义和中国特色社会主义宣传教育，弘扬民族精神和时代精神。⑤进行马克思主义唯物论和无神论教育，加强党史、新中国史、改革开放史、社会主义发展史、社会主义法治和形势政策教育，推动社会主义核心价值观融入金融宏观调控部门、金融监管机构、金融企业经营管理和员工生活。⑥宣传普及金融法律法规和法理常识，开展金融支持实体经济、金融高质量发展、严格依法金融监管和防范化解系统性金融风险宣传教育等。

（二）党委书记和专职副书记（分管委员）的责任

按照党中央关于领导干部"双向进入"的规定，中国人民银行、金融监管总局、中国证监会及外汇管理局党委书记和行长（局长、主席）均由一人担任，中国农业发展银行等中管金融企业党委书记同时任本单位董事长。党委书记是本单位全面从严治党的第一责任人，也是开展思想政治工作的第一责任人。党委书记的基本责任是：①组织党委班子成员认真学习领会和贯彻落实中共中央、国务院印发的《关于新时代加强和改进思想政治工作的意见》、习近平总书记的重要论述和重要指示批示精神，提高班子成员对新时代加强和改进思想政治工作重要性、必要性和紧迫性的认识。②主持研究确定开展思想政治工作的计划，做到与业务工作同研究、同安排、同推进和同考核。③将带头做到"两个维护"作为本单位思想政治工作的首要任务，提出和落实政治机关建设的举措，推进模范机关创建活动。④带头向党员、干部职工开展形势政策教育和对党忠诚教育，引导他们坚定不移跟党走。⑤组织对"时代楷模"、道德模范、最美人物及身边好人的宣传学习活动，引导党员、干部职工见贤思齐，建功金融强国。⑥规划并建设好思想政治工作专兼职队伍，帮助解决专兼职队伍职称申报评聘难、成长空间窄等实际困难等。

党委专职副书记（分管委员）对本单位开展思想政治工作承担直接责任。思想政治工作贵在经常，成在春风化雨，毁于铁石心肠，败于虎头蛇尾，废于装腔作势。党委分管委员要主动作为，协助党委书记超前谋划，靠前组织，对一段时间内开展思想政治工作的具体内容要心中有数，不能搞"平时不烧香，急来抱佛脚"的事情。一般来说，这些委员在机关或金融企事业单位同时担任副行长、副总经理等行政职务，分管多个部门，工作忙多。但应当明确，他们的第一责任是分管党的建设包括思想政治工作。如果不将思想政治工作挂在心上，抓在手上，很容易落入"学文件重要，讲起来必要，忙时可摘要，上级不考核可不要"的陷阱。如果出现这种情况就是失职。党委专职副书记（分管委员）对思想政治工作要上心、入心、费心和贴心，做到理论上真正懂透，嘴头上真能讲明，方法上真独到，工作上真能出点子，确实成为善于领导开展思想政治工作的行家里手和塑造党员、干部职工心灵的优秀工程师。

基层单位党总支书记、支部书记和宣传委员可结合本单位实际，在完成上级统一安排思想政治工作任务的同时，将思想政治工作同强化金融监管、推进"新机构新作风新建树新形象"建设工程、经营管理、人力资源开发、企业精神培育和企业文化建设等工作结合起来，帮助党员、干部职工思想上解惑、精神上解忧、文化上解渴、心理上解压，吟唱同心曲，画出同心圆，为建设金融强国凝心聚力。

党委和党的基层组织负责人要经常关注党员、干部职工通过网络反映的意见建议，对建设性意见要及时吸纳，对反映的困难要及时纾困解难，对不了解真实情况的要及时宣介，对片面和错误的看法要及时引导和纠正，使网络成为新时代联系群众的新桥梁。

（三）宣传部门（企业文化部）组织协调

思想政治工作涉及全体党员、干部职工和所有部门、条线、团队，其推进是系统工程，不是小独奏而是大合唱，不能搞清唱，而要搞彩唱，必须有专责部门强化组织协调。专责部门的任务主要有以下几项：①负责了解收集汇总网上网下党员、干部职工的意见建议特别是对本单位工作的意见建议，向本单位党委和上级宣传部门报告，做到情况明、底数清，当好领导的参谋助手。②就某一时期拟开展的思想政治工作项目、责任单位及配合单位列出清单，报经批准后组织实施。③会同同级工会负责联系和管理所属金融文联、金融作家协会、金融书法家协会等文学艺术团体，引导和鼓励他们用不同的文艺形式、文艺风格弘扬主旋律，提倡多样化，歌颂真善美，鞭挞假恶丑。④广泛经常开展谈话谈心活动，见微知著，将各类矛盾化解在萌芽状态，防止激化，维护单位和谐稳定等。

（四）其他部门分工负责

思想政治工作从根本上说是做人的工作，必须围绕人这个主体来进行。循循善诱的思想政治工作如春风化雨，润物无声；生硬刻板的思想政治工作味同嚼蜡，苍白无力。实践证明，用发生在党员、干部职工身边的人和事来开展思想政治工作，可感可看可学，立体感强，说服力足，作用持久，是开展思想政治工作的有效途径。各单位内设部门和直属机构要紧密联系不同历史时期党员、干部职工思想状况的变化，坚持思想教育与解决实际问题相结合，一般性教育与分众化、个性化教育相结合，长远目标与现阶段任务相结合，使思想政治工作体现时代性、把握规律性、富于创造性。具体来说，要落实好以下任务：①以眼观六路、耳听八方的责任感，全面真实掌握党员、干部职工思想动态，原汁原味地向宣传部门和党委分管负责人报告。②将宣传部门安排的思想政治工作任务落实好、总结好和评估好。③做思想政治工作虽然不能像业务工作那样年初定指标，年终考核，但要通过落实一个一个的项目将虚功做实，变软任务为硬约束。④运用网络了解民意，开展工作是各部门负责人的基本功。网民多数是普通职工，各自经历和诉求不同，表达的观点和想法五花八门也是正常的。要允许他们发表意见尤其是逆耳之言，以从善如流的胸襟看待和处理。开展思想政治工作的有效方法是说服、引导，而颐指气使、强制和压服是要坚决禁止的。⑤鼓励党员、干部职工成为开展思想政治工作的兼职人员并为他们开展工作提供便利。

（五）依靠党员、干部职工共同参与

金融系统广大干部职工既是思想政治工作的对象，是受教育者，同时又是开展思想政治工作的主体，是教育者，我们必须认识和把握这个特点。群众是真正的英雄，要从干部职工特别是基层干部职工的日常工作和生活中发现、归纳和提炼一定时期思想政治工作的主题，有针对性地开展工作，切忌斗大的馒头——无处下口，大而化之。建立干部职工参与思想政治工作的激励机制，引导他们将做思想政治工作当作自己的分内事，平时乐于献计献策；推广党员与群众交朋友、职工之间互结对子，推广新时代"一帮一、一对红"。每当干部群众对党的方针政策、国家法律法规、社会风气、单位经营管理等存有困惑不解时，能够主动出面解疑释惑；当周围同事、朋友心存纠结时，能够总带一张笑脸、常怀一颗善心主动化解。党委宣传部和各职能部门可引导干部职工在自愿参加的基础上开通"相互帮扶群""学习讨论群""探讨争鸣群"等自媒体平台，并推荐思想政治素质好、政治能力强、热心公益、甘于奉献的党员、干部职工担任群主，及时浏览网页，有针对性地发声跟帖，解疑释惑，增信鼓劲，通过网络交流使更多群体团结在党的周围，为金融强国建设贡献力量。

一以贯之抓好金融系统领导干部
思想政治建设

李海翔[*]

领导干部是我们党执政的骨干力量，也是管党治党的组织者、推动者和实践者。加强思想政治建设，必须要抓住领导干部这个"关键少数"。我们党历来高度重视加强领导干部思想政治建设。古田会议决议把加强思想政治建设作为中心内容，要求用无产阶级思想进行党的建设和军队建设。延安整风运动极大地加强了全党思想上政治上的团结和统一。针对夺取全国政权后，党内可能出现的种种消极思想情绪和不良政治倾向，毛泽东在党的七届二中全会上号召全党落实"两个务必"要求。邓小平推动了"实践是检验真理的唯一标准"问题的讨论，号召"全党必须再重新进行一次学习"，为改革开放扫除思想障碍。习近平总书记指出，加强党的建设，首要任务是加强思想政治建设，关键是教育管理好党员、干部[①]，有力地指导和推动了党的思想政治建设新发展。实践表明，我们党团结带领广大人民群众不懈奋斗，完成了党在各个历史时期的各项任务，开辟了伟大道路、创造了伟大事业、取得了伟大成就，加强领导干部思想政治建设是重要保证。新时代新征程，坚定不移走好中国特色金融发展之路、持续

---

[*] 李海翔，全国党建研究会机关专委会秘书长。

[①] 《突出问题导向确保取得实际成效 把全面从严治党落实到每一个支部》，《人民日报》2016 年 4 月 7 日。

推动金融事业高质量发展，必须一以贯之抓好领导干部思想政治建设。

一、新时代抓好领导干部思想政治建设的重要意义

习近平总书记强调，"要解决党内存在的一些突出矛盾和问题，必须把党的思想政治建设摆在首位，营造风清气正的政治生态"[①]。加强领导干部思想政治建设，关系到党的路线方针政策的贯彻落实，关系到改革发展稳定的全局，关系到最广大人民群众根本利益的实现。金融是现代经济的核心，是国民经济的血脉，也是国家核心竞争力的重要组成部分。新时代抓好金融系统领导干部的思想政治建设，对于提高领导干部思想政治水平、更好发挥金融在经济发展和社会生活中的重要作用具有十分重要的意义。

（一）抓好领导干部思想政治建设是提高思想政治素质的必然要求

习近平总书记强调，"必须加强思想政治建设，解决好世界观、人生观、价值观这个'总开关'问题"[②]。良好的思想政治素质是金融系统领导干部必备的重要条件，一名领导干部如果没有良好的思想政治素质，就不能很好地担当起领导责任，完成好领导工作。提高思想政治素质是加强领导干部思想政治建设的重要任务，加强思想政治建设是提高领导干部思想政治素质的基本途径。通过抓好金融系统领导干部思想政治建设，

[①] 中共中央党史和文献研究院编：《十八大以来重要文献选编》下，中央文献出版社2018年版，第408页。

[②] 中共中央文献研究室、中央党的群众路线教育实践活动领导小组办公室编：《习近平关于党的群众路线教育实践活动论述摘编》，党建读物出版社、中央文献出版社2014年版，第40页。

深入学习党的创新理论最新成果，深刻领会习近平新时代中国特色社会主义思想的内涵要义和实践要求，深化对党的路线方针政策和党对金融工作重大决策部署的认识和理解，不断提高思想理论水平；深刻认识党的领导是我国金融发展最大的政治优势、制度优势，加强党中央对金融工作的集中统一领导，是做好金融工作的根本保证，经常对表对标，切实把思想和行动统一到党中央决策部署上来；深刻理解在金融系统没有离开政治的业务，也没有离开业务的政治，坚持旗帜鲜明讲政治，从政治视角看待金融工作、从政治高度做好金融工作，不断增强政治意识和政治能力，做到党中央倡导的坚决响应，党中央决定的坚决执行，党中央禁止的坚决不做。

（二）抓好领导干部思想政治建设是应对各种风险挑战的必然要求

习近平总书记强调，要"增强干部推动高质量发展本领、服务群众本领、防范化解风险本领"，同时要"加强干部斗争精神和斗争本领养成"[①]，着力增强防风险、攻难关、迎挑战、抗打压的能力，不断提高专业化水平，更好胜任领导工作。当前，金融领域面临着复杂的国际国内形势，存在着一系列风险挑战，防范化解金融风险，特别是防止发生系统性金融风险，是金融工作的根本性任务，也是金融工作的永恒主题。通过抓好金融系统领导干部思想政治建设，可以不断提高金融系统领导干部的政治素养、理论水平、专业能力、实践本领，进一步增强忧患意识、保持战略定力、坚定必胜信心，从而在加强金融监管、防范化解金融风险中增强斗争精神和斗争本领，准确识别时与势、危与机、利与弊，做到居安思危、未雨绸缪，在大战大考中经风雨见世面长才干，高质量做好金融领域各项工作，确保

---

① 《习近平著作选读》第一卷，人民出版社 2023 年版，第 54 页。

我国金融安全高效稳健运行，为经济社会持续健康发展创造有利条件。

（三）抓好领导干部思想政治建设是发挥示范带动作用的必然要求

习近平总书记引用典故"人不率则不从，身不先则不信"，告诫领导干部要身先士卒、以身作则，冲在前、干在先。领导干部是"关键少数"，以上率下、正己律人，才能示范带动"绝大多数"。身教是最好的榜样，行动是无声的号令。通过抓好金融系统领导干部思想政治建设，使领导干部成为金融事业发展的顶梁柱、攻坚克难的排头兵、干事创业的带头人、社会道德的示范者，常修为官之德，常怀律己之心，坦坦荡荡为人，规规矩矩办事，成为党员干部和人民群众的表率。同时，充分发挥领导干部示范带头作用，以身作则抓好金融系统思想政治建设，带动党员干部职工坚定理想信念，不忘初心、牢记使命，坚守经济底线、法律底线、道德底线，从而营造风清气正的良好政治生态，形成以上率下、万众一心干事创业的局面，锻造一支政治过硬、能力过硬、作风过硬的高素质专业化金融人才队伍，为不断推动金融事业的稳步发展提供坚强保障。

（四）抓好领导干部思想政治建设是推进金融事业发展的必然要求

中央金融工作会议鲜明提出"加快建设金融强国"的目标，强调推动我国金融高质量发展，为以中国式现代化全面推进强国建设、民族复兴伟业提供有力支撑。加快建设金融强国是新时代新征程金融事业发展的重大目标任务。金融系统是建设金融强国责无旁贷的主力军，必须切实把思想和行动统一到党中央关于金融工作的决策部署上来，深刻把握建设金融强国的精髓要义和实践要求，不断增强使命感、责任感，推动宏伟蓝图一步步变成美好现实。通过抓好金融系统领导干部思想政治建设，坚持党中央对金融工作的集中统一领导，聚焦贯彻落实党中央关于金融工作的重大决策部署和习近平总书记关于金融工作的重要论述、重要指示批示精神，深化对金融本质和规律的认识，建立起传达学习、研究部署、推动落实、检验成效的工作闭环，把贯彻党中央精神体现到谋划重大战略、制定重大政策、部署重大任务、推进重大工作的实践中去，高标准抓好落实，坚定不移走好中国特色金融发展之路，确保金融为经济社会发展提供高质量服务。

二、新时代抓好领导干部思想政治建设的目标要求

党的十八大以来，习近平总书记从党和国家事业发展全局的战略高度，明确提出信念坚定、为民服务、勤政务实、敢于担当、清正廉洁的新时代好干部标准，为新时代加强干部队伍建设提供了根本遵循，同时也为新时代加强领导干部思想政治建设指明了方向、提出了目标要求。金融系统要围绕新时代好干部标准，紧密结合实际，明确目标要求，不断增强领导干部思想政治建设的针对性和实效性。

（一）围绕坚定理想信念、对党绝对忠诚抓好领导干部思想政治建设

习近平总书记在党的二十大报告中指出，要"坚持不懈用新时代中国特色社会主义思想凝心铸魂""加强理想信念教育，引导全党牢记党的宗旨……自觉做共产主义远大理想和中国特色社会主义共同理想的坚定信仰者和忠实实践者"。[①] 抓好金融系统领导干部思想政治建设，要坚持不懈用党的创新理论凝心铸魂，深入学习贯彻习近平新时代中国特色社会主义

---

① 习近平:《高举中国特色社会主义伟大旗帜　为全面建设社会主义现代化国家而团结奋斗——在中国共产党第二十次全国代表大会上的报告》，人民出版社 2022 年版，第 65 页。

思想，持续在以学铸魂、以学增智、以学正风、以学促干上下真功见实效；认真学习贯彻习近平经济思想特别是习近平总书记关于金融工作的重要论述精神，深化对金融发展规律和形势变化的理解把握，切实把学习成效转化为坚定理想、锤炼党性和指导实践、推动工作的强大力量；要坚定理想信念，对党绝对忠诚，深刻领悟"两个确立"的决定性意义，不断增强"四个意识"、坚定"四个自信"、做到"两个维护"，始终在政治立场、政治方向、政治原则、政治道路上同党中央保持高度一致，确保党中央关于金融工作的大政方针和决策部署不折不扣落实到位，切实把党的领导的政治优势、制度优势转化为金融治理效能。

（二）围绕坚持人民至上、站稳人民立场抓好领导干部思想政治建设

习近平总书记在中央金融工作会议上强调，金融工作要"坚持以人民为中心的价值取向""深刻把握金融工作的政治性、人民性"。① 我们党来自人民、植根人民、服务人民，党的根基在人民，血脉在人民，力量在人民，人民是党执政兴国的最大底气。坚持人民至上，是我们党百年奋斗的宝贵历史经验，人民立场是中国共产党的根本政治立场，是马克思主义政党区别于其他政党的显著标志。抓好金融系统领导干部思想政治建设，就要深刻理解金融工作人民性要求，始终牢记中国共产党的根本宗旨是全心全意为人民服务，始终牢记中国共产党领导的金融事业起于人民、兴于人民，根本上是人民的事业；坚持人民至上，站稳人民立场，把坚持以人民为中心的价值取向体现在推动金融高质量发展各个环节，树牢群众观点，实现好、维护好、发展好最广大人民根本利益，始终把实现人民对美好生活的向往作为一切金融工作的出发点和落脚点，不断增强人民群众获得感、

---

① 《中央金融工作会议在北京举行》，《人民日报》2023 年 11 月 1 日。

幸福感、安全感，更好满足经济社会发展和人民群众日益增长的金融需求。

（三）围绕坚持勤政务实、勇于担当作为抓好领导干部思想政治建设

习近平总书记强调，"能否敢于负责、勇于担当，最能看出一个干部的党性和作风"①。勤政务实，党的干部必须勤勉敬业、求真务实、真抓实干、精益求精，创造出经得起实践、人民、历史检验的实绩。敢于担当，党的干部必须坚持原则、认真负责，面对大是大非敢于亮剑，面对矛盾敢于迎难而上，面对危机敢于挺身而出，面对失误敢于承担责任，面对歪风邪气敢于坚决斗争。任何伟大事业都始于梦想成于实干，有多大担当才能干出多大事业，有多大作为才会取得多大成就。所有难题只能在担当实干中破解，一切机遇只能在担当实干中把握，伟大梦想也只能通过担当实干才能实现。抓好金融系统领导干部思想政治建设，必须锤炼担当作为的过硬作风，把求真务实、真抓实干的作风贯彻落实到日常工作中去，发扬奋斗精神，干字当头、奋勇争先、敢于担当、善于作为，才能不负时代重托、不负人民期望，才能诠释对党的忠诚、对人民的赤诚。

（四）围绕严守纪律规矩、保持清正廉洁抓好领导干部思想政治建设

习近平总书记在党的二十大报告中指出，要"坚决打赢反腐败斗争攻坚战持久战。腐败是危害党的生命力和战斗力的最大毒瘤，反腐败是最彻底的自我革命"②。涉案金额巨大，造成的经济损失严重，通常是金融腐败

① 《习近平谈治国理政》第三卷，外文出版社 2020 年版，第 522 页。
② 习近平：《高举中国特色社会主义伟大旗帜　为全面建设社会主义现代化国家而团结奋斗——在中国共产党第二十次全国代表大会上的报告》，人民出版社 2022 年版，第 69 页。

的突出特征。金融腐败会导致金融领域发生一系列连锁反应，严重影响金融安全和市场稳定，可能对金融秩序、经济秩序造成较大的破坏性，威胁国家金融安全和经济安全。抓好金融系统领导干部思想政治建设，要认真开展党纪学习教育，深刻领会加强党的纪律建设的重大意义，不断增强学纪、知纪、明纪、守纪的自觉，切实增强政治定力、纪律定力、道德定力、抵腐定力；要坚持严在平时、管在日常，心存敬畏、不逾底线、不触红线，让纪律规矩真正立起来、严起来；自觉净化社交圈、生活圈、朋友圈，把遵规守纪内化为党员干部的思想自觉和行动自觉，始终保持清正廉洁；领导干部还要认真履行"一岗双责"，切实增强管党治党的责任感使命感，切实做到真管真严、敢管敢严、长管长严。

（五）围绕培养高尚情操、做人公道正派抓好领导干部思想政治建设

习近平总书记指出，"国无德不兴，人无德不立"。"成为好干部，就要不断改造主观世界、加强党性修养、加强品格陶冶"①。高尚的道德情操是领导干部立身做人、立志做事、立德为官必备的基本修养，也是衡量思想境界的重要标尺。中国共产党能够领导革命胜利，原因之一也是崇高的道德修养得到人民群众的认同和拥护。金融系统领导干部肩负建设金融强国、推动金融高质量发展的历史使命，身处经济资源丰富领域，面临着形形色色的诱惑和考验。抓好金融系统领导干部思想政治建设，要带头自觉践行社会主义核心价值观，始终保持高尚的精神追求和健康的生活情趣，明是非、辨善恶、知廉耻；要时刻照镜子、正衣冠，自觉在思想上划出红线、在行为上明确界限，做到心有所畏、言有所戒、行有所止，守住做人、处事、用权、交友的底线；要加强道德修养，不断提高社会公德、职业道德、个人品德和

---

① 《习近平著作选读》第一卷，人民出版社 2023 年版，第 238—239、135 页。

家庭美德，强化自我修炼、自我约束、自我塑造，做到清清白白做人、干干净净做事，永葆共产党人的浩然正气，以高尚的道德情操做示范、树标杆。

三、新时代抓好领导干部思想政治建设的基本原则

习近平总书记强调，"必须深入分析和准确把握规律和特点，使各项工作更好体现时代性、把握规律性、富于创造性"[1]。经过长期的实践探索，我们党对加强领导干部思想政治建设规律和特点的认识得到不断深化，形成了一系列宝贵经验。新时代抓好金融系统领导干部思想政治建设，要深入分析和准确把握这些规律和特点，紧密结合新形势新任务，总结运用好这些宝贵经验，具体来讲要重点把握好以下原则。

（一）坚持自我提高与组织培养相结合

习近平总书记强调："好干部不会自然而然产生。成长为一个好干部，一靠自身努力，二靠组织培养。"[2]这为抓好金融系统领导干部思想政治建设提供了重要遵循。马克思主义认为，事物发展是内因和外因共同作用的结果。自我提高是内因，是加强领导干部思想政治建设的决定性因素；组织培养是外因，是加强领导干部思想政治建设的关键因素。抓好金融系统领导干部思想政治建设，既需要领导干部结合自身实际自我修炼、自我约束、自我塑造，补短板、强弱项，不断改造主观世界、加强党性修养、加强品格陶冶，时刻用党章、用共产党员标准要求自己，时刻自重自省自警自励，固本强基练好"内功"；又要求各级党组织建立健全干部识别选拔、教育培训、引导服务和管理监督等体制机制，营造科学规范、公平有序、

---

[1] 中共中央党史和文献研究院编：《习近平关于全面从严治党论述摘编》，中央文献出版社2021年版，第46页。

[2] 《习近平著作选读》第一卷，人民出版社2023年版，第135页。

系统完备的外部环境，搭建平台和提供机会。通过自我提高与组织培养的结合，有利于根据领导干部的实际情况有目的有计划地进行培养，从而进一步增强组织培养的针对性实效性，也有利于领导干部在组织培养中结合自身实际更好地实现自我提高。

（二）坚持理论教育与实践锻炼相结合

习近平总书记指出："要坚持知行合一，注重在实践中学真知、悟真谛，加强磨练、增长本领。"[1]抓好金融系统领导干部思想政治建设，理论教育是基础，实践锻炼是关键，要发扬理论联系实际的优良作风，切实将理论教育与实践锻炼结合起来，真正做到学以致用，用以促学，学用相长。知是行之始。坚定的理想信念，必须建立在对马克思主义的深刻理解之上，建立在对历史规律的深刻把握之上。理论教育要聚焦党的创新理论，深入学习贯彻习近平新时代中国特色社会主义思想特别是习近平总书记关于金融工作的重要论述和重要指示批示精神，深刻理解贯穿其中的立场观点方法，学出坚定的信仰、强烈的担当，筑牢信仰之基，补足精神之钙，把稳思想之舵。行是知之成。路不险则无以知马之良，任不重则无以知人之德。党员干部的党性修养、政治觉悟、能力素质，最终都要体现在行动上。加强实践锻炼，就是要在建设金融强国的实践中壮筋强骨，培养意志毅力和作风，到吃劲负重岗位上经受摔打，在打硬仗扛重活中练就铁肩膀、锤炼真本领。

（三）坚持集中教育与日常教育相结合

习近平总书记强调，坚持经常性教育和集中性教育相结合，这些都是推进党的自我革命的重要经验。[2]党内集中教育是我们党特有的一种马克

---

[1]　习近平：《论党的青年工作》，中央文献出版社 2022 年版，第 123 页。

[2]　《习近平谈治国理政》第三卷，外文出版社 2020 年版，第 532 页。

思主义教育实践形式，是党加强先进性建设和纯洁性建设的一大法宝。"集中"是全党范围内的集中，是指集中一段时间；"教育"是有组织、有计划、有步骤地进行马克思主义教育。实践证明，党内集中教育都在一定时期和范围内、在不同程度上解决了党内存在的某些突出问题，保证了党的先进性和纯洁性，提高了凝聚力和战斗力，巩固了党的执政基础和执政地位，全面推进了党的建设，收到了良好效果。集中教育与日常教育既紧密联系又各有侧重，二者相辅相成、互为补充。思想政治建设不可能毕其功于一役，要解决日常的党内政治生活中存在的思想问题，恢复发扬党的优良传统和作风，严明党的纪律和规矩，营造良好政治生态，更需要根据党员干部队伍的实际，按照思想政治建设的特点和规律，在经常性教育上下功夫。日常教育不易解决的突出问题，要靠集中教育和扎扎实实的整改来解决；集中教育的成果又要靠日常教育去巩固和深化。抓好金融系统领导干部思想政治建设，必须坚持集中教育与经常性教育相结合，通过集中教育活动统一思想、提高认识、解决突出问题，通过抓好经常性工作巩固和扩大集中教育活动成果。

（四）坚持内在自觉与外在约束相结合

习近平总书记强调，党员、干部要习惯在受监督和约束的环境中工作生活。[①] 内在自觉主要是指在思想觉悟和道德修养等方面严格要求自己，外在约束主要是指用法律、法规、纪律和各种管理制度等监督和管理。领导干部要增强内在自觉，既要把纪律和规矩内化于心，把纪律规矩转化为政治自觉、思想自觉、行动自觉，真正做到学纪知纪明纪守纪，知敬畏、存戒惧、守底线，不断增强自我净化、自我完善、自我革新、自我提高能力；又要把纪律和规矩外化于行，把接受纪律约束变成一种习惯，并

---

① 《习近平著作选读》第二卷，人民出版社 2023 年版，第 54 页。

把习惯升华成一种文明素养，模范遵守党的纪律和国家法律，严格要求自己，自觉接受群众监督。党组织要强化外在约束，坚持全面从严治党、从严管理干部，严肃党的政治纪律和政治规矩，做到真管真严、敢管敢严、长管长严。抓好金融系统领导干部思想政治建设，就要把"自律"和"他律"、内在自觉和外在约束结合起来，努力为推动金融领域各项事业高质量发展营造风清气正的政治生态。

四、新时代抓好领导干部思想政治建设的基本途径

习近平总书记强调，"要不断总结我们党长期以来形成的历史经验和成功做法，并结合新的形势任务和实践要求加以创新"[①]。通过多年的实践探索，我们党形成了一系列行之有效的加强领导干部思想政治建设的措施办法。必须坚持守正创新，紧密结合实际，重点从深化理论教育、严肃党内生活、加强纪律建设、完善制度机制等方面着手，多措并举、常抓不懈，不断推动金融系统领导干部思想政治建设取得新的更大成效。

（一）深化理论教育，运用创新理论武装头脑

习近平总书记强调，"理论上清醒，政治上才能坚定"[②]。抓好金融系统领导干部思想政治建设，必须加强理论教育，坚持把学习贯彻习近平新时代中国特色社会主义思想作为首要政治任务，坚持不懈用党的创新理论统一思想、统一意志、统一行动。要通过党委（党组）理论学习中心组学习、党支部"三会一课"等方式，读原著、学原文、悟原理，把握好这一

---

① 中共中央党史和文献研究院编：《习近平关于依规治党论述摘编》，中央文献出版社 2022 年版，第 88 页。

② 《习近平著作选读》第二卷，人民出版社 2023 年版，第 259 页。

重要思想的世界观和方法论，坚持好、运用好贯穿其中的立场观点方法，深刻领会其中的道理学理哲理，努力做到以学铸魂、以学增智、以学正风、以学促干，更好将理论教育成果转化为推动金融高质量发展的强大动力。要在真学真懂真信真用上持续用力，坚持知行合一、学以致用，围绕金融领域防风险、强监管、促发展、谋改革、抓党建等重点工作，从党的创新理论中找理念、找思路、找方法、找举措，在复杂多变的金融环境中坚持正确的政治方向，保持头脑清醒，准确研判风险，进行科学决策，有效防范和化解金融风险。

（二）严肃党内生活，强化日常教育管理监督

习近平总书记强调："严肃的党内生活，是解决党内自身问题的重要途径。"①抓好金融系统领导干部思想政治建设，要健全和认真落实民主集中制的各项具体制度，促使各级领导干部特别是主要领导干部带头执行民主集中制。教育引导金融系统领导干部在严格的党内生活中锤炼坚强党性，坚定拥护"两个确立"，坚决做到"两个维护"，切实解决好世界观、人生观、价值观这个"总开关"问题，坚定理想信念、牢记党的宗旨，始终在思想上政治上行动上同党中央保持高度一致，始终做到自重、自省、自警、自励。严格落实"三会一课"、组织生活会、领导干部双重组织生活、民主评议党员、谈心谈话等组织生活制度，充分发挥党内政治生活的教育、管理、监督和凝聚作用，用好批评和自我批评思想武器，开展积极健康的思想斗争，通过沟通思想，消除成见，形成共识，增进团结，解决好思想上、工作上、作风上存在的突出问题，切实增强党内政治生活的政治性、时代性、原则性、战斗性。

---

① 中共中央文献研究室编：《十八大以来重要文献选编》上，中央文献出版社2014年版，第352页。

（三）加强纪律建设，自觉严守各项纪律规矩

习近平总书记强调，要"把纪律建设摆在更加突出位置"①，使全党形成遵规守纪的高度自觉。② 纪律是管党治党的"戒尺"，加强纪律建设是全面从严治党的治本之策。抓好金融系统领导干部思想政治建设，必须深刻认识金融系统加强纪律建设的紧迫性和重要性，坚持把纪律和规矩挺在前面，把严的基调、严的措施、严的氛围长期坚持下去。要深入学习贯彻习近平总书记关于党的自我革命的重要思想，以学习贯彻新修订的《中国共产党纪律处分条例》为契机，认真组织开展党纪学习教育，推动纪律教育抓在经常、融入日常。坚持惩前毖后、治病救人的方针，精准运用监督执纪"四种形态"，抓早抓小、防微杜渐。坚持一体推进不敢腐、不能腐、不想腐，既让铁纪"长牙"、发威，又让干部重视、警醒、知止，使铁的纪律转化为领导干部的日常习惯和自觉遵循。做实以案促改、以案促治，常态化做好查办案件的"后半篇文章"，实现查处一案、警示一片、治理一域的综合效应。

（四）完善制度机制，不断提高针对性实效性

习近平总书记强调，制度问题更带有根本性、全局性、稳定性、长期性③；要把制度建设摆在党的建设的重要位置，更多用制度治党、管权、治吏，向制度建设要长效④。抓好金融系统领导干部思想政治建设，要坚持系统观念，坚持问题导向，做好顶层设计和整体谋划，把领导干部思想

---

① 习近平：《在第十八届中央纪律检查委员会第六次全体会议上的讲话》，人民出版社2016年版，第17页。

② 《一刻不停推进全面从严治党　保障党的二十大决策部署贯彻落实》，《人民日报》2023年1月10日。

③ 中共中央党史和文献研究院编：《习近平关于依规治党论述摘编》，中央文献出版社2022年版，第3页。

④ 刘强：《抓好党的组织制度建设》，《求是》2020年第15期。

政治建设列入各级党委（党组）重要议事日程，与党建工作和其他重点工作同研究、同部署，把加强领导干部思想政治建设作为领导班子建设的重要内容，作为全面从严治党的重要举措，作为推动各项中心工作开展的有力保障，定期分析面临的形势和存在的问题，研究制定改进工作的具体措施，切实加强组织领导和具体指导。要围绕加强领导干部思想政治建设的各项工作建立健全相关制度机制，将各项要求细化为具体可行的措施，做到有章可循，有规可依。同时要强化制度执行，全面系统、有步骤有计划地推进各项工作，不断提高科学化规范化制度化水平，切实推动领导干部思想政治建设常态化长效化开展。

一以贯之抓好金融系统领导干部思想政治建设，是一项长期而艰巨的战略任务。要以习近平新时代中国特色社会主义思想为指导，认真贯彻落实习近平总书记关于党的建设的重要思想和关于党的自我革命的重要思想，特别是习近平总书记关于金融工作的重要论述和重要指示批示精神，紧密结合新形势新任务新要求，系统总结党的十八大以来领导干部思想政治建设在理论和实践上的探索成果，创新方式方法，完善体制机制，持续用力，久久为功，努力锻造一支信念过硬、政治过硬、责任过硬、能力过硬、作风过硬的金融系统领导干部队伍，为坚定不移走好中国特色金融发展之路，建设金融强国，以中国式现代化全面推进强国建设、民族复兴伟业作出金融系统应有的贡献。

金融思想政治工作评价考核体系的构建与实施

李萍萍[*]

中共中央印发的《中央党内法规制定工作规划纲要（2023—2027年）》，对制定《中国共产党思想政治工作条例》作出明确部署。党的二十届三中全会通过的《中共中央关于进一步全面深化改革、推进中国式现代化的决定》（以下简称《决定》）再次就思想政治工作提出明确要求，强调要"完善意识形态工作责任制。健全用党的创新理论武装全党、教育人民、指导实践工作体系，完善党委（党组）理论学习中心组学习制度，完善思想政治工作体系"。中共中央、国务院印发的《关于新时代加强和改进思想政治工作的意见》（以下简称《意见》）为建立思想政治工作评价考核体系提供了基本遵循和制度保证。《意见》指出，要建立科学有效的评价考核体系，建立内容全面、指标合理、方法科学的思想政治工作测评体系，将测评结果纳入落实全面从严治党主体责任情况监督检查和巡视巡察内容，纳入党政领导班子、领导干部综合考核评价内容，把"软指标"变为"硬约束"。抓好《决定》和《意见》的贯彻落实，必须聚焦实践实干实效，必须突出考核考实，必须强化考用结合。

---

* 李萍萍，中国金融思想政治工作研究会专职副秘书长。

一、深刻认识建立思想政治工作评价考核体系的重要意义

（一）建立思想政治工作考核评价体系，是适应全面从严治党新形势的必然要求

习近平总书记在 2023 年二十届中央纪委二次全会上强调，"党的建设推进到哪里，全面从严治党体系就要构建到哪里，无论党的政治建设、思想建设、组织建设、作风建设、纪律建设，还是制度建设、反腐败斗争，都要自觉贯彻全面从严治党战略方针"①。全面从严治党，核心是加强党的领导，基础在全面，关键在严，要害在治。《意见》明确要求，"把思想政治工作落实到党的各项建设之中""善于运用思想政治工作和体制制度优势，推动经济社会发展、管理社会事务、服务人民群众，保证党和国家各项事业始终沿着正确方向前进"。思想政治工作作为治党治国的重要方式，必须树好"标准线"，以"严"的标准落实"严"的要求。构建思想政治工作考核评价体系，对于细化思想政治工作目标内容要求，推动思想政治工作不断加强和改进，提高科学化规范化制度化水平具有积极意义。

（二）建立思想政治工作考核评价体系，是贯彻落实《意见》精神的时代要求

《意见》提出新时代加强和改进思想政治工作的总体要求，强调要把思想政治工作作为治党治国的重要方式，明确思想政治教育的具体内容和时代要求，提出思想政治工作应该实施分类指导、坚持守正创新，推动思想政治工作大格局的建设，对新时代思想政治工作进行了系统谋划、作出了战略部署，为思想政治工作提供了顶层设计。思路决定出路，制度决定

---

① 习近平：《健全全面从严治党体系　推动新时代党的建设新的伟大工程向纵深发展》，《求是》2023 年第 12 期。

行为。建立思想政治工作评价考核体系将对金融单位经营发展产生显著影响，对金融业各级干部在思想政治工作领域担当作为、干事创业具有重要导向作用，是推动《意见》贯彻落实的重要举措、关键一步。应着手构建考核指标体系，健全考核评价机制，强化考核结果运用，树立对思想政治工作考核监督与激励约束、问责追责相结合的鲜明导向，不断提升思想政治工作制度化规范化科学化水平。

（三）建立思想政治工作考核评价体系，是加快建设金融强国的实践要求

中央金融工作会议首次提出了加快建设金融强国的宏伟目标。不同于西方国家以资本为中心的金融发展模式，中国金融强国建设服务于实体经济，以人民为中心，最终目标是实现共同富裕。打造一支德才兼备的高素质金融人才队伍是建设金融强国、实现共同富裕的重要保障。确保金融系统各级党政领导班子和领导干部在政治立场、政治方向、政治原则、政治道路上同以习近平同志为核心的党中央保持高度一致，提高金融队伍的纯洁性、专业性和战斗力，离不开驰而不息的政治教育、理论武装和文化塑造。建立健全思想政治工作测评考核体系，有助于科学把握金融业人才队伍思想政治工作的开展情况，与时俱进、精准施策，为行业高质量发展提供人才支撑。

二、科学把握思想政治工作评价考核的主要特征

思想政治工作是一种社会实践活动，以党的基本路线、基本方针为根本遵循，服务于党的中心任务，在特定的历史时期具有特定的工作任务和目标。《中国共产党宣传工作条例》（以下简称《条例》）对思想政治工作的内容作出了方向性的概括，即加强统一思想、凝聚力量的工作，开展党

的基本理论、基本路线、基本方略的宣传教育；加强解疑释惑、化解矛盾的工作，开展形势政策教育和基本国情教育；加强人文关怀和心理疏导，塑造自尊自信、理性平和、亲善友爱的社会心态。《意见》更是深入拓展和丰富了思想政治工作体系。《条例》和《意见》的规定表明，思想政治工作以人为对象，是以理论武装、政治教育、人文关怀和心理疏导为重点内容，以提高个体的思想道德水平、发展社会主义先进文化为目的的社会实践活动。思想政治工作测评就是对工作实效与工作目标差距的评估。

（一）思想政治工作的根本宗旨和根本任务决定了评价考核工作是一个久久为功的持续性过程

习近平总书记在党的十九大报告中强调，"践行全心全意为人民服务的根本宗旨，把党的群众路线贯彻到治国理政全部活动之中，把人民对美好生活的向往作为奋斗目标，依靠人民创造历史伟业"[1]。《意见》要求，思想政治工作要"围绕巩固马克思主义在意识形态领域的指导地位、巩固全党全国人民团结奋斗的共同思想基础这一根本任务"。中国式现代化从蓝图构想到具体实践需要以践行全心全意为人民服务为根本宗旨。作为治党治国的重要方式，思想政治工作也概莫能外，需要围绕我们党的根本宗旨、金融工作的中心任务，不断地做统一思想、凝聚共识、鼓舞斗志、团结奋斗的工作，对思想政治工作的督查和巡察必须久久为功，驰而不息，不断激发干部员工全心全意为人民服务的内生动力。

（二）思想政治工作的职责使命决定了评价考核工作的目标具有不断向前发展的渐进性要求

《意见》要求，思想政治工作要"自觉承担起举旗帜、聚民心、育新人、

---

[1] 《习近平著作选读》第二卷，人民出版社 2023 年版，第 17 页。

兴文化、展形象的职责使命"。对人思想的影响和塑造既不可能一蹴而就，也不可能一劳永逸，举旗帜、聚民心、育新人、兴文化、展形象必然是一个复杂的过程，党的创新理论发展到哪一步，思想政治工作就要跟进到哪一步；中国式现代化发展到哪里，思想政治工作就要做到哪里。因此，工作始终是围绕职责使命展开、朝着使命任务前进，从这个意义上来讲，思想政治工作评价考核是发展的、现实的、具体的，目标总是阶段性的，其成效体现为实现目的具体过程中的目标达成度。

（三）思想政治工作的方针原则决定了评价考核工作是不可或缺的关键性环节

《意见》提出，新时代加强和改进思想政治工作"五个坚持"的方针原则，其内容是：一要坚持和加强党的全面领导，把思想政治工作贯穿党的建设和国家治理各领域各方面各环节，牢牢掌握工作的领导权和主动权。二要坚持以人民为中心，践行党的群众路线，把人民对美好生活的向往作为奋斗目标，组织群众、宣传群众、教育群众、服务群众，强信心、聚民心、暖人心、筑同心。三要坚持服务党和国家工作大局，全面贯彻党的基本理论、基本路线、基本方略，坚持系统观念，把思想政治工作与经济建设和其他各项工作结合起来，为党和国家中心工作提供有力政治和思想保障。四要坚持遵循思想政治工作规律，把显性教育与隐性教育、解放思想问题与解决实际问题、广泛覆盖与分类指导结合起来，因地、因人、因事、因时制宜开展工作。五要坚持守正创新，推进理念创新、手段创新、基层工作创新，使新时代思想政治工作始终保持生机活力。《意见》以"五个坚持"为核心内容，明确了新时代加强和改进思想政治工作必须坚持的一系列方针原则，深刻揭示了思想政治工作的本质要求、内在规律和前进方向，具有鲜明的科学性、时代性、先进性和实践性，为思想政治工作提供了科学的路线图和方法论。

在将"五个坚持"不断推向前进的过程中，需要对思想政治工作有效性进行检验、优化。没有考核标准，就没有重点、没有抓手，难免虚化、走样、变形，最终沦为"会上说说、纸上写写、墙上挂挂"的"空对空"结局。评价考核体系的本质就是为了衡量工作效果、考核工作完成度，查找成效与目标之间的距离和偏差，确保思想政治工作始终在"五个坚持"轨道上推进。

三、细化《意见》要求，构建思想政治工作评价考核体系

推动《意见》落地见效，关键是要牢牢抓住评价考核体系建设这个"牛鼻子"，建立体现新时代、新思想、新理念要求的目标体系、考核办法、奖惩机制，以高质量的"标尺"加强和改进新时代思想政治工作。根据《意见》规定的思想政治工作的内容和实践要求，应当从评价考核工作的指导思想、内容体系、保障体系、效果体系着手构建。

（一）思想政治工作评价考核体系指导思想

评价考核体系首要明确思想政治工作指导思想。思想政治工作以政治标准为先，必须坚持用一元化的指导思想引领工作。《意见》指出思想政治工作的指导思想是：以习近平新时代中国特色社会主义思想为指导，增强"四个意识"、坚定"四个自信"、做到"两个维护"，紧紧围绕统筹推进"五位一体"总体布局和协调推进"四个全面"战略布局，坚持稳中求进工作总基调，围绕巩固马克思主义在意识形态领域的指导地位、巩固全党全国人民团结奋斗的共同思想基础这一根本任务，自觉承担起举旗帜、聚民心、育新人、兴文化、展形象的职责使命，把思想政治工作作为治党治国的重要方式，着力固根基、扬优势、补短板、强弱项，提高科学化规范化制度化水平，充分调动一切积极因素，广泛团结一切可以团结的力

量，为人民服务，为中国共产党治国理政服务，为巩固和发展中国特色社会主义制度服务，为改革开放和社会主义现代化建设服务。思想政治工作指导思想明确了思想政治工作的理论体系、根本任务、职责使命、重要地位和行动指南，是思想政治工作评价考核体系的出发点和立足点。

（二）思想政治工作评价考核内容体系

有什么样的发展观，就会产生什么样的发展结果。长期以来，金融业受"唯金钱论""西方看齐论"等错误思想影响，思想政治工作常常面临"说起来重要，做起来次要，忙起来不要"的困境。因此，要建立体现正确的政治立场、政治方向、政治原则的考核评价体系，要通过对思想政治工作的考核，着力引导金融单位树立正确的发展观，从单纯追求资产总量、利润增速，转向以人民为中心的发展取向，全面践行金融工作的政治性、人民性。

"考什么"决定着"干什么"。根据《意见》规定，考核内容体系应包括宏观与微观层面的思路、方向、着力点。另外，《意见》还通过对"思想政治工作守正创新"的强调，旨在破除思维定式、工作惯性和路径依赖，以思想理念的新变化、工作思路的新拓展、发展路径的新突破，实现新时代加强和改进思想政治工作的宏大目标。建立思想政治工作评价考核体系，要把以上三个视角的要求贯彻始终，紧紧围绕三个层面的要求设计考核内容。

1.评价考核内容要体现"深入开展思想政治教育"的要求

思想政治教育是中国共产党的传家宝和政治优势，在传导主流意识形态、传承中华优秀传统文化、提高公民道德素质，培育社会主义核心价值观中发挥主导作用，这是由马克思主义政党的初心使命决定的。深入开展思想政治教育是金融业思想政治工作的核心内容，体现了宏观层面的根本要求，主要应包括以下六个子体系：（1）坚持用习近平新时代中国特色社会主义思想武装全党、教育人民，健全用党的创新理论武装全党、教育人民工作体系，增进对习近平新时代中国特色社会主义思想的政治认同、思想认同、理论认同、情感认同。（2）推动理想信念教育常态化制度化，广泛开展中国特色社会主义和中国梦宣传教育，弘扬民族精神和时代精神，加强爱国主义、集体主义、社会主义教育，加强马克思主义唯物论和无神论教育。（3）培育和践行社会主义核心价值观，加强教育引导、实践养成、制度保障。（4）加强党史、新中国史、改革开放史、社会主义发展史和形势政策教育，引导党员、干部、群众旗帜鲜明反对历史虚无主义，继往开来走好新时代长征路。（5）加强社会主义法治教育，深入学习宣传习近平法治思想，在全社会普遍开展宪法宣传教育，有针对性地宣传普及法律、法规和法理常识，加大党章党规党纪宣传力度。（6）增强忧患意识、发扬斗争精神，广泛开展防范化解重大风险宣传教育。

2.评价考核内容要体现"基层思想政治工作质量和水平"持续提升的要求

执政重在基层。"上面千条线，下面一根针。"根据《意见》精神，除思想政治教育内容外，金融业基层思想政治工作的思路、举措应主要从以下三个方面着手：一是把思想政治工作同经营管理、人力资源开发、企业精神培育、企业文化建设等工作结合起来，在思想上解惑、精神上解忧、文化上解渴、心理上解压。二是加强机关思想政治工作，坚持把带头做到"两个维护"作为机关思想政治工作的首要任务，深化政治机关意识教育，开展模范机关创建活动，开展对党忠诚教育，开展作风建设专项整治行动，努力建设讲政治、守纪律、负责任、有效率的模范机关。三是加强网络思想政治工作，深入实施网络内容建设工程，加强网络传播能力建设，依法加强网络社会管理，推动思想政治工作传统优势与信息技术深度融合，使互联网这个最大变量变成事业发展的最大增量。

3.评价考核内容要体现守正创新发展理念

《意见》指出，要推动新时代思想政治工作守正创新发展。"守正创新发展"是思想政治工作保持生命力和创造力的关键所在，主要包括以下五个方面要求：（1）巩固壮大主流思想舆论方面：坚持正确政治方向、舆论导向、价值取向，把思想政治工作融入到主题宣传、形势宣传、政策宣传、成就宣传、典型宣传中，发挥舆论阵地作用，做好舆论引导和监督。（2）深化拓展群众性主题实践方面：利用重要传统节日、重大节庆日纪念日开展形式多样的群众性主题实践活动，发挥礼仪制度的教化作用，组织开展文明创建和道德实践活动，推动形成适应新时代要求的思想观念、精神面貌、文明风尚、行为规范。（3）以文化人、以文育人方面：发挥文艺作品育人作用，弘扬中华优秀传统文化，推动公共文化服务体系建设，开展文化惠民活动。（4）充分发挥先进典型示范引领作用方面：注重选树新时代的先锋模范，做好"时代楷模"、道德模范、最美人物、身边好人的学习宣传活动，持续讲好不同时期英雄模范的感人故事，开展先进典型评选表彰工作，探索完善先进模范发挥作用的长效机制。（5）人文关怀和心理疏导方面：发挥党员干部联系基层、党员联系群众的工作制度作用，健全心理服务体系和疏导机制、危机干预机制，建立思想动态调查与分析研判机制，用心用情解决好群众实际问题，培育自尊自信、理性平和、积极向上的社会心态。

（三）思想政治工作评价考核保障体系

思想政治工作是一项系统工程，涉及方方面面，需要领导体制和工作机制保障支撑，形成党委统一领导、党政齐抓共管、宣传部门组织协调、有关部门和人民团体分工负责、全党全社会共同参与的思想政治工作大格局，凝聚强大合力共同来做。对于金融单位来说，各级党委、党的宣传部门、党的基层组织以及广大政工队伍尤为关键。领导体制要由工作机制来保证。在评价考核体系中要对领导体制和工作机制提出有针对性的考核内容。

《意见》指出，要坚持和加强党的全面领导，把思想政治工作贯穿党的建设和国家治理各领域各方面各环节，牢牢掌握工作的领导权和主动权。对组织保障的考核要求主要体现在以下四个方面：一是强化党委（党组）主体责任，各级党委（党组）要切实负起政治责任和领导责任，建立健全思想政治工作责任制，制定思想政治工作责任清单，明确落实措施和推进步骤。二是党的基层组织要认真贯彻党章党规要求，做好党员和群众的思想政治工作。坚持党要管党、全面从严治党，以党的政治建设为统领，坚持思想建党和制度治党相统一，把思想政治工作落实到党的各项建设之中。加强党的全面领导，善于运用思想政治工作和体制制度优势，推动金融机构发展、服务人民群众，保证党和国家各项事业始终沿着正确方向前进。三是形成党委统一领导、党政齐抓共管、宣传部门组织协调、有关部门分工负责、行政管理和业务部门共同参与的思想政治工作大格局。四是打造专兼结合的工作队伍，配齐配强思想政治工作骨干队伍，充实优化兼职工作队伍，有计划有步骤地开展全员培训，深化思想政治工作人员专业技术职务评聘制度改革，培养思想政治工作的行家里手。

（四）思想政治工作评价考核效果体系

思想政治工作的对象是人，评价考核思想政治工作的成效，关键是看思想政治工作是否有利于团结稳定鼓劲、营造氛围、形成合力；是否有利于维护大局、解决问题、排忧解难；是否有利于凝聚人心、提升士气、鼓舞干劲；是否有利于理顺情绪、化解矛盾，具体到金融单位，还要看文化软实力、全体干部员工的思想道德素质、科学文化素质以及理想信念、思想意识、价值观念、人文精神和行为方式等，这些效果常常是潜在的、间接的。另外，金融行业思想政治工作的效果还往往与金融工作的效果呈正相关性。因此，衡量一个单位思想政治工作的开展情况并不易准确把握，应综合金融单位干部员工以及有关部门、社会、媒体、人民群众等多方意见与评价来检验。把上级评价、部门评价、下级评价和社会评价有机结合起来，变单向、平面、单维的评价为多层次、多渠道、多角度的评价。

内部效果应考虑：（1）党员干部理论武装，增强"四个意识"、坚定"四个自信"、做到"两个维护"情况。（2）全体干部员工对社会主义意识形态的认同程度。（3）全体干部员工的积极性、创造性发挥情况。（4）思想政治工作围绕大局、服务中心，促进金融单位高质量发展情况。（5）全体干部员工思想道德素质和科学文化素质提升情况。（6）全体干部员工凝聚力、向心力是否有所提升，爱国、敬业、诚信、友善的道德规范是否形成。

外部效果的评价，主要应包括：（1）有关部门对金融单位贯彻执行党和国家方针政策的满意度。（2）对于服务当地经济建设和社会各项事业发展的情况，社会测评满意度。（3）媒体和社会舆论反响情况。

此外，各类经济案件和发案率，行政处罚数量、金额情况都应纳入效果评价体系中。一般认为，经济案件高发与内部管理特别是制度管理不健全联系起来，将许多犯罪归咎于制度漏洞，但事实上，制度的执行最终取决于一个人思想境界的高低，毕竟一个思想境界高尚、严于律己的人，不可能会作出有损于国家、集体利益的行为。

四、以科学有效为导向，着力在考准工作实绩上下功夫

"怎么考"关系着"怎么干"。思想政治工作评价考核体系是对一个单位、一个部门工作的全方位、综合性检验，必须确保权威性和公信力。要根据思想政治工作考核的本质特征，因地、因人、因事、因时制宜，进行分类别、精准化、差异化评价考核，综合运用日常考核、年度考核、专项考核、任期考核等多种方法，实行差别化与综合性评价相结合的评价方

式，立体化多维度考核评价，强化结果运用，充分发挥考核工作的评价功能、导向功能和监督功能，鼓励先进、鞭策落后，增强考核工作的科学性、有效性。

（一）要坚持定量指标和定性指标相结合

考核体系必须有一个适当的考核指标来进行评价，科学设置考核指标，是建设公平、公正考核评价体系的关键性、基础性工作。在考评指标的设置上，坚持定量指标和定性指标相结合，考核内容体系、保障体系定量方式突出关键核心指标，因地、因人、因事、因时制宜选择最具代表性的综合性、典型性、约束性指标，做到少而精、重点突出，操作简便易行。考核效果评价则以"定性指标"为主。将《意见》要求细化为评价考核体系，再将评价考核体系量化为一个个可触摸标杆，一个个必须实现的具体目标。量化指标是一项复杂但必要的任务，有助于确保考核的公正性、客观性和准确性。第一，设计既能激励又具建设性的思想政治工作测评指标。确保指标能够准确反映工作绩效，同时激发干部员工的积极性和创造力。测评指标需要考虑到长期和短期目标，明确长期愿景和短期目标。同时，指标的标准值和目标值一方面应具有挑战性，以激发员工的积极性和创造力；另一方面又要确保目标可达成，避免给员工带来过大的压力和负担。测评指标可以采用三级划分法设定目标值，包括基础目标、挑战目标和理想目标。基础目标是底线，挑战目标是经过努力达成的目标，理想目标是激励干部员工不断加强和改进思想政治工作的方向。第二，指标设计需区分刚性指标与柔性指标。对照党规党纪要求，划分一票否决式的刚性指标。第三，分级分类量化考核。各地经济社会发展不平衡，金融业务不同层级、不同条线的工作职能和特点不同，考核的内容应各有侧重，衡量的标准应有所差异。思想政治工作评价考核应坚持分层分类的管理导向，尽可能让相同类别的考核对象在同一赛场上"赛跑"，推动各地各部门把长板拉长、短板补齐。

（二）要为评价考核工作提供有力组织保证

思想政治工作的检查考核是对思想政治工作进行多种方式的综合性评估。因此，这项工作不可能是一个报告、一张报表就能评估出一个部门思想政治工作的优劣。对这一工作的检查考核要力求达到全面客观、科学合理，就必须从上到下建立起以领导挂帅，思想政治工作职能部门的专业人员为核心的检查考核小组逐级实行检查考核。为此，在组织保证上由领导挂帅，成立专门检查考核班子。思想政治工作的检查考核工作必须由专门的检查考核小组来执行。金融单位总部的普查或抽查，省级分支机构的自查均应首先成立检查考核的领导班子，均由党委主要负责人亲自挂帅，以思想政治工作职能部门为核心组成。

（三）要制定详细的评价考核体系实施方案

方案应明确评价的目的、原则、内容、指标、方法以及实施步骤等。对参与评价考核工作的人员进行专题培训，使其了解评价考核体系的目的、意义和要求，掌握评价考核的方法和技巧。按照实施方案的要求，组织开展评价考核工作。通过问卷调查、访谈调研、实地考察、数据分析等方式收集相关数据和信息，形成初步的评价结果。将评价结果及时反馈给被评价对象，并针对存在的问题和不足提出具体的整改意见和建议。

（四）要考用结合，真正把"软指标"变为"硬约束"

注重做好考核成果运用的"后半篇文章"。评价考核结果是对前期工作的评价总结，把评价考核结果作为金融单位党建工作责任制、意识形态工作责任制考核、领导班子和领导干部综合考评、党建述职评议、巡视巡察的重要内容，完善考评机制，真正把"软指标"变为"硬约束"。将思想政治工作并入领导干部考核体系中，能够进一步凝聚"思想政治工作共识"，推动其进一步加强和改进，最终使其对改革发展发挥"生命线"的关键作用。同时，要注意的是，避免多头考核、搭车考核、重复考核、交叉考核等现象。一是强化激励与约束机制。更加科学地将考核结果与干部评价任用、职级晋升、考核定等、评先评优、绩效奖励等挂钩，将评价考核结果与奖惩机制、薪酬绩效制度相结合，通过激励与约束相结合的方式推动思想政治工作不断向前发展。在薪酬激励方面，根据干部员工的思想政治工作表现和贡献，给予相应的薪酬奖励，包括基本工资、奖金、津贴等。在晋升提拔方面，为员工提供明确的职业晋升路径和机会，让他们看到思想政治工作的发展前景。在职称评审和培训激励方面，建立健全思想政治工作人员专业技术职务评聘制度，按助教、讲师、副教授、教授四个级别进行评定，并与高校专任教师职称序列同价，培养思想政治工作的行家里手。这一机制能让金融单位思政工作者对未来有明确的方向和前进的动力。二是总结推广经验，督促后进。检查考核是发现先进典型的一条十分有效的途径，一次系统的检查考核就是一次深度的调查研究，是深入基层发现问题、解决问题的过程，也是发现典型、总结经验的过程。金融系统各单位在开展思想政治工作的过程中，结合本单位实际创造和积累了不少经验做法，通过思想政治工作检查考核，将其搜集、挖掘、整理出来，在各个层次范围内进行推广。对于后进单位则在指出其缺陷和不足之后，向他们推广先进单位的经验以鞭策落后，切实发挥评价考核工作的立标导向和激励促进作用，从而带动整个金融系统思想政治工作的加强与改进。

新时代金融机构思想政治工作实践探索

充分发挥先进典型
示范引领作用的实践与创新

中国工商银行

一、基本情况

抓典型、促改革、谋发展，既是国有金融企业坚持和发扬党的优良传统的具体体现，也是深入学习贯彻习近平新时代中国特色社会主义思想和党中央各项决策部署的有力举措。以中国工商银行为代表的国有金融企业，始终坚持以习近平新时代中国特色社会主义思想为指导，坚持党建引领、典型引路，坚持围绕中心、服务大局，把树典型选优秀作为加强党建和思想政治工作的重要手段，融入经营发展的各方面、全过程，营造团结稳定、创先争优的良好氛围，涌现出一批可亲可敬可信可学的先进典型，培育锻造了一支素质高、本领强、敢担当、有作为的金融人才队伍，为推动金融高质量发展、建设金融强国注入强劲动力。

近3年来，工商银行推选出党的二十大代表5位，涌现出全国优秀共产党员、全国五一劳动奖章获得者8人，辖内全国文明单位近百家，创建全国金融系统思想政治工作和文化建设"双先"十余个，选树工商银行优秀共产党员和优秀党务工作者300余名，表彰"工银卓越奖章"获奖者30名。工商银行以先进典型带动全员奋进，年年都有新举措，年年都有新突破，推动了经营转型发展不断迈上新台阶。

二、经验做法

为了更好地发挥典型示范带动作用，工商银行党委持续在"选、育、宣、用、促"五个方面下功夫，以榜样的力量教育人、引导人、鼓舞人，形成学习先进、崇尚先进、争当先进的良好风尚，为推动经营改革发展凝心聚力。

（一）选树典型突出一个"为"字，推"优"树"典"，塑造担当有为的先进典型

"为"，既是奋力作为，也是为民服务。工商银行注重考察先进典型的时代性、实践性和代表性，把敢担当、有作为的先进"推出来"，把讲奉献、有贡献的典型"树起来"。

一是把握先进典型的时代性。榜样承载时代主流精神，鲜明的时代感是工商银行选树先进典型、开展正面宣传的突出特点。习近平总书记指出，无论时代如何变迁，雷锋精神永不过时。[①] 工商银行连续 10 年开展"学雷锋集中宣传月"活动，坚持把国家所需、金融所能、工行所长、民心所盼相结合，挖掘一批批支持实体经济、服务普惠乡村、公益志愿活动、服务社会民生等领域的突出案例，选树出"金融系统学雷锋活动示范点"和"金融系统学雷锋模范"十余个，为广大干部员工践行金融工作的政治性、人民性作出榜样。

二是突出先进典型的实践性。先进典型既是改革发展的"风向标"，又是岗位实践的"排头兵"，具有鲜明的导向性。工商银行举办"创新工行"大赛，既关注创新思维的培育，也注重创新实践的落地，将"赛、学、训、

---

① 《深刻把握雷锋精神的时代内涵　让雷锋精神在新时代绽放更加璀璨的光芒》，《人民日报》2023 年 2 月 24 日。

用"结合，推出了一批创新项目、创新团队和创新达人，激发改革创新正能量，为企业发展集聚创新动能。

三是兼顾先进典型的广泛性和代表性。工商银行选树典型重在彰显精神上的高度、范围上的广度和时间上的跨度，让各个时期、各个专业、各个地区涌现的一个个先进典型，引领带动整个领域的发展进步。在历届"感动工行"人物评选中，各个年龄段的干部员工都能从中找到"同龄人"，与其产生思想共鸣，激发奋斗精神。第五届"感动工行"评选，工商银行全行表彰了 50 个在服务实体经济、发展普惠金融、助力脱贫攻坚、热心社会公益等方面作出突出贡献的个人和集体，展示出新时代工行人的奋斗风采。

（二）典型培育突出一个"比"字，成"风"化"人"，打造砥砺奋进的人才队伍

"比在关键时，拼在关键处"。工商银行不断强化"比"的思想、"拼"的意识和"实"的干劲，提振广大干部员工干事创业热情。

一是强化"比"的意识。把"比"的意识体现在"进"的行动和成效上，极大地激发了队伍活力和发展潜力。苏州吴中支行在各基层党支部中开展"责任担当比别人严一点，工作付出比别人多一点，任务完成比别人好一点，质量效率比别人高一点，优质服务比别人精一点"的"五个一点"活动，让每一个员工从"一点"做起，努力把每"一点"做好做细做精。

二是搭建"比"的平台。通过开展"合规标兵""青年普惠先锋"等各类专业技能评比和业务技能练兵活动，为各级分支机构和广大干部员工搭舞台、展风采、亮起来。北京新街口支行在推动 ETC 营销工作中，设立荣誉榜、业绩榜，并向一线业务能手颁发业务营销标兵奖。

三是构建"比"的机制。在培养人才、培育典型的实践中，工商银行逐步探索建立了"比、学、赶、超"的长效激励机制。深圳分行实施"标

杆管理"考核办法,通过"立标、对标、达标、创标",来实现自身的发展与超越。总行牡丹卡中心近年来尝试运用大数据管理思维,建立了涵盖干部整体表现,包括业务、素质、能力、纪律等多维度的"干部动态画像"评价管理体系,帮助中层干部进一步看清优势、补齐短板,更好地发挥作用。

(三)典型宣传突出一个"学"字,有"声"有"势",营造创先争优良好氛围

工商银行在开展典型宣传中,发动身边人讲"好故事"、运用新方法讲"好故事",鲜活展现工行人讲奉献、敢担当、能攻坚的精神风貌,形成学习先进、崇尚先进、争当先进的良好风尚。

一是学有主题,立根树魂。工商银行注重结合主题教育选树宣传那些坚定的理想信念、崇高的精神境界和良好的道德修养的先进典型。江苏南京分行领导干部率先垂范,同职工共同参加"不忘初心、牢记使命"主题演讲比赛;新疆分行邀请"大国工匠"、全国劳模在党史学习教育期间开展宣讲活动;河南分行、云南分行等在学习贯彻习近平新时代中国特色社会主义思想主题教育期间开展"我是党员作表率"活动,带头深入社区、客户、基层现场办公,为群众办实事。

二是学有人物,立竿见影。在开展典型宣传时,工商银行以身边人说身边事,以小故事讲大道理,以小切口见大图景,让广大干部员工学出认同感、学出使命感。浙江分行持续开展"双争""初心·使命""最美奋斗者""在党 50 年"等系列线下线上故事会,通过"文、图、影、声"一体化宣传矩阵,将党员干部员工身边的典型树起来,把身边的奋斗故事讲出来,员工纷纷表示这些典型就在自己身边,是看得见的榜样,够得着的标杆。

三是学有载体,入脑入心。在用好企业文化墙、集团网讯、行报行刊

等宣传手段的同时，工商银行积极探索新媒体融合宣传方式，积极运用官方微信公众号、官方微博、喜马拉雅品牌电台和各单位自有新媒体平台，不断丰富宣传"工具箱"，打造立体化宣传矩阵。总行创新推出"工行榜样直播间"，以在线访谈、网络直播的形式报道了助力疫情防控、复工复产和脱贫攻坚的先进典型事迹，得到广大干部员工纷纷点赞。贵州贵阳分行启动"讲述工行好故事"微视频展播活动，陆续推出了20个有故事、有温度的微视频；上海虹口支行的"畅想虹口"公众号、"直管干部交流群"等，不断延伸"典型宣传"的触角。

（四）典型示范突出一个"亮"字，增"色"添"彩"，展现朝气蓬勃队伍风貌

长期以来，工商银行注重把先进典型的好做法好经验提炼出来、推广开来，让典型风采更亮、让示范效果更佳，形成"一花引来万花开"的效应。

一是为典型"充电"，点亮一盏灯。对一些表现优秀的典型，在学习培训、提拔任用等方面给予优先考虑，为优秀人才创造脱颖而出的机会。近年来，荣获总行级以上荣誉称号的干部员工，70%以上获得了职务或工资等级晋升。河南平顶山分行对默默无闻、不计名利的党员先锋模范，专门设立"政治生日"，每年纪念一次，在"一束鲜花、一段感言、一次宣誓、一次合影"等仪式中，让典型人物感受到组织温暖。

二是让典型"发光"，照亮一大片。为了把"个体优势"转化为"群体优势"，工商银行注重典型经验的沉淀提炼和复制推广，有效提升了广大干部员工比学赶超和岗位建功立业的内生动力。总行出版了《榜样的力量》《平凡的英雄》《匠人匠心》等书籍，汇编各个时期和各层级、各专业涌现出的先进典型事迹，引导干部员工争做新时代的奋斗者、追梦人。

三是为典型"赋能"，搞好传帮带。通过"搭班子""结对子"，让先

进典型传思想、教经验、带作风。广州分行持续开展"十大明星网点行长"评选活动，表彰了一大批扎根基层、政治和专业素质过硬、带领团队创先争优的优秀网点负责人，增强中层干部的归属感、使命感和荣誉感，为辖内网点员工树立学习的榜样。浙江分行党的十八大和十九大代表、全国优秀共产党员、全国劳动模范金颖颖，依托"金颖颖理财室"，利用业余时间，带领员工进行技术练兵，毫无保留地将自己的技术特长进行传授，被全国金融工会授予"劳模创新工作室"。

（五）典型引领突出一个"促"字，以"典"带"面"，推动经营改革发展迈上新台阶

工商银行党委注意发挥先进典型的作用，围绕落实服务实体经济、深化金融改革、防控金融风险三项任务，以"新奋斗＋高质量"实现新作为、"大志向＋大追求"催生新动力、"实干＋巧干"开创新局面，取得了丰硕成果。

一是在服务实体经济中践行"新使命"。四川成都分行紧扣"成渝双城经济圈"区域发展战略，让先进典型在关键时刻打头阵、做先锋，实现了对实体经济的有力支持。江苏南京分行在产业转型升级领域，让典型模范去啃硬骨头，向当地开发园区投放融资超300亿元，成功促成某新能源企业投贷联动等创新业务。

二是在防控金融风险中落实"新任务"。河北分行连续开展"十大重点领域和关键环节"风险治理，他们派出骨干和先进典型，对重点业务和关键环节进行拉网式排查，推进整改和治理措施落地，营造"合规就是效益"的良好氛围。甘肃兰州分行按照"一年一个主题，一年一个台阶"持续强化合规管理，接力式开展"基础强化年""执行强化年""固本强化年""制度治理年"主题活动，开展合规标兵集体和合规标兵个人评选表彰活动，将先进评选转化为合规文化、合规教育、典型引路、正向激励的新成效。

三是在深化金融改革中激发"新作为"。四川宜宾分行以金融科技手段促进线上服务提升，用业务尖子和骨干深化社保创新服务场景，推动搭建住建 e 缴费归集场景，成为系统内首家推出融 e 联"闪借钱包"的分行。总行牡丹卡中心发挥典型骨干在业务工作中的推动作用，在银行同业中率先推出二维码互联网支付产品，相继建立以"行外引流获客、行内批量获客、合伙人社交获客"为核心的全新线上发展模式，启动大数据风控体系建设，构建消费金融生态圈等。

三、成效启示

（一）发挥典型示范引领作用，领导干部要以身作则，走在前、作表率

领导干部当好表率，员工队伍就会见贤思齐、争当先进。各级党委班子既是发展战略的制定者，也是推动战略落小、落细、落实、落地的带头人，必须当好"无冕"典型，作出"有形"示范。

一是带头弘扬榜样精神。工商银行党委班子成员在党委理论学习中心组学习、专题党课、青年员工座谈会等会议上讲述榜样员工的先进事迹，讲述艰苦地区克服困难发挥金融支持作用的模范做法，鼓励全行员工向榜样学习，不断激发工行人不忘初心、金融报国的热情。在总行党委的示范带动下，向榜样学习、讲榜样故事在工行蔚然成风。

二是带头当好模范做好表率。工商银行发挥领导干部"头雁"作用，总行党委带头走好"第一方阵"，带动各级领导班子，守土有责、守土担责、守土尽责。广州分行对领导干部提出"五个第一责任人"[①]的要求，

---

① 即党建和队伍建设、业务发展、风险管理和内控合规、为客户服务为基层服务、抓好过程管理的第一责任人。

鼓励领导干部在推动发展的"最先一公里"压实责任、当好表率。河北石家庄桥西支行党总支书记苌志敏带领服务团队，奔赴山西榆次某部队训练基地，跨省为近千名新战士办理银行卡启用业务，成为全省首例异地启卡单位，赢得了部队官兵的广泛赞誉。

三是带头抓好树典推优工作。工商银行党委定期开展"两优一先""合规标兵""文明单位"等评选表彰活动，为先进典型提供生根发芽、开花结果的优质"土壤"。河南平顶山分行党委书记张延庆，把"好先锋"作为"打硬仗"的突破口，不仅带领班子成员冲上一线，还着重选树了20多个公司金融和信贷管理方面的"实战尖兵"，逐步培养起一支善于处置风险资产的骨干力量。

（二）发挥典型示范引领作用，把各方面先进典型作为培养人才的摇篮

一是抓好"关键领域"。工商银行党委抓好与企业发展战略息息相关的关键专业条线和关键业务岗位及其从业人员，培养专业人才、选树专业精英，确保树典推优工作的重点始终与转型发展的关键点同频共振。北京新街口支行李斌带领团队成员上门服务，加大对重点客户的走访频次和力度，掌握营销工作主动性，连续十年分管客户的日均存款规模保持在千亿元以上，李斌荣获全国金融"五一劳动奖章"。

二是抓好"关键群体"。注重调动业务专家骨干、基层管理者、青年干部员工，以及旗舰店、示范点等"关键群体"的积极性主动性创造性，加强中坚力量的思想淬炼、政治历练、实践锻炼和专业训练，通过建立"达人工作室"、开展进阶式培训等，切实为典型赋能、为发展助力。工商银行通过开展"复制典型、培育标杆"活动，带动了全行卓越服务水平的提高。苏州吴中支行推出了首家以劳模命名的理财工作室——"朱劲松理财工作室"，被全国金融工会命名为"全国金融系统劳模（优秀技能人才）

创新工作室",并被迅速推广。

三是抓好"关键环节"。注重完善人才选拔培养机制和涵养任人唯贤的用人文化,通过"搭梯子"鼓励"能干事、愿干事、干成事"的先进典型成长成才。河北分行出台《2020—2022年干部队伍建设规划》《大力培养选拔优秀年轻干部的意见》等文件,把队伍建设作为"一号工程"来实施,为先进典型的成长成才搭建"绿色通道"。

(三)发挥典型示范引领作用,着力提高"三种能力",鼓励先进典型不断进步、作出新的更大贡献

一是进一步提高专业能力,以高素质人才队伍走稳高质量发展之路。把先进典型折射出的专业精神注入专业能力的培养中,以提高专业知识专业技能为目标,推动形成"实践—提高—再实践—再提高"的良性循环。上海虹口支行将在各类评选中脱颖而出的优秀党员、管理干部、业务骨干等组成"讲师"团队,打造"彩虹讲堂"教育培训平台,快速提升全员业务技能。

二是进一步提高创新能力,以科技驱动打造核心竞争优势。在调研中我们看到,许多单位大力培养员工的创新意识、鼓励创新实践、推广创新经验,促进各专业、各方面的金融科技创新成果从量的积累向质的飞跃、由点的突破向系统能力提升。深圳红围支行引导干部员工树立"首单"意识,实现了系统内、深圳市乃至全国多个"第一"。

三是进一步提高攻坚能力,铸就服务新发展格局的先锋力量。虽然当前国内经济面临着许多重大挑战、重大风险、重大阻力,但工商银行敢于让一些先进典型去啃"硬骨头"、闯"无人区",把先进典型打造成改革攻坚和转型发展的"尖刀班"和"突击队",切实做到改革发展推进到哪里、榜样标杆就树立在哪里、典型示范作用的着力点就跟进到哪里。河北分行在助力脱贫攻坚中,选派知农情、懂农活的"庄稼汉"深入田间地头和农

家炕头，与村干部和农户共同问诊把脉，商讨"好收成"的法子，切实帮助乡亲们鼓起"钱袋子"，过上"好日子"。

先进典型是有形的正能量，也是鲜活的价值观，伟大征程需要榜样的接续和传承。多年来，工商银行大力开展选树和宣传先进典型，他们中或是时代先锋，或是党的代表，或是劳动模范，或是普通员工，但都有一颗金子般发光的心。他们坚定主心骨、汇聚正能量、振奋精气神，以榜样的力量带动广大干部员工把敬仰和感动转化为干事创业的实际行动，深入践行金融工作政治性、人民性，为金融强国建设贡献更大力量。

数字领航　推动思政工作高质量发展

中国建设银行

为加强数字化赋能思想政治工作，推动解决改革发展难点痛点问题，下面以建行私人银行部的思想政治工作数字化实践为例，梳理金融机构思想政治工作数字化建设的经验做法，以理论基础为起点、以数据分析为抓手，为金融机构以数字化赋能思想政治工作提供有益借鉴。

一、基本情况

习近平总书记在 2015 年第二届世界互联网大会开幕式上首次提出"数字中国"这一概念，并在党的二十大报告中再次强调要"加快建设数字中国"；2024 年 1 月 31 日，习近平总书记在中共中央政治局第十一次集体学习时强调："要大力发展数字经济，促进数字经济和实体经济深度融合，打造具有国际竞争力的数字产业集群。"① 数字技术的广泛应用和迭代创新，深刻影响着经济社会发展方式与结构，全面提升了各行各业的生产质量和效率，发挥了推进中国式现代化的引擎作用。

以 5G、大数据、人工智能为代表的数字技术，支撑思想政治工作在体系、内容和模式上的全方位创新。打造数字化平台、大数据精准推送信

---

① 《加快发展新质生产力　扎实推进高质量发展》，《人民日报》2024 年 2 月 2 日。

息、在线视频宣传教育等举措已成为构建思想政治工作新生态的重要环节，是思想政治工作守正创新的必由之路。

数字化赋能提升思想政治工作精准化水平。社会大众的价值观念和思维理念随着时代变革而发生改变，因此思想政治工作也需要在传统方式基础上更加创意化、多样化，以贴近个体的认知习惯和感官规律。合理运用数字化技术，有利于金融机构及时掌握员工思想信息与数据，精准洞察员工思维、心理和诉求，为思想政治工作深入开展创造更多可能性。

数字化赋能为思想政治工作体系化建设提供支撑。数字化技术的快速发展和运用为思想政治工作机制建设开拓了新的思路。一方面，运用大数据、云计算等技术，建立数字化工作管理平台，有助于加强内部工作计划安排、任务部署、数据管理等环节的效率，推进思想政治工作制度化、规范化、标准化发展，进一步提高组织的凝聚力和向心力；另一方面，打通数字化网络信息交互渠道，深化外部信息的整合和传播，形成内容全面、层次分明的思政教育内容库，并采用人工智能、虚拟现实技术等可视化的呈现方式，促进理论研究和实践成果的转化和应用，提升思想政治工作的质量和效果。

二、经验做法

（一）以数字化手段创新思想政治工作"新机制"

建行私人银行部党支部组织多次集体学习，认真研读习近平总书记《论科技自立自强》和习近平总书记在国有企业党的建设工作会议上的讲话等相关重点篇章，深刻领会习近平总书记关于"要把思想政治工作作为企业党组织一项经常性、基础性工作来抓"[1]"面向世界科技前沿、面向经

① 《习近平谈治国理政》第二卷，外文出版社2017年版，第178页。

济主战场、面向国家重大需求，加快各领域科技创新"①等重要指示，私
人银行部党支部树立大数据思维，运用数字技术手段，将数字化、视听
化、网络化融入到思想政治工作中，推动思想政治工作新模式。思想政治
工作是一项全局性工作，由总行党务部牵头，依托党的基层组织，整合建
行内部党建资源形成智慧党建平台，精准赋能基层党组织人员管理、会议
制度等，成为建行思想政治工作管理系统。私人银行部党支部充分运用智
慧党建平台，突破传统媒介方式，以"标准化＋个性化"规范党建工作
方式。私人银行部党支部深入学习宣传贯彻党的二十大精神，扎实落实总
行党委决策部署，推动党建与业务高质量融合发展，严格落实"三会一课"
和"第一议题"，开展系列主题学习活动，组织党员干部持续学懂、弄通、
做实习近平新时代中国特色社会主义思想，深入打造学习型党组织，把住
思想总开关，将员工个人发展与业务发展愿景相结合，提升部门凝聚力和
向心力。私人银行部党支部强化协同管控，与各党小组形成工作合力，努
力构建党建引领、文化聚心、管理柔性的"大思政"工作格局。私人银行
部党支部在智慧党建平台上录入支委会、党小组会等会议记录，做到思想
政治信息化全覆盖，确保数据信息安全，形成思想政治智慧库。

（二）以数字化手段创新思想政治工作"新实践"

私人银行部党支部以形式多样的实践活动为抓手，采用线上自学、线
上测＋线下集体学、线下实践学的方式，对全体党员进行多角度、多层面
的思政教育。开展领导干部专题读书会，结合"第一议题"、主题教育等
学习内容的安排进行理论学习，重点学读原文原著，以高质量理论学习推
动主题教育走深走实，把加强党性修养、改进工作作风、增强工作本领、

---

① 习近平：《为建设世界科技强国而奋斗——在全国科技创新大会、两院院士大会、中
国科协第九次全国代表大会上的讲话》，人民出版社 2016 年版，第 5 页。

提高解决实际问题的水平作为理论学习的落脚点，始终强调学用结合，联系实际，围绕私行业务助力构建新发展格局和实体经济高质量发展进一步统一思想认识。党支部领导班子结合学习体会和实际工作讲授专题党课，运用习近平新时代中国特色社会主义思想武装头脑、指导实践。领导班子开展专题调研，结合工作实际和职责任务，研究确定调研课题，通过赴基层一线针对工作中突出的难点问题进行专项调研，并形成调研报告。开展"五联"结对共建工作，与吉林省分行党委对口，共同推进吉林省分行所辖基层党组织与地方基层党组织，推动新金融更好地赋能乡村振兴战略。按月下发党小组"第一议题"理论学习清单，结合机关党委月度工作指引进一步梳理私人银行部党支部学习任务清单，明确集中学习和自学内容，并充分利用"学习强国"和"建行研修中心"等数字化工具开展相关专题学习。运用"党群同心"App 开展主题教育理论测试，通过以测固学、以测督学，加深对理论学习知识的再认识，并扩大理论学习范围，部门全体员工参与线上测试。加强联络沟通交流，通过党建联建、工会联谊、团青团建、业务联合等方式，主动"走出去"，扩大思想政治工作的辐射力、影响力。同时积极借鉴吸收集团其他部门及行业外优秀党建文化，增强私人银行部党建软实力，进一步提升思想政治工作的时代性、先进性。

（三）以数字化手段创新思想政治工作"新宣传"

私人银行部党支部持续构建新兴媒体思想政治工作舆论场，打造"线上＋线下"宣传阵地，始终坚持以社会主义核心价值观为引领，传播正确的历史观、民族观、国家观、文化观。私人银行部党支部将思想政治工作和媒体平台充分结合，积极利用行内网络宣传线上阵地，通过"CCB 党群同心""CCB 青年"等行内微信公众号及部门主页"书记工作站"专栏等宣传平台，提高宣传思想工作的时效性、针对性、延续性，牢牢把握意识形态工作主动权。巩固传统媒体宣传线下阵地，打造"党建活动室""员工之家"等，利用宣传墙在办公区、会议室等布放支部党建工作信息。利用建行员工 App 开展思想政治工作学习任务布置、进展督导等工作，利用"学习强国"App 开展思想政治学习，鼓励员工以学习促工作、带领周围同事共同学习，私人银行部通过多样化的学习形式，有效提高员工政治素养和知识素养，更好地用新思想武装头脑、指导实践、推动工作，不断推动思想政治工作与业务、信息技术深度融合，丰富媒体渠道建设。

（四）以数字化手段创新思想政治工作与私行业务"新融合"

私人银行部党支部持续应用数字化手段强化思想政治工作落地，以习近平新时代中国特色社会主义思想为指导，融合私行数字化业务应用，统筹安排、有机结合、融会贯通，依托"做强私行画像和分层分群、做强私行财富规划和资产配置、做强私行服务赋能一线和敏捷协同"三大支撑，持续推进客户服务流程、数据应用画像、产品服务支持、客户场景搭建、员工工作平台和业务合规管理"六个一体化"数字化、智能化系统建设，对私行业务提供赋能与支持，推动私行业务高质量发展。

数据应用画像一体化，提升数字经营能力。持续丰富完善私行客户标签，完成 300 余项私行标签纳入精准营销平台，涵盖客户降级挽留、家族财富等；完善私行客群分析、持续优化私行数据应用，近年来私行客户提升率逐步提升。

聚焦客户服务流程一体化，强化数字工具支持。打造并持续优化完善私行客户服务五步法流程，优化员工渠道系统线上化、移动化、可视化管理，做实客户服务过程与服务成效监测，打通与各个专业服务系统关联，提升私行客户服务智能化水平。

打造产品服务支持一体化，凸显专业服务优势。打造开放式产品平台，持续优化资产配置系统，以财富架构设计、投资目标管理、配置方案制定、投资组合构建、动态平衡调整等核心功能，向数万名客户提供资产配置服务。打造并持续完善私人银行家族财富系统建设，为私行客户提供家族财富的保护隔离、规划传承、管理配置、公益慈善等多元化、综合化、个性化的财富需求。建立并持续优化保险规划、养老规划系统建设，全面分析客户保障需求，科学地为客户个人和家庭制定符合生命周期的保险保障规划方案。优化升级私人银行客户品质服务系统，创新服务预约、评价反馈等功能，持续提升系统便捷性。

强化客户场景搭建一体化，打造卓越客户体验。基于建行手机银行为私人银行客户打造"建行 e 私行"手机银行私行专版，成为线上数字服务第一触点，是私行客户的专属财富管理服务平台，满足私行客户个人、家族、企业及社会责任等全方位需求，为私行客户提供在线交互、财富管理、品质服务、家族信托、财富传承、专享资讯、公益慈善等功能。

加强员工工作平台一体化，加大赋能支持力度。完成私人银行客户经理工作台建设，打造客户管理、财富管理、经营管理等功能，强化数字化工具支持，提供私行产品服务全景视图展示，为一线员工赋能减负；加强公私联动系统建设，强化柔性团队工作流程管理和信息传导。

落实业务合规管理一体化，夯实私行基础底板。持续优化私行风险合规系统，强化反洗钱信息应用，提升私行客户身份识别精准度；建立专门针对私人银行业务的可疑交易监测模型，强化过程监控。

三、成效启示

习近平总书记在全国宣传思想工作会议上强调，要"加强和改进思想政治工作，推进新时代文明实践中心建设，不断提升人民思想觉悟、道德水准、文明素养和全社会文明程度"[①]。国有企业在关系国家安全和国民经

---

① 《习近平谈治国理政》第三卷，外文出版社 2020 年版，第 313 页。

济命脉的主要行业和关键领域占据重要地位，随着经济环境和市场不断变化，思想政治工作也面临一些新的困难和挑战，亟须进一步创新。作为服务实体经济的重要媒介，国有金融机构更要充分认识到做好思想政治工作的重要性和必要性，把加强和改进思想政治工作作为一项重大政治任务，不断提升员工思想政治素养。

一是利用数字化工具，搭建金融机构思想政治工作推动的全方位平台。将数字化工具贯穿于思想政治管理全过程，不仅是金融机构盘活阵地资源、提高思想政治水平的重要途径，也能够充分量化金融机构每位员工的思想政治综合水平，促进思想政治工作的精细化协同管理。以建行员工为例，可充分统计党群同心 App 中的"应知应会"答题情况，科学计量每位员工学习内容、掌握情况并加以分析和量化，实现对员工思想政治情况的数字化管理。

二是利用数字化技术，提升思想政治教学质量。基于金融机构员工思想政治水平做好思想政治课程管理，设定"一人一策"的思政课程内容安排和基于差异化目标的个性定制，提高教学资源的有效匹配，同时动态监测员工思想政治课程掌握情况，并进行动态调整，对思政课教学过程中出现的具体问题及时反馈，促进金融机构员工思想政治素养的全方位提高。

三是利用数字化赋能，打造金融机构员工思想政治生态圈。将思想政治实践教学融入日常工作、生活中，帮助员工及时把握正确的思想方向，实现从理论到实践的有效转变，积极推动线上数字化思政实践平台的有效建立，在平台中纳入更加丰富多元的思政实践资源，如张富清精神学习与传承系列课程、"扣好人生第一粒扣子"价值引领课程等，打造时事热点交流论坛，帮助员工更好地开展思政实践学习，结合实践平台上的各类实时热点完成更加高质量的实践作业，在实践的过程中实现思政素养的不断提升。

四是立足受众，细化员工分层，提高思想政治工作的针对性。在业务经营方面，金融机构针对不同层级的客户拥有详细 KYC 分析，并针对不同客群提供差异化营销和服务。对于员工的思想政治教育也应如此。金融机构可以利用已有的大数据分析平台，针对青年员工、资深员工、女性员工、海归员工、党员员工、团员员工等不同层级、不同年龄、不同性别、不同教育背景、不同政治面貌等多项维度进行员工群体的细分，根据其特点和诉求，进行精准分析、精准定位、精准投放，提高思想政治工作与细分对象的匹配度，提高学习成效。

五是做优整合，实时共享优质资源，增强思想政治工作的系统性。金融机构要利用好大数据平台，建立思政工作数据资源库，将各种类型的思政教育资源进行分类、整理、归档，促进优质资源的数字化、智能化、系统化。同时借助大数据平台实时共享优质资源，确保资源的时效性和有效性，增加资源的多样性和丰富性。通过优化优质资源的供给形式，为进一步实现人机交互提供底层支持。

六是聚焦场景，强化双向交流，增强思想政治工作的互动性。金融机构应改进传统的"你讲我听"的被动式思想政治工作方式，积极探索多渠道、多载体、多场景双向沟通场景。在具体形式上，可以利用虚拟仿真技术开展互动式主题教育，建设智慧化思政学习空间，开展沉浸式与体验式教学，提高员工的参与感和接受度；亦可利用 ChatGPT 人机交互功能，引导员工进行探讨式学习，满足员工全面发展的需求。同时应注意，在传播中为员工提供表达思想、发表意见的平台和机会，在传播后收集员工对思想政治教育的反馈，形成良性闭环。

以数字化赋能金融机构思想政治工作是时代所趋、人心所向，是创新引领发展的重要体现。当前，金融机构在思想政治工作数字化建设方面已经形成一定经验，建设了一批数字化工具和平台，赋能机制创新、实践落地、宣传建设、业务融合。未来，金融机构应进一步挖掘金融科技优势，以整体性、主体性、智能性为原则，激发思想政治工作活力，以数字化手段扩大思想政治工作的覆盖面和影响力，推动思想政治工作与业务发展的有效融合，提升思想政治工作的广度、深度、黏度，切实发挥好思想政治工作的引领作用，为实现高质量发展提供坚实的政治保证和强有力的思想保障。

用好文化设施和阵地
建设红色金融教育基地的实践与创新

交通银行

在中国共产党百余年发展壮大的辉煌历程中，红色金融文化是重要能量之一。党的十八大以来，党中央高度重视红色教育，习近平总书记多次作出重要指示批示，强调要传承红色血脉。党的二十大报告也指出，要用好红色资源，深入开展社会主义核心价值观宣传教育，这为红色金融文化的传承提供了契机，更为"红色金融教育基地"的建设与发展提供了政治保障和思想保障。在新征程上如何建立起红色金融的系统思维和历史思维，将红色金融文化内化为实践的不竭动力，如何让承载着红色金融文化记忆的教育基地生动地向更多人进行思想政治教育，激励年青一代学习革命精神，为推进中国式现代化贡献力量，交通银行作为中管金融企业和一家"百年老店"，在坚持赓续红色基因，特别是在"红色金融教育基地"的建设上，一直走在同业前列，不断进行深度实践与探索。

一、基本情况

（一）"红色金融教育基地"的内涵及现状

红色金融作为中国红色政权的经济生命线，是中国共产党革命斗争历史中的重要组成部分，为新中国的金融事业积累了宝贵的经验。经查阅相关资料，尚未找到明确的"红色金融教育基地"概念，普遍认为"红色金融教育基地"是扩展爱国主义教育渠道的一种形式，也是将红色金融资源有机整合的一种方式，从"红色教育基地"的内涵延伸而来，主要指的是五四运动以来，在党中央的正确领导下，从中国新民主主义革命时期开始所形成和流传下来的红色金融文化资源，以纪念地、标志物、展馆等形式为载体而开展红色金融教育活动的场所，是传播红色金融文化、弘扬革命精神的重要载体。目前建设初具规模，教育研究价值较大的主要是指由中国金融思想政治工作研究会独家授牌的"红色金融教育基地"。经过认证的"红色金融教育基地"是当下进行爱国主义教育和发扬优秀革命精神的重要载体，使党领导人民金融的奋斗征程更加形象化。

（二）金融机构"红色金融教育基地"发展现状

经中国金融思想政治工作研究会认证的中管金融机构"红色金融教育基地"共有13家，其中交行有8家单位行史馆被授予"红色金融教育基地"，占比61.5%。截至目前，交行北京市、上海市、重庆市、广东省、云南省、辽宁大连、山东青岛、广西梧州分行等8家单位行史馆成功获评中国"红色金融教育基地"，交行也是目前获批最多的中管金融机构。

（三）交行"红色金融教育基地"发展现状

交行始终坚持赓续传承红色金融文化，自2021年开展党史学习教育以来，交通银行党委宣传部积极挖掘梳理交行红色金融历史发展脉络，指导全国各分支机构，多渠道搜集、整理红色史料档案，打造各单位独具特色的行史馆，在全行营造了牢记历史、传承文化、再谱新华章的爱党爱国爱行氛围，其中8家分行行史馆被成功推评为"红色金融教育基地"。

二、经验做法

"红色金融教育基地"是进行思想政治教育的重要组成部分，是开展社会教育的平台。可以帮助当代青年人更好树立正确"三观"、坚定文化自信、增强艰苦奋斗的意识。交行 8 家"红色金融教育基地"自设立以来，一直致力于讲好红色金融史、讲好交行故事，不断拓展红色金融文化感召力，积极发挥好金融文化宣传教育作用，累计接待政府、企事业单位参观人数 2.3 万余人，开展宣教场次 660 余场，承接政府类大型活动 20 余场，积极贯彻落实习近平总书记关于加强党对金融工作的领导的指示精神，促进新时代金融系统党建与业务高质量融合发展，成为广大人民群众党性教育的重要载体。

（一）发挥"红色金融教育基地"的文化宣传价值

"红色金融教育基地"重新建构了文化的传承载体，比如：北京、上海、广西、大连分行 4 家基地将自身特有的历史建筑办公场所作为基地展馆，充分挖掘交行红色金融资源，将有形载体和无形载体相结合，使红色金融文化的历史场景具体化、形象化，更好传承、弘扬红色金融文化。"红色金融教育基地"创新了传承红色文化的宣传路径。比如：广东、青岛、大连分行 3 家基地创造性地将交行红色文化宣传与大众传媒相结合，利用其良好的传播效应，结合自身特色，塑造了属于交行自己的品牌特色和文化链条，也极大增强了交行广大干部员工的文化自豪感。

（二）发挥"红色金融教育基地"的思想教育价值

"红色金融教育基地"与思想政治教育有机融合，比如：云南、重庆分行 2 家基地，深挖自身抗日战争时期红色文化，使党员干部切实感受到革命战争年代交行人的无畏精神和牺牲精神，引导广大干部、员工树立正确的政治信仰和爱国意识，坚定正确的政治方向，坚定理想信念，不忘初心、牢记使命，坚持务实的工作作风不动摇，一如既往地发扬艰苦奋斗的革命精神。同时，"红色金融教育基地"拓宽了交行思想政治教育渠道，大大提升了思想政治教育效果，增强了感染力。

（三）发挥"红色金融教育基地"的金融衍生价值

交行"红色金融教育基地"通过各种形式向群众生动、鲜活地展示新民主主义革命时期、社会主义革命和建设时期交行的历史人物事迹和革命事迹，能够使群众从内心深处增强对交行的认同感。目前交行"红色金融教育基地"已日益成为当地网红打卡地，极大地提升了交行的品牌形象和正面影响力。同时，"红色金融教育基地"平台将交行最新的金融产品、金融理念软植入展陈环节，逐步成为线下引流的重要窗口。另外，"红色金融教育基地"已经成为交行与政府、企事业单位联学联建的重要展示窗口，成为党建与业务高质量融合发展的重要载体。

三、成效启示

红色金融在战火硝烟中诞生，更应该在新时代获得新生。在新时代，除了对红色金融本身进行文化内容挖掘，还应充分挖掘红色金融文化背后的象征意义和时代价值，衍生出更加新颖的宣传模式，为红色金融增添新的优秀内核，探索与构建多方主体协同下的红色金融教育模式。通过创新红色金融的传播和传承给当今社会注入新的文化内涵，鼓励新时代金融人把个人的理想追求融入到国家和民族的事业中，勇做走在时代前列的奋进者、开拓者，"红色金融教育基地"就是承载这种使命的最佳载体。从目前基地建设实践过程看，未来还应重点做好以下几方面工作。

（一）建立健全管理制度，总行党委应强化对"红色金融教育基地"的统筹管理

总行层面制定"红色金融教育基地"的建设和管理办法，对队伍、质量、安全等方面的工作实施精准化管理，进一步提升"红色金融教育基地"建设质量，更好发挥"红色金融教育基地"的政治价值、文化价值和经济价值，打造一支专业化讲解员队伍，丰富人员构成，积极吸收基层青年群体和其他条线员工，加强专业知识培训，进一步提升讲解队伍的专业素质。

（二）强化协调联动，发挥多条线合力

宣传部积极与党办、团委、工会、退管部等条线联动，协调多方力量，充分调动资源，为各单位"红色金融教育基地"建设提供人财物支持，提升各单位建设"红色金融教育基地"的主动性，鼓励红色金融底蕴深厚的单位建设"红色金融教育基地"。加强现有基地的联动发展，加强对各基地利用效果跟踪评估，定期召开基地建设推广成果经验分享会，进一步提升各基地建设和宣传质量。

（三）突出精神文明建设，打造"红色金融教育基地"精神名片

加大对红色金融文化本身内容挖掘，积极扩展红色金融文化内涵，寻找红色金融文化资源和地方优秀传统文化在信息时代下的契合点，衍生出更加新颖的宣传模式，探索建立"两微一抖"线上"云史馆"，打造各地特色线上宣传主题。积极探索建立各基地联动宣传模式，统一对外发声，更好地与红色金融本体文化相呼应，将基地打造成为宣传和巩固社会主义思想文化的重要阵地。

（四）走出去和请进来一体推进，探索辖行及海外机构建设红色教育基地可行性

要充分运用基地示范引领效应，积极推进基地与当地红色博物馆联动建设。推动红色金融文化底蕴深厚、区域红色资源丰富的辖属行积极挖潜红色金融历史，建立"红色金融教育基地"，在所在地打造自身特色文化；挖潜海外分支机构自身特色红色金融文化，打造海外分支机构"红色金融教育基地"，以红色文化提升海外分行干部员工的向心力、凝聚力。

（五）党建与业务融合发展，发挥"红色金融教育基地"支持发展的溢出效应

推动红色金融文化和交行业务相结合，积极谋划线下、线上特色宣传推广活动，实现拓客引流；以教育基地为载体与合作单位制订党建合作计划，实现资源共享、文化共育、相互扶持、良性运转。引入"红色＋"的方式，将红色金融文化与历史、民俗传统、地方特色等元素相结合，把基地打造成所在地红色金融名片，为业务发展赋能。

深刻领悟"八八战略"深厚内涵
推动保险创新走心走深走好

中国出口信用保险公司

一、基本情况

党的十八大以来，以习近平同志为核心的党中央把握新时代发展规律，持续推进金融事业实践创新、理论创新、制度创新。作为政策性保险机构，中国出口信用保险公司宁波分公司（以下简称"中国信保宁波分公司"）始终铭记践行金融工作的政治性、人民性，着力提升干部员工专业性、战斗力，立足国家保险创新综合试验区担当履职、创新作为，针对外贸新业态和服务贸易等领域，先后在全国范围内首创"易跨保"金融服务方案、"港航服务保"金融服务方案、"服惠保"服务贸易出口信用保险普惠平台等多项成果，为金融高质量发展助力贸易强国建设贡献信保宁波"创新方案"。

"八八战略"诞生于浙江，体现了习近平新时代中国特色社会主义思想所蕴含的世界观和方法论，具有伟大真理力量和丰厚实践价值。主题教育开展以来，习近平总书记对"八八战略"实施 20 周年作出重要指示。中国信保宁波分公司牢牢把握总要求，聚焦"学思想、强党性、重实践、建新功"四大要点，深学细悟"八八战略"蕴含的人民立场、实干精神、问题导向三大价值内涵，并将其贯穿于创新工作始终，推动保险创新走心走实走好，展示了主题教育的丰硕成果。

二、经验做法

（一）紧跟追随"学思想"，全面学习领会习近平新时代中国特色社会主义思想，固创新之本

"八八战略"是习近平新时代中国特色社会主义思想在省域范围的伟大实践，二者理论统一、内涵契合。因此，全面学习领会习近平新时代中国特色社会主义思想，既是把握主题教育"学思想"要求，也是学懂弄通"八八战略"丰厚内涵的必由之路，更是创新工作的根本引领。中国信保宁波分公司聚焦"学思想"要求，强化多方联学、丰富学习形式、注重实效反馈，为学好"八八战略"内涵、开展好创新工作打下坚实基础。

1. 强化多方联学，谱写学习"协奏曲"

在学习维度上，突出上下齐学、内外联学。一是领导班子带头领学，带头制定学习宣传贯彻党的二十大精神的 19 项措施，对习近平总书记重要指示批示精神反复学、对照学，营造"大学习"浓厚氛围，带领党员干部通读精读原著原文，以上率下作表率、发挥"领头雁"示范力量。二是党员干部自主研学，党员组成轮值小组，围绕每月主题自主策划，鼓励党员轮当"主讲员"，从"一枝独秀"转变为"花开满园"。三是同业机构共建联学，与政策性银行、国有商业银行、城市商业银行等金融机构广泛开展共建联学，形成金融协同创新共识；定期组织党员同上党课、同过主题党日，打造"资源共享、优势互补"的党建工作新格局。

2. 丰富学习形式，用足学习"工具箱"

在学习形式上，突出阅读学、研讨学、在线学、实地学，交相辉映。一是抓牢阅读学，组织研读规定书目，制定理论学习方案，始终坚持读原著、学原文、悟原理。二是开展研讨学，党委开展集体研讨 8 次、"第一

议题"学习 7 次、党委理论学习中心组学习 13 次，举办为期 7.5 天专题读书班。三是用好在线学，开设"党史上的今天"线上专栏，在"跬步·政治理论学习矩阵"中汇编主题教育学习材料 4 期。四是加强实地学，发挥"红色根脉"独特优势，组织全体员工赴"党章守护人"张人亚学堂现场学，余慈营业部赴滕头村实地学"一犁耕到头，创新永不休"的滕头精神。

3. 注重实效反馈，筑牢学习"压舱石"

在学习检效上，突出以考试促实效、以自查促改进。一是建章立制，建立管党治党"四张清单"，完善议事决策"三项制度"。二是以考促学，开展党章党规党纪知识等"逢学必考"，逐步实现从"要我学"向"我要学"转变。三是优化改进，以《党支部工作实务手册》为底本，开展党支部建设"标准化规范化"专项自查，不断夯实基层党建工作质量。

（二）永葆初心"强党性"，学习"八八战略"人民立场，谋创新之策

习近平总书记指出，党性和人民性从来都是一致的、统一的。① 这与"八八战略"的人民立场一脉相承，"八八战略"在深入群众的基础上诞生，蕴含着习近平总书记的人民情怀。中国信保宁波分公司聚焦"强党性"要求，深入学习"八八战略"的人民立场，谨记习近平总书记"凡是为民造福的事一定要千方百计办好"的要求，在创新工作中坚持金融工作人民性，发挥出口信用保险普惠价值，全面支持中小微企业，让主题教育的"党性之光"在"人民沃土"上结出"创新硕果"。

1. 擦亮为民底色，支持中小微企业出"新招"

分公司锤炼党性，牢记金融工作人民性，以创新工作全面支持中小微企业，奏响"实实在在地为群众谋取利益"的交响曲。一是畅通循环出新，

---

① 《习近平谈治国理政》第一卷，外文出版社 2018 年版，第 154 页。

外贸企业特别是中小微企业，在开拓国内市场过程中面临喜忧参半的"有单不敢接"问题。中国信保宁波分公司先行先试，支持企业投保国内贸易信用保险，助力外贸企业开拓国内市场。内销订单有了保险作为资金信用保障。中小微企业对回款风险没有了后顾之忧，接订单更有胆量、更有底气。从"有单不敢接"转变为"有单敢去接"，告别"老大难"，走向"新机遇"。2023年，中国信保宁波分公司共支持140多家宁波企业拓展国内市场，国内贸易信用保险总承保额达74亿元人民币，有效服务构建"双循环"新发展格局。二是政策服务上新，出台先进制造业"专项13条"，建立"一群两类三级"清单管理架构；2023年6月提高单一企业政策扶持上限，率全省之先实现小微统保平台扩容，为中小微企业稳外贸拓市场强信心；创新提速理赔流程，服务中小微应赔尽赔。

2.奋进人民理想，推广普惠资信紧跟"新潮"

分公司紧跟外贸市场新动向，深入研究中小微企业关心的问题，发扬资信服务普惠性。一方面，举办"行业的朋友"系列论坛4次。围绕纺织服装、日用品、汽车及零部件、新能源汽车等四大特色行业，剖析中小微企业关心的热点问题。企业纷纷表示，论坛"干货多多，收获满满""讲得透彻、听得明白"，说清楚了市场"怎么变"、行业"怎么走"、风险"怎么避"、业务"怎么扩"。另一方面，以政府采购模式创新资信服务。为企业提供770份免费的定制化报告，为海曙外贸企业提供百余个免费资信调查名额，帮助企业甄别优质买家，大大增加了企业扩大出口的底气。

3.永葆人民情怀，支持乡村振兴践行"新举"

分公司创新开展全面推进乡村振兴工作，践行金融工作人民性。与锦浪科技开展党建共建，积极协调向江西省余干县凤凰村输送"光伏屋顶公益项目"，让"闲置"的屋顶摇身一变，成为"发电致富"的光伏板，预计带动村集体每年收入近20万元，实现了隔热、发电、增收三不误。阳光落在光伏板上，映出的光辉点缀家家户户，更照亮乡村振兴的光明大道。此外，组织赴安徽省霍邱县开展乡村振兴公益捐赠活动；广泛动员组织开展消费帮扶，中国人民银行在金融系统组织开展的"消费帮扶金秋行动"中，获得"特等奖"。

（三）感恩奋进"重实践"，学习"八八战略"实干精神，聚创新之力

"八八战略"蕴含着深刻的实干精神。习近平总书记强调，"只有干在实处，才能走在前列""抓而不紧，抓而不实，抓而不常，等于白抓"。①中国信保宁波分公司聚焦"重实践"要求，深入学习"八八战略"的实干精神，坚持创新工作从实际出发、落在实处，推动主题教育成果不断走深走实。

1.学经验"实地走访"拓新思路

为拓展工作新思路，分公司坚持走实地学经验，开展"比学促干、争建新功"实地见学系列活动。各党支部沿着习近平总书记足迹路线，分别前往上海、福建、浙江金华、嘉兴、义乌、宁波等地寻迹溯源。在上海和浙江嘉兴，党员们重走"一大路"，身临其境地感受筚路蓝缕、烽火硝烟中诞生的伟大建党精神；在福建，党员们沉浸式重温"晋江经验"，深刻感悟"六个始终坚持"和"正确处理好五大关系"的核心内涵，学习"晋江经验"；在浙江金华，党员们重温"浦江经验"，体悟"深调研、谋良策、聚合力、出实招"的工作作风；在义乌，党员们领略"地瓜经济"提能升级"一号开放工程"的风采；在宁波，党员们重温习近平总书记考察港区和调研中小企业复工复产时的情景，详细学习舟山港和灵峰社区攻坚克难创优异、只争朝夕当"硬核"的发展历程，坚定信心"把港口最大资源和

---

① 《习近平谈治国理政》第一卷，外文出版社 2018 年版，第 436、364 页。

开放最大优势作用发挥到极致"。

2.做调研"求真务实"备新方略

为谋划工作新方略，分公司遵循习近平总书记"深、实、细、准、效"的要求，求真务实做调研。一是过程严密，始终坚持方向准、脚步深、对策实，党委班子成员按照年度调查研究方案，带领各处室主要负责人一人一题、领题调研。二是案例聚焦，选取"港航服务保"作为典型案例，开展解剖式调研，系统总结以党的创新理论指导实践的经验。三是深入一线，各党支部积极开展"强调研、破难题、优服务"行动，组织党员干部深入一线、走进客户，解决实际问题，展现求真务实作风。

3.优管理"落在实处"寻新提升

在内部管理创新上，分公司敢作为"落在实处"、出新招"掷地有声"。创新业务管理"看实效"，持续优化业务指标编制、业务进度分析能力，不断完善费率相关制度，确保新模式与高质量发展契合。优化理赔追偿"有规范"，全面压缩理赔追偿自由裁量权。管理保单限额"更完善"，进一步规范资信业务收费管理，抓实抓细各项合规要求，加强执行费率的精细化管理、承保业务权限管理，完善费率分级审批机制。建设合规制度"重精细"，有序推进制度修订和废止。建立"制度库"，保证共享及时。

（四）靠前站位"建新功"，学习"八八战略"问题导向，求创新之效

"八八战略"针对浙江"先天的不足"和"成长的烦恼"应运而生，体现了鲜明的问题导向。中国信保宁波分公司聚焦"重新功"要求，深入学习"八八战略"的问题导向，坚持创新工作要直面和解决企业急难愁盼的问题，做到"企有所呼、我有所应，企有所盼、我有所为"，体现主题教育的扎实成果。

1. 聚焦问题，政策上新

面对外贸新形势，分公司聚焦企业需求，及时创新政策。与宁波市商务局在全国率先联合印发新一轮"稳外贸八条"政策措施、《关于支持宁波打造国际开放枢纽之都　助力外贸高质量发展的若干政策措施》，出台《关于进一步做深做实分公司产业链供应链承保的指导意见》，直面市场痛点，服务企业政策需求。

2. 聚焦需求，产品创新

针对企业对信保产品的新需求，分公司秉持问题意识，不断推陈出新。推出"易跨保"跨境电商金融服务方案，帮助企业解决融资难题、提高抗风险能力，实现六大业务场景全面落地；针对港航服务业普遍存在的风险防控难、融资渠道少、国际竞争力弱三大痛点，推出"港航服务保"，打通港航服务全链路融资堵点，开辟出口信用保险创新支持世界一流强港建设之先河；推出"服惠保"，有力服务贸易中小微企业；推出中东欧"采购保"这一针对中东欧市场，普惠性、实效性强的金融创新成果；联合打造"甬贸贷"中小微外贸企业融资平台，着力缓解宁波市中小微外贸企业融资难、融资贵问题。

3. 聚焦热点，业务追新

针对市场急盼、企业急需的新业态，分公司尽锐出战。在跨境电商创新产品推出后，第一时间对接企业需求，实现全国首个跨境电商出口政治风险统保平台首单落地、向宁波天翔汽车部件有限公司出具保险单，以高效、专业的服务赢得了跨境电商企业的称赞；承保全国首笔集装箱租赁业务，为宁波云集物流有限公司和一家远东地区船公司之间的集装箱租赁业务"保驾护航"，让企业在授信额度内放心大胆接订单；签发中国信保系统内首个跨境电商集装箱船舶买方信贷保单、首张装箱租赁服务贸易保单，不断擦亮"中国开放看浙江、浙江开放看宁波"的金名片。

三、成效启示

（一）成效

中国信保宁波分公司在习近平新时代中国特色社会主义思想的指引下，坚定不移走中国特色金融发展之路，紧密围绕主题教育总要求，融会贯通"八八战略"内涵价值，创新工作取得丰硕成果，体现了主题教育的扎实成效。

1.创新工作"干在实处"——"普惠金融"枝繁叶茂，"地瓜经济"藤硕根健

截至 2023 年 10 月，宁波市所有区（县市）均搭建小微政府统保平台。中国信保宁波分公司累计支持服务小微企业超 6500 家，小微企业覆盖面超 40%。牵头搭建"甬企走出去服务联盟"，支持宁波在东南亚、中东欧和北美等海外"小而美"项目超 100 个，数量居全国第四。

2.创新谋划"走在前列"——有效促进"双循环"，精准支持"新业态"

充分发挥政策性和专业性优势，将信用保险深度融入双循环新发展格局。截至 2023 年 10 月，中国信保宁波分公司累计支持国内贸易近 120 亿元人民币，服务 137 家企业，公司支持内外贸一体化案例获中央广播电视总台"朝闻天下"专题报道。

3.创新成果"勇立潮头"——护航千万里，创新永扬帆

全国首创"易跨保"入选"浙江自贸试验区最佳制度创新案例"；全国首创"港航服务保"被评为宁波市全面深化改革"改革创新最佳实践案例"；落地全国首张跨境电商创新产品保单，联合北仑区搭建全国首个跨境电商统保平台，均被纳入 2023 年中国服贸会"服务贸易实践案例"。

（二）启示

1.保险创新突出"政治性"

中国信保宁波分公司深入学习党的二十大精神，坚持用习近平新时代中国特色社会主义思想凝心聚魂。实践证明，习近平新时代中国特色社会主义思想是做好一切工作的根本指引，要先筑思想之基、再兴创新之功。金融创新要以习近平新时代中国特色社会主义思想为指导，以中国特色金融发展之路为遵循。要深刻领悟"两个确立"的决定性意义，增强"四个意识"、坚定"四个自信"、做到"两个维护"。必须增强政治性，保证保险创新靠得住、站得稳。

2.创新谋划牢记"人民性"

规划创新工作时，要牢记政策性金融机构职能定位，聚焦主责主业，履行好政策性职能，服务国家高水平对外开放。要胸怀"国之大者"，从"坚持人民至上"的高度谋划创新策略，从"服务人民金融需求"的角度部署创新工作。必须牢记人民性，保证创新谋划不走歪、不跑偏。

3.创新成果凝聚"专业性"

创新工作需要很强的专业性，在判断市场变化、剖析企业需求时，离不开专业思维、专业经验、专业素质。中国信保宁波分公司充分发挥专业性，突出特色优势，按行业类别组建创新研究小组，锤炼出百折不挠的攻坚精神、统揽全局的系统思维、一丝不苟的落实态度。必须强化专业性，保证创新成果能行稳，方致远。

开展争创"党员先锋岗"主题实践活动 凝聚高质量发展内生动力

中国民生银行

持续深化岗位建功,促进党建与业务有机融合,是落实新时代党的建设总要求,以高质量党的建设引领企业高质量发展需要长期研究的重要课题。2022年以来,中国民生银行总行机关贯彻落实《关于新时代加强和改进思想政治工作的意见》,深化拓展主题实践活动,围绕建好党员队伍、改进工作作风、推动党业融合,创新开展争创"党员先锋岗"实践活动,积极探索金融企业更好发挥党员在思想观念、精神面貌、文明风尚、行为规范等方面的示范引领作用,提升党员政治素质、服务意识和业务能力,积累了实践经验,取得了良好成效。

一、基本情况

开展争创"党员先锋岗"实践活动,是中国民生银行总行机关立足全行高质量党的建设引领高质量发展三年实施方案,立足全行深入推进改革发展的中心任务,立足总行机关要在深化党建引领中走在前、作表率的职责使命,推出的一项创新实践项目。

3年来,该项目坚持"深化岗位建功、促进党业融合"的初心,坚持"首问负责、担当作为、专业精进、高效协同"的导向,坚持在实践探索中持续迭代项目运行机制，引导 800 余名机关党员参与"七一亮身份亮承诺""为基层解决一个问题""百家支行调研""总、分、支行先锋岗'手拉手、结对子'"等争创实践活动，打造了"先锋训练营""先锋说·知识分享会""先锋岗敏捷学习小组"等学习赋能品牌，形成了"机关党委把方向、项目组统筹协调、专项小组自发组织"的敏捷项目管理体系。通过加强争创"党员先锋岗"的目标引领、问题导向和过程管理，实现了党员自身成长、岗位建功、带动示范相统一，进一步推动创新实践不断走深走实、取得实效。

二、经验做法

为开展好争创"党员先锋岗"实践活动，机关党委及项目组围绕"谁来参与争创、如何衡量争创表现、如何策划争创活动、如何保障争创成效"等问题进行了积极探索，形成了一系列经验做法。

（一）突出"人、岗、责"，发挥争创人员正向引领作用

坚持让政治素质高、服务意识强、业务能力优的党员参与争创。"党员先锋岗"争创人员采取党员自愿报名、支部选拔推荐的方式产生。"自愿报名"基于对总行机关"深化岗位建功"倡议的响应，体现争创人员主动服务、担当作为的意识。"支部选拔推荐"则通过党组织考察，确保争创人员政治素质和业务能力过硬。同时，加强对争创人员的培训赋能，聚焦政治理论学习、业务知识学习、团队能力建设，引导争创人员参加"机关大讲堂""先锋岗敏捷学习小组""先锋训练营"等培训项目，进一步提升争创人员综合素质。

鼓励重要岗位尤其是与基层联系密切岗位的党员参与争创。"党员先锋岗"争创人员的重要任务是立足岗位作贡献，尤其是要通过改进提升本

职工作赋能基层一线、推动业务发展。鼓励机关各业务主管部门中级及以上职务人员，以及政策制定、产品研发、业务推动、运营支持等重要岗位人员优先参与争创，有助于增强"党员先锋岗"争创人员赋能一线的能力，推动实现岗位建功。

坚持把落实"首问负责"作为对争创人员的核心要求。"党员先锋岗"争创人员需带头做到"首问负责"，即接到基层咨询、诉求时，在本人职责范围内的事项要高效回应解决，对超出本人或本部门职责范围的事项，要主动帮助联系，协调予以解决。以提供"一站式"服务，体现担当作为的工作作风。通过持续落实"首问负责"，在全行逐步形成"有问题，找先锋"的良好氛围。

（二）突出"目标引领、问题导向、过程管理"，提升争创过程精细化管理水平

变荣誉表彰为过程式争创，在实现目标的过程中践行岗位建功。争创"党员先锋岗"实践活动打破了传统的"评优评先"模式，把"争创过程"作为该项目的核心环节，要求争创人员从一开始就明确争创中需达成的"五个一"任务目标，即"至少开展一次承诺践诺活动、至少为基层解决一个问题、至少申报一个典型案例、至少提出一条合理化建议、至少搭建一个服务平台"，并在后续争创过程中，立足自身岗位，为实现争创目标开展常态化工作和专项工作，确保完成争创任务。

坚持把"发现问题、解决问题、促进发展"，作为争创过程的价值标准。争创"党员先锋岗"实践活动始终坚持问题导向，引导争创人员注重通过"民声心语"基层问题反馈平台、开展专项问卷调查、参与"百家支行调研"等多种形式，收集掌握基层问题和意见建议，推动总行相关部门分析研究和解决反馈。尤其注重秉持"小事不小"的态度，着力解决困扰基层一线的"关键小事"，以此增强争创过程对一线业务的促进作用。

探索建立争创达标评估机制，实现争创全过程闭环管理。争创"党员先锋岗"实践活动探索建立多维度的评估机制，全面衡量争创人员表现和成效。其中，"关键事件评估"结合争创人员"五个一"任务目标完成情况，考察争创人员接办问题和服务基层的成效，鼓励形成具有推广价值的解决方案和工作案例。"接受评议监督"通过问卷调查、工作调研等方式，定期收集服务对象对争创人员的反馈评价，并通过支部评议、机关党委审议等程序，最终审核确定争创结果。整个评估过程坚持公正公开，对争创表现和成效进行公开"晾晒"，接受群众监督。

（三）突出"把牢方向、共建共创、常做常新"，实现争创活动策划守正创新

始终保持正确的政治方向，把握争创活动的初心和主题主线。争创"党员先锋岗"实践活动坚持"深化岗位建功、促进党业融合"的初心，促进机关党员发挥先锋模范作用，积极践行金融工作的政治性、人民性，融入和推动金融事业发展；坚持"围绕中心，服务大局"的主题，在活动策划组织中，紧贴总行党委决策部署和全行改革发展中心工作，引导争创人员带头做改革的宣导者和实践者；坚持"首问负责"的主线，始终把高效解决基层一线问题诉求作为各项争创活动的出发点和立足点，拓展和丰富争创活动内涵与形式，实现在争创中改进作风、锻炼能力、促进发展。

充分激发"党员先锋岗"争创人员的创造力，实现争创活动共创共建。争创"党员先锋岗"实践活动发挥平台作用，鼓励争创人员及其组建的敏捷小组开展特色化、创新性活动，对取得良好成效的实践做法进行孵化和推广。在项目组的日常管理工作中，通过不定期开展争创人员座谈、召开项目组扩大会议、组建专项工作组等形式，注重吸纳有意愿、有创意的争创人员参与制定年度争创计划、组织策划争创活动、收集基层意见建议等工作，以共创共建形式，激发争创人员的自主性和创造力。

坚持沉淀固化与迭代创新"两手抓",保持争创活动常做常新。争创"党员先锋岗"实践活动中,一方面对相对成熟的流程、机制及理念文化等加强沉淀固化,形成了一批标准化的申报评定流程、常规项目管理模式和具有全行知晓度辨识度的品牌口号。同时,高度重视争创活动的迭代创新,充分结合全行中心工作的新发展和基层业务开展的新需求,结合"i民生"等全新办公平台和系统的功能支持,推动创新活动在目标内容、组织形式等方面与时俱进、升级迭代,不断提升创新活动质效。

(四)突出"重心向下、敏捷协同、务实高效",以良好作风保障争创成效

坚持把基层一线作为争创人员岗位建功的主战场。争创"党员先锋岗"实践活动注重走好党的群众路线,坚持重心向下,引导机关争创人员主动下沉支行一线、市场一线,收集第一手信息,发现需求、解决问题、推动业务。在"百家支行调研"中,争创人员组建专项调研小组,以交流座谈、问卷调查等形式与支行员工充分交流,宣导业务政策,倾听基层反馈,收集意见建议,并与支行共同走访客户,了解客户需求和产品反馈。基于在一线收集的"员工之声"和"客户之声",争创人员结合自身岗位职责加强分析研究,进一步优化提升业务模式和产品功能,赋能业务发展。

持续增进跨部门、跨层级的敏捷协同。对于收集到的需跨部门解决的基层问题,相关部门"党员先锋岗"争创人员自发成立敏捷专项小组,建立联席工作机制,确立牵头部门人员、分工协作及时间安排,共同推动解决问题,以"机关部门多协同"实现"基层员工少跑路"。同时,机关争创人员通过"手拉手、结对子"等活动,加强与分行、支行的常态化联动,提升发现问题的及时性、分析问题的全面性和解决问题的精准性,推动形成"总、分、支行"三级协同的良好局面。

以务实高效的作风保障争创成果转化。争创"党员先锋岗"实践活动

注重经验总结和成果转化，积极宣传争创过程中的先进个人和事迹，尤其注重及时对有实际指导意义、可复制推广的典型做法、业务案例进行梳理总结和提炼萃取。活动开展以来，相继形成了面向全行的《党员先锋岗专刊》"工作锦囊"栏目、"先锋说·知识分享会"等成果分享平台，持续高效输出争创成果，加强成果转化运用，展现争创工作的务实作风和价值贡献。

三、成效启示

争创"党员先锋岗"实践活动作为中国民生银行总行机关强化党建引领的创新性、实践性项目，得到了总行机关各级党组织和广大党员的积极响应，得到了全行各机构尤其是基层一线的广泛支持和积极评价，在持续深化岗位建功、促进党建与业务有机融合方面取得了一定成效，积累了实践经验，为下一步深化拓展活动成果奠定了基础。

（一）争创"党员先锋岗"实践活动的主要成效

进一步加强了党员队伍建设。2022年以来，共有800余名机关党员自发报名参与争创"党员先锋岗"，其中2024年报名争创200余名。截至目前，已有600余名争创达标并挂牌，其余人员正按活动安排持续争创。从争创人员的构成来看，40岁以下青年党员占比80%，成为争创人员的主力军；中级及以上职务人员占比38%，为提升团队能力提供了重要支撑。

广大争创人员充分发挥党员先锋模范作用，立足岗位优势和专业特长，在践行金融工作的政治性和人民性、推动全行重点改革项目中勇于担当，在落实"首问负责"为基层一线解难题、办实事中积极作为，在坚持"问题导向"的学习调研、敏捷协作中锤炼本领，有效提升了党员干部政治素质、服务意识和业务能力，真正实现了党员自身成长、岗位建功、带动示范相统一。

进一步强化了工作作风建设。"党员先锋岗"争创人员积极践行民生银行企业文化，从自身做起，从干好本职工作出发，坚持把"重心向下、敏捷协同、务实高效"的作风落实到日常工作中，持续引领、深化作风建设。总行机关及时提炼争创活动实践和收集的意见建议，向全行发出"改进工作作风倡议书"，倡导营造"简单、务实、高效"的干事创业氛围，获得积极响应。

全行各级党组织借鉴总行机关经验，先后开展"党员先锋岗"相关工作，有效拓展了争创"党员先锋岗"实践活动的覆盖面和影响力，推动了全行工作作风持续改进。调查显示，全行干部员工对总行机关工作作风满意度连续 3 年提升，受访员工对日常工作中联系的"党员先锋岗"普遍给予好评，充分反映出全行干部员工对"党员先锋岗"工作作风的认可，反映出争创"党员先锋岗"实践活动对全行作风建设的带动作用。

进一步推动了党业融合。"党员先锋岗"争创人员坚持以新时代党的创新理论武装头脑、指导实践、推动工作，持续深入学习贯彻中央金融工作会议精神，立足做好"五篇大文章"，持续深化岗位建功。

在贯彻落实党中央决策部署中走在前。总行科技金融部争创人员探索服务科创企业标准化模式，在"专精特新"线上信用贷产品"易创 E 贷"的研发和推广中勇挑重担，有力支持科技企业创新发展。总行授信评审部争创人员积极支持绿色金融发展，通过明确重点客群名单、开通快速审批通道等方式，提高审批效率，促进绿色信贷投放。

在践行金融为民理念中走在前。总行普惠金融事业部、个人金融部、公司业务部等部门争创人员协同开展"新市民"客户画像和需求调研，整合资源打造"金融＋非金融"服务体系，为"新市民"提供全周期一体化综合金融服务。总行运营管理部争创人员积极投身各项便民服务工作，帮助老年客户解决线上业务办理不便等问题，取得良好反响。

在推动全行重点改革项目中走在前。总行生态金融部、小微金融事业部争创人员建立敏捷项目小组，加快推进数字化转型在开户业务中的应用，优化端到端业务流程，升级系统平台功能，有效提升基层工作效率与客户体验。在"百家支行调研"中，争创人员主动宣传改革政策，与分、支行人员围绕改革举措推进情况充分交流，助力改革走深走实。

（二）争创"党员先锋岗"实践活动的经验启示

强化党建引领，把握创新实践活动的正确方向。争创"党员先锋岗"实践活动坚持以习近平新时代中国特色社会主义思想为指导，深入贯彻落实党中央和上级党委决策部署，准确把握新时代思想政治工作的特点和要求，主动融入全行改革发展大局和机关党建工作全局，充分发挥党的政治优势和组织优势，提高争创团队的创造力、凝聚力、战斗力，加强对争创人员的政治历练、党性淬炼和思想引领，促进党员更好发挥先进模范作用，确保争创活动始终沿着正确的政治方向开展。

服务中心工作，突出创新实践活动的鲜明主题。争创"党员先锋岗"实践活动突出"围绕中心，服务大局"的鲜明主题，推动党建与业务融合互促，主动在全行中心工作中找定位、找方向、谋思路，使每一项争创活动都能与中心工作同频共振，为推动改革发展提供助力、贡献价值，使每一位争创人员都能立足岗位专业精进，在服务中心工作中实现岗位建功，推动实现以高质量党的建设引领企业高质量发展的目标。

坚持问题导向，掌握创新实践活动的基本方法。争创"党员先锋岗"实践活动坚持问题导向的思想方法和工作方法，始终把为基层解决问题作为争创活动的切入口和出发点，把深入调查研究、把握问题实质作为重要任务，把提升争创人员业务本领、增强解决问题的能力作为重要目标，通过直面问题、破解难题，不断打开工作新局面。

激发组织活力，提供创新实践活动的持续动力。争创"党员先锋岗"实践活动把鼓励敏捷创新作为激发活力的重要途径，在牢牢把握整体方向和活动主题的基础上，提供敏捷创新的机制安排和资源支持，充分激发争创人员和敏捷小组的主观能动性和自主创新力，使其不断成为争创活动的实践主体和创新主体，始终保持争创"党员先锋岗"实践活动的创新活力。

弘扬中国特色金融文化
以文化建设助推高质量发展

中国银河金控

一、基本情况

中国银河金融控股有限责任公司(以下简称"中国银河金控"或"集团")是经国务院批准，由财政部和中央汇金投资有限责任公司共同发起成立的中央直属国有大型金融企业，是国家顺应金融改革与发展趋势设立的中国第一家国有"金融控股"公司，肩负着探索我国金融业综合经营模式的历史使命。

习近平总书记在省部级主要领导干部推动金融高质量发展专题研讨班开班式上强调指出，"推动金融高质量发展、建设金融强国，要坚持法治和德治相结合，积极培育中国特色金融文化"[①]。习近平总书记提出培育中国特色金融文化这一重大课题，深刻阐明了中国特色金融文化的核心要义，为金融系统推进文化建设提供了根本遵循，指明了前进方向。

中国银河金控党委深入学习贯彻习近平新时代中国特色社会主义思想，充分发挥党的全面领导的政治优势，积极培育中国特色金融文化，不

[①] 《坚定不移走中国特色金融发展之路　推动我国金融高质量发展》，《人民日报》2024年1月17日。

断推进银河系统内外协同体系落地，积极探寻具有银河特色的差异化特色化发展之路。在集团企业文化建设方面，形成了坚持守正创新，牢记初心使命，凝练形成了重塑资产价值共创美好生活的企业使命，成为受人尊敬的一流资产管理集团的企业愿景和守正创新、和合共赢的核心价值观。

中国银河金控以文化擦亮政治底色，持续深化"两高两强"总部建设，不断完善集团管控赋能模式，将党的领导融入公司治理各环节、经营管理全过程，全面增强基层党组织政治功能和组织功能，持续提升服务国家战略和实体经济能力，实现了服务国家战略与集团高质量发展有机统一。

二、经验做法

（一）深入学习贯彻习近平文化思想，坚定文化自信

习近平文化思想，是在新时代中国特色社会主义文化建设伟大实践中形成并不断丰富发展的，是对新时代党领导文化建设实践经验的理论总结，为新时代宣传思想文化工作提供了思想武器和行动指南。中国银河金控党委始终心怀"国之大者"，坚定文化自信，强化党建引领，不断筑牢中国银河金控的"根"和"魂"。

一是深化理论学习，持续提高政治站位。集团深入学习贯彻习近平总书记在文化传承发展座谈会上的重要讲话精神和习近平总书记关于中国特色金融文化的重要论述，集团举行党委理论学习中心组学习和读书班，深刻把握中华文明的突出特性，深刻理解"两个结合"的重大意义，毫不动摇坚持党对金融工作的领导。

二是坚持党管金融，秉承金融报国情怀。制定《中国银河金控党委关于进一步加强公司系统各级领导班子及其成员政治能力建设的实施意见》《中国银河金控党委关于全面贯彻落实中央金融工作会议精神的工作方案》，深入学习贯彻习近平文化思想，自觉践行金融工作的政治性、人

民性，牢固树立正确的权力观、政绩观和事业观，担当起新时代国有金融企业文化建设使命，切实秉承金融报国、金融为民情怀。

三是加强宣传推介，提升集团社会影响力。印发《中国银河金控企业文化新媒体宣传推广方案》，发布企业社会责任报告，拍摄企业形象宣传片，开展"四强"党支部、"星耀银河"评选表彰活动，发布集团文化新媒体建设方案，推动一批企业文化建设重点工作落地，为集团高质量发展提供精神力量。

（二）培育中国特色金融文化，强化正确导向

从中国银河金控诞生之日起，就与党和国家同呼吸、共命运，在推动国有金融企业改革发展、提升国有资本配置运营效率方面发挥了积极作用，其企业文化呈现出鲜明的央企姓党、金融为民的特色。

一是将弘扬中国特色金融文化纳入考核。集团要求各子公司党委和各基层党组织将培育中国特色金融文化纳入党建和经营管理，纳入党组织书记抓基层党建工作述职评议考核，促使各子公司党委书记履行好第一责任人责任，各级领导班子成员履行好"一岗双责"职责，切实发挥了关键岗位的"头雁"作用。

二是将文化建设与廉洁合规建设贯通起来。集团积极倡导廉洁文化、合规文化，教育引导员工把廉洁从业、合规履职内化为思想自觉和行动自觉。集团深化合规审核，加强合规宣传，营造合规文化和"依法合规，制度先行，内化于心，外化于行"的制度文化。集团强化经常性纪律教育，搭建"银河'清'风'廉'花盛开'"专题教育平台，涵养务实担当的新风正气。2024年集团结合党纪学习安排，相继教育推出"每日学纪"栏目，升级《银河纪说》月刊，形成"清"风常随、"廉"花常伴、"警"钟长鸣的浓厚氛围。

三是以主题活动为载体持续强化文化建设。2024年以来，集团以"银

河四季"为主线，以党群融合为目标，以服务发展为宗旨，充分发挥党群工作团结群众、凝聚人心的作用，相继举办了烘焙体验活动、妇女节主题活动、春季健步走等企业文化活动。同时，集团还组织党员赴廉政教育基地参观见学，掀起破除金融"例外论""特殊论"大讨论，驰而不息纠"四风"树新风，切实把党的纪律和规矩挺在前面。

（三）精心培育集团企业文化，推动文化强企

中国银河金控作为全国第一家国有"金融控股"公司，肩负着探索金融业综合经营模式的历史使命。随着"化解原银河证券历史遗留问题，推动银河证券上市"历史任务完成，中国银河金控开启新的业务发展方向和新的战略，集团企业文化与时俱进、同步推动。

一是提炼集团企业文化理念。中国银河金控企业文化项目组通过探寻集团历史文脉、发展历程、访谈调研等定性调研和问卷调查等定量调研，还面向集团中高层管理人员、部分基层员工访谈 100 余人次，形成访谈笔录 13 万多字。针对集团的关键要素、文化导向、组织氛围、管理问题等深入调研，对集团长期发展中积淀的文化元素和形成的文化传统进行系统总结、提炼和升华。

二是注重文化建设建章立制。印发中国银河金控《企业文化手册》和《企业文化三年行动方案》，研究制定《企业文化管理办法》和《企业文化内部培训师管理实施细则》等制度规范，进一步完善集团企业文化建设制度体系。

三是凝聚和秉承集团文化共识。中国银河金控秉承"一元化、多样性"原则，坚持以集团核心价值观为指引，强化"一个银河理念"，推动子公司打造个性鲜明的企业文化，进一步丰富集团企业文化内涵、增强企业文化的活力。注重加强总部与子公司之间企业文化建设交流互动，在各党支部、群团组织之间广泛开展共建共创活动，合力提升集团党建与企业文化

建设水平。

（四）扎实推进集团品牌战略，打造品牌文化

中国银河金控通过凝练和深化企业文化与价值观体系，积极塑造与集团战略匹配的品牌形象。2023 年以来，集团立足"三大两新一高"，聚焦大不良、开展大协同、构建大资管，以创新改革为驱动，融入新发展格局，实现高质量发展。集团新媒体矩阵作用得到有效发挥，企业文化建设驶入了快车道。

一是加强品牌管理。集团以"中国银河"为核心品牌，实施商标、域名统一战略，加强商标保护，做好域名注册管理；集团建立品牌评估与考核机制，有效提升了品牌管理效率和效果；集团重视企业新闻宣传和舆论引导，通过完善舆情管理、监测、预警和处理机制，提升对舆情的前瞻性管控能力；集团深挖内部动态、特色产品和对外合作等相关信息，进一步提炼品牌故事与核心价值。

二是做好品牌宣传。集团制定《企业文化新媒体宣传推广方案》，统筹加强集团官网、官微等自媒体平台建设，通过细化员工培训、编写企业文化手册、短视频投放等方式，提升全员品牌意识和服务意识；集团利用中投生态圈、新闻媒体、广告营销等媒介渠道，有针对性地做好战略合作、经营动态、产品发行、扶贫助农公益项目的宣传推广，彰显金融央企的责任担当和特色品牌。

三是为基层松绑减负。集团持续整治形式主义为基层减负，打破"数据孤岛"，规范各类 APP、账号与工作群建设、使用和安全管理，坚持"当下改"，更要"长久立"，以制度机制约束"指尖上的形式主义"；集团以党建工作为抓手，统筹加强"政治能力、两个功能"等实施意见和方案，形成"八单同账、并表统办"台账，减少重复填写工作量 60%，每个项目"材料只交一次，内容只填一次"，集团督办力度不减、整改效果更好。

三、成效启示

党的十八大以来，习近平总书记以强烈的问题意识、清醒的历史自觉、坚定的文化自信来思考文化之题。习近平文化思想在回应实践需求的基础上推动新时代文化建设的深入发展，具有"明体达用、体用贯通"的鲜明品格，是习近平新时代中国特色社会主义思想的文化篇，开辟了马克思主义文化理论新境界。中国银河金控深入学习贯彻习近平文化思想，坚决拥护"两个确立"，增强"四个意识"，坚定"四个自信"，做到"两个维护"，充分发挥党的全面领导的政治优势，不断开创高质量发展新局面。

（一）加强企业文化建设，必须自觉以习近平文化思想为引领

习近平文化思想彰显了党的历史自信和文化自信，中国银河金控党委深入学习贯彻习近平文化思想，坚持党建引领，持续深化集团企业文化建设的实践与探索，特别是对企业文化体系进行再梳理，汇聚提炼出中国银河金控使命、愿景、核心价值观，着力打造"学习型、创新型、赋能型"新总部模式，加大集团品牌和文化建设力度，聚焦发扬社会主义核心价值观，推动集团企业文化入脑入心入行，有效发挥企业文化对中国银河金控高质量发展的引领推动作用。

（二）锚定高质量发展方向，必须强化党对金融工作的集中统一领导

中国银河金控坚持党的领导、加强党的建设，充分发挥国企党的领导的政治优势，突出抓集团党的建设和基层党组织建设，特别是按照"三新一高"要求，统筹推进党的建设和改革发展，促使集团改革发展取得了扎实成效。这些年，集团围绕高质量发展这个首要任务，全面贯彻新周期战略规划，加快不良资产收购处置和资金回现进度，加速提升公募管理规

模，加快私募困境资产业务，全面提升集团竞争力、影响力和抗风险能力；集团着力打造"两高两强"总部，将总部能力提升、效率改进、管理优化，加强赋能与集团新周期战略落地、体制机制创新紧密结合，充分发挥"五个中心"功能定位，健全完善"四梁八柱"管理体系。

（三）强化政治引领，必须坚守中国特色金融文化"五要五不"要求

中国银河金控党委着力增强党内政治生活的时代性、原则性和战斗性，严明党的政治纪律和政治规矩，营造风清气正的政治生态。集团全面落实《中投公司党委关于强化政治引领，培育中国特色金融文化的意见》要求，积极培育中国特色金融文化，厚植集团企业文化底蕴。即"要诚实守信，不要逾越底线；要以义取利，不要唯利是图；要稳健审慎，不要急功近利；要守正创新，不要脱实向虚；要依法合规，不要胡作非为"。2024年以来，集团党员干部在中投公司生态圈发表破除金融"特殊论""例外论"，以及学习《习近平关于金融工作论述摘编》体会文章50余篇，发布5期《银河金控深入开展企业文化建设，弘扬中国特色金融文化》宣传系列稿件。集团传承红色金融文化，唱响金融主旋律，弘扬金融正能量，自觉做中国特色金融文化的建设者和执行者；集团弘扬"守正创新、和合共赢"的核心价值观，提升员工尽心尽力、尽职尽责的"守正行为"，敢为人先、追求卓越的"创新行为"，团结协作、彼此包容的"和合行为"，配合整体、兼顾彼此的"共赢行为"，营造人人有目标、人人有动力的良好氛围。

（四）打造清廉金融文化，必须夯实防范化解金融风险的体制机制

习近平总书记强调，"金融是国家重要的核心竞争力，金融安全是国

家安全的重要组成部分"①。中国银河金控党委加强党的纪律建设，涵养清廉文化，制定中国银河金控《廉洁风险管理办法》，坚持把廉洁文化建设融入集团思想文化工作，统筹各类资源，运用违纪违法干部警示录、忏悔录、警示教育片等集中开展反腐倡廉教育，促使党员干部受警醒、明底线、知敬畏，推动形成遵规守纪的高度自觉和长效机制。中国银河金控坚持底线思维，增强忧患意识，制定中国银河金控《合规管理办法》、中国银河金控《合规与风险事件问责管理办法》等制度规定，持续抓好风险管控工作，将矛盾消解于未然，将风险化解于无形；加快数字化风控系统建设，加大风险穿透管理力度，强化风险管理闭环机制，对各类风险做到早发现、早预警、早处置；强化科技赋能，加强对金融监管信息系统分析应用，提升风险监测分析的精准性和有效性。

启航春天里，实干创未来。中国银河金控以习近平新时代中国特色社会主义思想为指导，全面贯彻中央金融工作会议精神，紧紧围绕"建设金融强国"目标，为发展新质生产力注入金融动能；鼓足干劲、再接再厉，坚持做难而正确的事，努力在奋进中赶超、在赶超中突破，坚定不移走中国特色金融发展之路，为建设金融强国贡献银河力量。

---

① 《习近平谈治国理政》第二卷，外文出版社 2017 年版，第 278 页。

新时代建设中国特色
投行文化的研究与实践

中国证券业协会

习近平总书记在省部级主要领导干部推动金融高质量发展专题研讨班开班式上强调，推动金融高质量发展、建设金融强国，要坚持法治和德治相结合，积极培育中国特色金融文化，做到：诚实守信，不逾越底线；以义取利，不唯利是图；稳健审慎，不急功近利；守正创新，不脱实向虚；依法合规，不胡作非为。①《国务院关于加强监管防范风险推动资本市场高质量发展的若干意见》指出："积极培育良好的行业文化和投资文化。完善与经营绩效、业务性质、贡献水平、合规风控、社会文化相适应的证券基金行业薪酬管理制度。持续开展行业文化综合治理，建立健全从业人员分类名单制度和执业声誉管理机制，坚决纠治拜金主义、奢靡享乐、急功近利、'炫富'等不良风气。"

投资银行在中国特色社会主义市场经济建设中发挥着重要作用。在服务中国经济发展、伴随资本市场成长的过程中，投资银行取得了长足的进步，初步形成了具有中国特色的投行文化。总的来说，投行文化是中国特色金融文化的一个分支，"五要五不"是投行文化的基本要求，服务实体

---

① 《坚定不移走中国特色金融发展之路　推动我国金融高质量发展》，《人民日报》2024年1月17日。

经济是投行的基本使命，参与中国特色资本市场建设是中国投行的重要任务。

一、基本情况

资本市场是现代金融体系的重要组成部分，是市场化配置资源的主战场，既是连接实体经济、金融、科技的重要纽带，也是连接筹资者、投资者、中介机构等市场主体的重要枢纽。

投资银行连接投资端与融资端，在助推企业成长、优化资源配置、促进产业结构升级方面发挥着重要作用，是资本市场发挥枢纽功能的基础。建设中国特色的投资银行文化，既是投行软实力和核心竞争力的重要体现，是投行服务实体经济的重要保障；也是中国特色社会主义本质的必然要求，是中国资本市场发展到新阶段的必要举措。

（一）投行文化的一般内涵

习近平总书记指出："文化自信，是更基础、更广泛、更深厚的自信，是更基本、更深沉、更持久的力量。"[①]"富强、民主、文明、和谐"，是我国社会主义现代化国家的建设目标，也是中国投资银行应当努力的方向。"自由、平等、公正、法治"，反映了中国特色社会主义的基本属性，是投行文化不可或缺的特色。"爱国、敬业、诚信、友善"，是公民基本道德规范，也是投行从业者应当在个人行为层面必须恪守的基本道德准则。

投行文化是社会主义核心价值观的具体体现。建设中国特色的投行文化应遵循《证券行业文化建设十要素》提出的关键要素和指导原则，还应当吸收借鉴境外优秀投行文化精华。

---

① 《习近平著作选读》第一卷，人民出版社 2023 年版，第 536 页。

（二）中国特色投行文化的独特内涵

1.服务实体经济、顺应国家战略是中国投行的历史使命

当前，中国特色社会主义建设进入新阶段，投资银行业应当主动融入新的发展格局，立足服务"创新、协调、绿色、开放、共享"的新发展理念，主动服务高科技创新型企业、助力"碳达峰、碳中和"企业发展，大力支持东北地区和中西部地区企业登陆资本市场，积极利用多层次资本市场支持广大中小企业发展。

在金融供给侧结构性改革大背景下，中国投资银行必须坚决贯彻中央金融工作方针和政策，"不忘初心、牢记使命"。中国投行具有独特的"牌照优势"，享受到了中国经济发展的红利和国家政策红利，相对应地，也应当承担服务国家战略这一独特的历史使命。

2.参与中国特色资本市场建设是中国投行的重要任务

2024年3月，为全面贯彻党的二十大和中央金融工作会议精神，围绕强化监管、防控风险、加快推进建设一流投资银行和投资机构，中国证监会发布《关于加强证券公司和公募基金监管加快推进建设一流投资银行和投资机构的意见（试行）》，其中指出："深入开展中国特色金融文化建设。督促行业机构及从业人员大力弘扬和践行'诚实守信，不逾越底线；以义取利，不唯利是图；稳健审慎，不急功近利；守正创新，不脱实向虚；依法合规，不胡作非为'的中国特色金融文化。坚决纠治拜金主义、奢靡享乐、急功近利、'炫富'等不良风气，坚决破除'例外论''精英论''特殊论'等错误论调。压实行业机构文化建设主体责任，强化监督问责。不断完善行业文化评估机制，强化正面典型示范作用与反面案例警示教育。"在此背景下，中国投行应树立正确、健康的投资银行理念和文化，抓住历史机遇，致力于建设以人民为中心、服务于新时代中国特色社会主义的"有活力、有韧性"的资本市场。

3. 保持诚信专业是中国投行的职业本分

"诚信"是中国特色的投行文化的基本要求。在投行文化建设过程中，要树立诚信意识，勤勉尽责；要坚守诚信执业操守，始终珍惜和维护企业与行业声誉。专业性是投资银行赖以生存的基础，要把"专业"作为服务实体经济的核心能力。投资银行之间要以诚信的精神、专业的能力展开良性竞争，避免相互诋毁、避免低价竞争。

二、经验做法

在长期实践过程中，证券公司对于如何坚持中国特色打造各具特点的投行文化进行了深入探索，形成了很好的经验做法。

国泰君安证券坚持"金融报国"的理念，在实践中将行稳致远、专业精进、求真务实、知行合一作为行动准则。一是加强党建引领，以党纪学习教育带动全员合规展业、廉洁从业，发布《投资银行业务合规手册》，全员签署《廉洁承诺书》，制定《投行事业部声誉风险管理实施细则》，开展投行业务质量提升专项行动计划，系统完善合规风控培训体系，把遵规守纪内化于心、外化于行。二是强化政治担当，践行金融国企功能使命，当好服务实体经济主力军。充分发挥专业优势，积极做好"五篇大文章"，在服务"科技金融"方面，助力战略性新兴产业企业股权融资并登陆科创板，在服务"绿色金融"方面，积极推动境内绿色股债融资；坚持"四个放在"，服务上海"五个中心"建设，聚焦上海"三大先导产业""六大集群产业"，助力上海加快构建现代化产业体系，聚焦重点区域，提升区域金融服务能力。三是坚持长期主义，精进专业能力，为客户提供高质量综合服务。以客户为中心，专注客户全生命周期金融服务需求，推进"产业投行、综合投行、数字投行"建设，构建企业客户综合服务平台。坚持不用商业贿赂方式承揽项目、不靠贬低同行来抬高自己、不诋毁客户来推卸自身责任、不随意承诺夸大其词的展业准则，不断精进投行业务专业能力。

华泰联合证券凝聚"开放、包容、创新、奋斗、担当"的企业文化价值观。一是坚持以高质量党建引领高质量文化建设，不断提升文化软实力，始终把党建工作和文化建设工作放到公司大局中谋划和推进，指导广大员工找准找实党建和业务工作深度融合的着力点，通过开展一系列高质量党建共建活动，从思想、组织、行动等层面提升员工凝聚力，构建坚实战斗堡垒。二是厚植"客户为中心，合规为底线，风控是能力，质量是生命"的合规风控文化理念，夯实投行业务内控体系建设，以中国特色金融文化引领业务高质量发展。通过形式多样的活动营造良好的合规风控氛围，强化全体人员合规风控意识，树立正确的职业道德和法制观念。三是致力于打造进取向上的人才队伍，为企业文化提供持续发展的生命力。针对青年员工、高潜员工及管理者等群体量身定制完整的培训体系，帮助其迎接职业生涯中的机遇与挑战。四是长期践行金融向善的理念，坚守公益初心为社会贡献金融力量。通过员工志愿者服务日，为流动儿童保护、自然环境保护贡献企业力量。同时公司致力于产业振兴、教育支持和生态保护三大项目，在撬动政府产业带动奖补资金、培育本土管理团队、助力合作社销售农产品等方面持续发力。

中信建投证券在成立之初即秉承中信集团创始人荣毅仁同志提出的"遵纪守法，作风正派；实事求是，开拓创新；谦虚谨慎，团结互助；勤勉奋发，雷厉风行"的中信风格，在此基础上制订并不断完善了《中信建投证券投资银行业务共同准则》。共同准则包含十方面内容：一是明确作为金融服务机构，公司将坚守金融服务实体经济初心，践行国家战略。二是提出信誉和口碑是最珍视的宝贵财富，也是投资银行业务赖以生存和发展壮大的基石。三是指出合规风控与质量控制是投资银行业务长期稳健发展的根本前提。四是指出追求卓越是持之以恒的目标。五是指出正直诚信为立身之本，职业操守为立业之基。六是指出将始终坚持以人为本、先人后事和五湖四海的用人理念。七是指出团队意识和强大的执行力是取得已有成绩的重要因素。八是指出企业文化决定了企业的经营风格和精神面貌。九是指出公司整体竞争力的提升是投资银行为客户提供综合优质服务并走向更大成功的根本保障。十是强调必须抓住中国经济改革和发展的历史机遇。经过多年的宣传贯彻，共同准则已成为中信建投证券投行人共同信奉和遵循的价值准则与行为规范，对引领投资银行业务开展、凝聚团队共识起到了不可替代的作用。

三、成效启示

建设中国特色的投行文化，要坚持溯本清源，立足中国国情和资本市场市情，扎根中国传统文化，融入新时代中国特色社会主义发展大局，贯彻新时代发展理念，积极参与构建新时代发展格局。具体来说，就是要做到以下五个方面。

（一）必须积极践行新发展理念，服务国家战略

新的社会主要矛盾，新的发展阶段，需要新的发展理念。创新、协调、绿色、开放、共享的新发展理念，是在对国内外发展经验教训深刻总结的基础上提出的，是对中国特色社会主义发展规律的新认识新概括，是致力于破解发展难题、增强发展动力、厚植发展优势的治本之策。

要始终将国家战略方向作为投资银行开展业务的指南针。坚决贯彻落实股票发行注册制、常态化退市机制、提高直接融资比重等资本市场领域的重要战略部署；利用专业能力融入乡村振兴国家战略、进一步完善全方位帮扶公益体系，帮助国内企业"走出去"、支持"一带一路"发展，支持区域协调发展战略，持续倡导推广绿色发展理念、积极服务国家"碳达

峰、碳中和"目标。投资银行要始终心怀"国之大者",主动服务关系国计民生、涉及"卡脖子"领域的企业。引导行业不以规模论、不唯收入论,以国家战略为导向,服务早期、中小型企业,服务多层次资本市场。要着眼长期利益,拒绝急功近利。着力构建长效激励制度机制,摒弃简单以业绩为导向的过度激励,尤其要自觉抵制拜金主义倾向,坚持激励与约束并重、长期与短期兼顾、有效激励与问责监督相统一,追求长期健康发展。

(二)必须坚持服务实体经济的正确方向,坚守投行的使命担当

我国投行的诞生、发展,始终与国家政策和资本市场的发展息息相关。新时代下,投资银行更要回归本源,扎扎实实做好自己的事情。投资银行行业应当肩负起优化融资结构、激发经济活力、培育创新动能、推动绿色发展、支持跨境投融资的时代使命,发挥资本市场在资源配置中的枢纽作用,引导金融资源向科技创新、高端制造、消费升级、绿色经济等重点领域倾斜,助力实体经济转型升级。

服务实体经济是证券业高质量发展的第一要义。投行要以服务实体经济,为客户创造价值为使命,坚持把投资银行的自身发展融入促进产业发展之中,致力于促进企业与国家、社会的共同发展、共同繁荣。与时俱进,守正创新,遵循市场经济发展规律,顺应时代发展趋势,在投资银行工作中贯彻新发展理念,服务新发展格局,为社会进步、人民共同富裕积极贡献力量。

(三)必须坚持文化建设与投行业务的有机结合,守住执业质量和风险控制的底线

《国务院关于加强监管防范风险推动资本市场高质量发展的若干意见》指出:"着力做好科技金融、绿色金融、普惠金融、养老金融、数字金融

五篇大文章。推动股票发行注册制走深走实，增强资本市场制度竞争力，提升对新产业新业态新技术的包容性，更好服务科技创新、绿色发展、国资国企改革等国家战略实施和中小企业、民营企业发展壮大，促进新质生产力发展。"专业是投资银行立身之本，要不断提升专业能力，尤其是全业务链投资银行服务能力。扎实做好投资银行本职工作，精益求精，追求卓越，持续提升专业水平和核心竞争力。更高的执业质量和更高的工作效率是与客户建立持久合作关系、实现共同成长的关键所在。

合规风控与质量控制是投资银行业务稳健发展的根本前提。要坚持合规底线，努力做诚信文化的实践者和坚定捍卫者，紧紧围绕打造一个安全、规范、透明、开放、有活力、有韧性的中国特色资本市场的总目标，归位尽责，廉洁从业，建言献策，助力落实注册制改革，促进资本市场高质量发展。坚持一切经营活动以符合法律法规、监管规定为第一准绳，当好资本市场的"看门人"。明确自身定位和发展方向，不为短期的困难或诱惑而彷徨动摇，强化风险防范意识，完善自我约束机制，提高风险识别、应对和化解能力。要牢记合规底线就是生命线，珍视口碑和声誉，对践踏合规底线、无视风险控制的人员坚决问责。要完善行业诚信系统，对有不诚信记录的从业人员谨慎录用，形成良好的行业风气。

（四）必须站稳中国特色资本市场以人民为中心的立场，坚持以客户为中心

中国特色的投行文化建设必须始终坚持人民性，将牢牢站稳以人民为中心的立场作为根本立足点。投资银行必须把功能性放在首要位置，坚持以客户为中心，聚焦服务新质生产力加快形成，紧紧围绕科技金融、绿色金融、普惠金融、养老金融、数字金融"五篇大文章"，全力支持实体经济的发展，践行金融报国、金融为民的发展理念。与此同时，投资银行必须要进一步贯彻"以投资者为本"的理念，坚持回归本源、聚焦主业，发

挥专业服务机构的专业能力和专业水准，形成适合各类投资者需求的多样化金融产品和服务体系，持续为资本市场输送更多高质量的上市公司，为广大投资者提供更多优质的投资标的。

（五）必须以人为本，以新时代新要求打造投行专业队伍

文化建设的根本在"人"，投行从业人员的思想认识、行为规范是投行文化建设的"出发点"，也是投行文化建设的"落脚点"。要重新审视人才培养机制，提升从业人员的归属感、荣誉感。探索面向基层员工、面向年轻从业人员的针对性举措，在行为守则、考核激励之外，探索形式更加丰富多元的特色活动，切实将行业文化建设推向深入。要充分考虑从业人员高学历、年轻化、专业化的特点以及行业特性，汇聚优秀人才，以奋斗者为本，坚持人才培养与历史文化传承、专业能力建设有机结合，营造公正、平等、和谐的人文环境，为从业人员的发展提供良好的工作环境和团队氛围，实现员工与企业共同成长。培养优秀文化是投资银行业务健康发展的重要根基，要积极打造健康向上、团结进取的企业文化，引导从业人员树立正确的人生观、义利观，保持良好的职业操守与道德水准。要崇尚团队合作，拒绝个人主义，零容忍任何毫无组织纪律性甚至置个人利益于公司和客户利益之上的员工，鼓励德才兼备，全面发展。

中国特色投行文化的建设要紧扣新时代金融核心任务，聚焦高质量发展目标。一方面应自上而下加强思想引导、完善考核激励体系、加强职业道德教育，推动投行文化建设工作落地生根；另一方面，应在行业内推广优秀案例、分享文化实践经验，并对孕育其中的文化导向予以总结提炼。两个方向持续互动，构成正向反馈，在各个层面不断完善和提升，发挥各方合力、久久为功。

加强人文关怀和心理疏导
营造和谐劳动关系

浦发银行

一、基本情况

当前，随着社会竞争日趋激烈，人们受到各方面的压力与日俱增，职业生活中的心理感受是影响员工行为的重要情绪源。浦发银行总行信息科技党委针对部门全体员工的调研数据显示，科技员工对压力的深切感知普遍存在，但程度较轻，仅有 8% 的员工对压力感知水平较高，有强烈的倾诉想法且想要获得帮助。在压力类型调研中，经济和工作压力是压在员工身上的"两座大山"。经济压力更多来源于购房购车和生活成本。而工作方面，员工的压力更多来自于职业规划不明朗和工作成就感不足。随着年龄以及婚育状态变化，家庭压力来源也会不断改变。

通过了解员工心理健康状况，可以透视企业在员工管理方面的问题。测评结果显示，大多数员工情绪状态良好、具有较好的情绪缓解能力，并且更倾向于参加团体活动来缓解日常工作的疲劳与压力，活跃身心健康。基层管理工作繁杂，长期超负荷工作容易诱发焦虑抑郁心理。基层管理人员的心理疏导也十分必要。在心理测评中，同时划为抑郁类和焦虑类人群中，20% 的人员担任了管理角色。面对基层管理人员出现的压力大、自我否定等心理问题，需要重点关注并提供培训指导。

调研结果显示，大多数员工期望加强专业技能学习，从而有机会接受更有挑战的项目以提升经验积累，争取一定的晋升空间。在对当前工作的关注内容中，员工将成长路线及晋升机制作为首选项。在个人能力及特长是否得到发挥方面，以及是否愿意接受更有挑战工作或任务方面，绝大多数员工均选择肯定态度。

在参与调研的 90 后员工群体中，45.41% 为独生子女。该群体学历及文化水平相对较高，自主意识较强，比较注重付出与回报的公平性，乐于创造获取平等机会的权利。他们的思想观念、性格特征、行为方式以及职业规划较中年员工有着突破性的变化。当前，员工尤其是在事业初期的青年员工，往往背负着较大的经济及家庭压力，员工更加注重财富收入等"硬待遇"，而对自身价值体现、人文关怀、工作氛围等"软待遇"降低了要求。

金融科技企业搭建的多种形式沟通平台，包括党委意见箱、内部社区、调查问卷等，畅通员工反馈渠道，建立科学有效的诉求表达机制，有利于营造和谐良好的工作氛围。调研数据显示，薪酬福利、晋升空间、工作氛围是当前员工认为营造和谐劳动关系的主要因素。除了这些"硬指标"外，职业规划、能力提升、人文关怀也是员工重点关注的因素。

针对以上调研得到的情况，浦发银行总行信息科技党委积极加强人文关怀和心理疏导，提升员工成就感与归属感，构建企业与员工和谐的劳动关系。

二、经验做法

（一）深入开展"我为群众办实事"活动

浦发银行总行信息科技党委组织辖内基层党支部深入开展"我为群众办实事"实践活动，各基层党支部结合本单位工作实际，聚焦员工烦心事、基层困难事，研究确定本支部的办实事内容，2023 年度科技党委各党支部共制定 58 项实事项目清单，涉及员工就餐，新员工入职指导及未来职业发展，员工落户、购房、理财知识分享，中医健康诊断，青年联谊交友，操作设备更新等各方面，切实解决员工在工作、生活中急难愁盼的具体问题，有效缓解员工各方面压力，增强员工对企业的归属感。

（二）常态化开展"书记接待日"

浦发银行总行信息科技党委第二十党支部每月固定时间开展"书记接待日"活动，支部书记与员工以"面对面、一对一"的形式进行交谈，听取员工在工作和生活中最急、最忧、最盼的问题，以及对支部、处室工作的意见和建议，涉及日常项目管理、商务工作、工作环境等方面，书记对能解决的问题现场解答，对不能现场解决的问题及时反馈给相关部门并跟进。支部持续把"书记接待日"活动常态化，加强员工与组织的有效沟通，打造"连心桥"，实实在在帮助员工解决难题。

（三）设立线上"党委意见箱"

为鼓励广大员工倾吐心声，进一步畅通员工发声渠道，浦发银行总行信息科技党委正式上线"党委意见箱"。"党委意见箱"依托创意星球平台，全体科技员工随时可以提出自己的建议和声音，党委认真分析收到的每一条建议，诚恳听取基层的宝贵意见，相关建议将直接分配到对应处理单位进行评估整改，并限时进行反馈公示，及时回应广大员工的诉求。

（四）创新意识形态工作，加强员工思想引导

浦发银行总行信息科技党委制定"贯彻党的二十大精神 打造新浦发科技"意识形态专题学习教育活动方案。全年活动创新地通过发布知识帖、周测、知识竞赛、地图学习闯关等形式开展。第一赛季根据《银行业从业

人员职业操守和行为准则》和《上海浦东发展银行员工行为守则》相关内容，形成一系列简短精练、易学易记知识帖，进一步强化员工思想政治建设，固本培元，立规明矩。第二赛季以党的创新理论等为主题构建题库，开展每日答题，帮助员工积累党的创新理论知识，增强思想内核建设。第三赛季围绕浦发银行企业文化开展深入学习，以笃守诚信、创造卓越为核心价值观，强化员工对浦发企业文化的认知，提升科技员工的凝聚力和向心力。第四赛季以社会主义核心价值观为主要学习内容，以学习闯关线上竞争的形式开展，在线上竞争中帮助员工深入学习社会主义核心价值观的精神内涵。通过全年活动，进一步促进员工政治素养提升，切实展现员工精神风貌，激发员工爱党爱国热情，促使员工在科技岗位上不断践行初心使命。

（五）推进跨部门、跨地域交流，加强员工能力培养

浦发银行总行信息科技党委持续推进分中心和上海的双向交流，安排上海骨干力量驻扎各分中心进行支援和带教，完善异地分中心骨干派驻机制；安排骨干技术人员到分行业务单位跟岗，协助解决一线痛点同时进一步加强能力培养，深化业技融合；持续赋能基层管理者，通过"线上＋线下"的方式，面向超过 500 名基层科技骨干开展培训，提升团队骨干全局性管理能力，有序组织推进初级持证上岗培训考试体系落地，探索研究并形成职业路径成长地图规划，构建分层、分类的体系化科技人才梯队，增强科技人才核心竞争力和可持续发展能力。

三、成效启示

（一）舒缓各方压力，增强员工归属感

工作不是单纯的谋生手段。员工在企业中能够获得关怀和尊重，进而

会认同企业的文化，对企业有情感寄托。员工自身的诉求和愿望能够通过个人努力在企业氛围中得以实现，自身困难与困惑能通过企业的帮助得以缓解，则必然会产生强烈的归属感，从而形成和谐的劳动关系。

针对员工的压力来源，可从多方面采取措施协助缓解：如对于经济压力，除鼓励员工努力工作，争先创优获得晋升机会外，还可通过增加理财、合理资产配置、合理选房等方面的指导，帮助员工养成良好的消费习惯，缓解经济压力。针对工作压力，除对工作合理安排外，还可持续强化员工自身技能提升，从科学方法、工具平台、流程优化等方面着手持续改进。对于人际关系压力，可增加心理疏导、沟通技巧等方面的讲座和指导，对于重点问题人群应采取一对一形式的强化沟通。

增强员工对群体的认同感、归属感，还应加强以下措施：第一，员工所属的基层单位是关键。各基层单位应有意识协助建立良好的人际关系。第二，重在加强员工之间的交流沟通。这种交流沟通不仅仅局限在工作上，而应当从思想、情感、志趣等全方位交流沟通。为此，党工团应充分发挥作用，适时组织员工开展文娱、体育、技能竞赛等集体活动，创造员工 8 小时以外交流的条件。第三，应善于引导组织中的非正式群体活动。非正式群体是员工根据当前不同诉求自发形成的，如宝妈群、跑步群等，蕴含着员工较丰富的情感寄托。企业如果引导得当，可有效收集和缓解大家遇到的问题并予以解决或安慰。第四，给予员工参与各种重大问题讨论的机会，增强员工主人翁意识和责任感。

（二）加强员工思想引导，塑造正确价值观

企业管理者在思想政治教育中应充分发挥教育引导作用，帮助员工树立正确的世界观、人生观、价值观，使其在处理各类关系时有正确的判断和选择。

党工团应针对不同群体，进行针对性引导和鼓励。此外，对各方面表

现相对突出的员工要及时给予合理激励。物质激励并非唯一方式，精神激励也可以增加员工的自信心、自豪感和成就感。营造学习进步、自我挑战的良好氛围，激发员工的自我驱动力，构建榜样激励机制，从而激发形成正向价值驱动的工作环境。

（三）深化员工领域能力，助力自我价值实现

通过调研发现，员工更希望接受一些挑战性的工作，并希望对工作拥有更多控制权。对这些员工而言，要明晰划分职责领域，对其适度放权，充分信任，使其自主地处理包括规划、目标达成的方式及途径等工作。另外，企业也可以结合先赋能后授权的方式，针对不同员工角色的技能需要，形成科学合理的技能体系，持续加强员工培训，给予员工更多主导和发挥的空间，助力其自我价值的实现。

（四）关注心理健康管理，筑牢强大心理防线

铸造强大的心理防线需要个体的努力和自我调整。企业管理者需要常态化关注员工心理健康，主动进行有针对性的心理教育与咨询辅导，协助其筑牢强大的心理防线。

做好"早预防"。运用科学的心理测评方法，合理利用问卷系统，在入职、续签、年末等关键环节对员工展开心理测评，为每个员工建立动态心理档案，对心理出现问题的员工持续关注，做到早预防、早干预，防患于未然。

做好"活咨询"。结合实际情况，充分发挥工会组织在心理健康教育方面的作用，建立常态化心理关爱及指导机制，通过开展个体咨询、团体辅导等形式，帮助员工解决工作、生活、交友等问题，发挥心理教育的针对性和时效性。通过心理专家讲座、案例分析等不同方式，帮助员工学习自我减压的基本办法。

做好"深启发"。将心理健康教育融入到日常思想政治教育中，通过团会、党会等，发挥榜样示范和朋辈帮扶作用，引导员工树立"接纳自我、爱护自我、战胜自我"的价值观，主动养成健康的生活方式和良好的心理习惯。

（五）提升人文关怀"软实力"，营造和谐劳动关系

随着经济快速发展，员工对非经济性报酬的追求日益增强。尤其是以80后、90后为主体的新生代员工群体中，对精神层面的诉求更加强烈。企业要重点关注员工动态变化的思想状况和利益诉求，加强人文关怀，为员工搭建成长平台和成才"快车道"。

从管理意义上看，人文关怀也是一种激励，可以转化为生产力。企业为员工提供经济回报以外的福利，往往能产生更强的凝聚力和激励作用，增强员工对企业的归属感，提高员工工作效率，激发创造活力。一是营造环境，搭建成长成才平台，提供施展才能机会，促进员工业务技能提升；二是提升黏性，提高员工自主权，尊重并积极采纳员工的意见建议，提升员工对企业的信任度；三是强化依赖，将员工管理方式从管控向赋能转变，促进个体价值转化为集体智慧；四是建立动态机制，对员工的人文关怀成效持续跟踪，及时对应调整管理策略。

以实干实绩践行
金融工作的政治性人民性

浙江农商联合银行

一、基本情况

浙江农信作为土地革命的产物，承载着与生俱来的红色基因。70 多年改革发展历程中，农信社管理体制几经变迁，但坚持党的领导，服务农业、农村、农民的初心从未改变。根据《深化农村信用社改革试点方案》精神，在时任浙江省委书记习近平同志的亲自谋划、亲自部署下，2004 年 4 月 18 日，浙江省农信联社正式成立（2022 年 4 月 18 日，改制为浙江农商联合银行），负责对全省农信机构的管理、指导、协调和服务。

习近平同志在浙江工作期间十分关心重视农信社改革发展，2005—2006 年先后四次对浙江农信作出重要指示批示，要求"切实把农村信用社系统干部队伍建设好""进一步提高防范金融风险能力""为社会主义新农村建设作出更大的贡献""充分发挥自身优势，积极参与农村新型合作体系建设"，为浙江农信改革发展掌舵领航，成为全系统取之不尽、用之不竭的宝贵财富。浙江农商联合银行党委（以下简称"省行党委"）始终沿着习近平总书记指引的方向，一张蓝图绘到底、一任接着一任干，旗帜鲜明坚持党的全面领导，全面加强党的建设，团结带领 82 家农商银行(农信联社，以下简称"行社"）、1900 多个基层党组织、5 万多名员工坚守支农支小主责主业，全力服务"三农"、服务民营小微企业、服务全省地方经济社会发展。

2016 年 10 月，全国国有企业党的建设工作会议召开，开创国有企业党的建设新局面。2017 年 10 月，浙江省委组织部印发《关于调整全省农村信用社系统党建工作领导体制的通知》，将各行社党委由市、县（市、区）委管理调整为系统和属地双重管理，以省农信联社党委为主管理，地方党委协助管理。自此，全省农商银行系统党建工作领导体制全面理顺，党建引领高质量发展开启新的征程。到 2023 年年末，全系统管理资产超5 万亿元，存贷款总量在全省银行业和全国农信系统均居首位，承担全省1/2 的农户贷款和 1/4 的小微企业贷款，贷款不良率在全国省级农信系统中最低，是乡村振兴主办银行、民营小微伙伴银行、普惠金融主力银行。省行党委牢记习近平总书记的殷殷嘱托，巩固拓展学习贯彻习近平新时代中国特色社会主义思想主题教育成果，深化"循迹溯源学思想促践行"，认真总结全系统深入实施"八八战略"，深刻践行金融工作的政治性、人民性，做深做实全方位普惠金融的探索实践，进一步坚定信心、接续奋斗，强力推进创新深化、改革攻坚、开放提升，走好农商特色的高质量发展之路，全面助力金融强省建设，为全省"勇当先行者、谱写新篇章"贡献更大力量。

二、经验做法

自 2017 年年底全系统党建工作领导体制调整以来，在浙江省委、省政府的正确领导下，省行党委全面扛起管党治党主体责任，坚持和加强党的全面领导、全面加强党的建设，带领全系统各级党组织和广大党员职工走出一条具有鲜明农商辨识度的高质量党建引领高质量发展之路。

（一）争当绝对忠诚可靠的金融排头兵

遵循习近平总书记"坚持党中央对金融工作的集中统一领导"重要指示，始终把党的政治建设摆在首位，争当绝对忠诚可靠的金融排头兵。筑牢"农商姓党"的政治属性，始终把坚定拥护"两个确立"、坚决做到"两个维护"作为最高政治原则和根本政治责任，旗帜鲜明讲政治。一是把牢政治方向。省行党委示范带头并指导行社落实落细"第一议题"制度，探索开展"第一议题"重温习近平总书记重要指示批示精神机制，健全贯彻习近平总书记重要指示批示精神闭环落实机制，坚决做到"总书记有号令、党中央有部署，浙江见行动见实效"，农商抓落实，始终在思想上政治上行动上同以习近平同志为核心的党中央保持高度一致。二是坚定凝心铸魂。高质量开展"不忘初心、牢记使命"主题教育、党史学习教育、学习贯彻习近平新时代中国特色社会主义思想主题教育、党纪学习教育，建立"循迹溯源学思想促践行"长效机制，常态化专题学习习近平总书记关于金融工作的重要论述和对浙江农信四次重要批示精神，切实做到学思用贯通、知信行统一。与中国延安干部学院等合作组织全系统领导干部党性修养专题培训，每年办好领导干部读书班、行社正副职干部轮训班、青年干部培训班等，提高党员干部政治素养。三是加强党的全面领导。认真贯彻习近平总书记关于国有企业"两个一以贯之"的重要指示，健全完善符合农商实际的现代金融企业制度，将党建工作要求写入省行和82家行社章程，全面落实"双向进入、交叉任职"领导体制，严格执行党委前置研究讨论程序、"三重一大"决策制度，把党的领导融入公司治理各环节全过程，确保党委发挥把方向、管大局、保落实作用制度化具体化。

（二）争当服务中心大局的金融排头兵

遵循习近平总书记"为社会主义新农村建设作出更大的贡献"重要指示，推动党建工作与金融工作深度融合，争当服务中心大局的金融排头兵。始终胸怀"国之大者",把引领赋能发展作为党建工作的出发点与落脚点,创新"党建＋金融"服务模式,做到"党建强、发展强"。一是服务实体扛起使命担当。充分发挥乡村振兴主办银行、民营小微伙伴银行、普惠金融主力银行优势,扎实推进"服务乡村振兴计划""小微金融工程三年行动计划""财金助力扩中家庭项目"等工作,大力推广"四个办"服务体系,全力以赴服务全省三个"一号工程"和"十项重大工程",将中央、省委关于乡村振兴、共同富裕、融资畅通等重大部署落到实处。二是党建联建助力共富善治。省行党委与省委组织部、省委"两新"工委两次联合发文,全面搭建党建联建、"红色互动"平台,成为省属企业中的独家。全系统与3.08万个基层党组织开展党建联建,推动党建联抓、业务联合、活动联办、阵地联建、难题联解、发展联促。加强经验总结提炼,编印实践案例,引导行社分层分类提升党建联建的广度、深度与实效。各行社因地制宜探索形成温州"共享社·幸福里"、桐庐"5060俱乐部"等特色做法,不断释放党建与基层治理协同共进的新效能。三是"走千访万"办好民生实事。发挥人缘地缘优势,党员领导干部带头践行"四下基层",深入开展"大走访大调研大服务大解题",带动全系统1.68万名"金融书记""共富专员""金融红管家"融入基层网格,进村入户、进园入企,切实掌握需求、开展服务、解决难题。在履行社会责任、助力抢险救灾等关键时刻,农商银行基层党组织和党员干部成为地方党委政府派得出、顶得上、靠得住的重要力量。

（三）争当建强"三支队伍"的金融排头兵

遵循习近平总书记"切实把农村信用社系统干部队伍建设好"重要指示,持之以恒优化干部选育管用,争当建强"三支队伍"的金融排头兵。始终抓牢"人"这个核心要素,全面落实新时代好干部标准,以"大人才观"建强农商队伍。一是优化结构配强班子。树牢"四个坚持、八个不"选贤任能导向，加大优秀干部选配，持续健全干部选育管用全链条机制。常态化开展领导干部政治素质考察和盘点画像，建立行社"一把手"和班子副职储备人才库，夯实选人用人基础。二是训战结合磨炼能力。增强干部多岗位培养历练，健全省行与行社干部上挂下派、选赴地方挂职等机制。2017年以来，组织上挂下派130余人，选派挂职乡镇街道1000余人。搭建省级高管审计中心、巡察人才库，常态化组织优秀年轻干部参与各类审计、巡察项目和省级新产品研发等业务攻坚项目，丰富干部多领域经历经验。三是晾晒比拼激励担当。创新实施分层分类经营管理考核，完善市场化考核激励体系，突出实干实绩导向，探索实施行社领导人员绩效合同考核，开展省行本级全员双选双聘，推动干部能上能下。积极培育中国特色金融文化，传承弘扬农商"三水"精神、"老黄牛"精神、背包精神、奋斗者精神，选树"最美农商人""浙江农信奋斗者"，引导各级干部员工树立正确的经营观、业绩观、风险观。四是全面建强"三支队伍"。制定出台《关于深入实施"农商人才卓越工程"全面加强浙江农商银行系统"三支队伍"建设的意见》，首次召开全系统人才工作会议，推动82家行社建立党委人才工作领导小组，深化实施"农商政治铸魂凝心聚力"等八大工程，全力打造具有农商辨识度的卓越经营型高素质干部队伍、卓越创新型高水平人才队伍、卓越技能型高素养员工队伍。

（四）争当守好红色根脉的金融排头兵

遵循习近平总书记"把各领域基层党组织建设成为坚强战斗堡垒"重要指示，树立大抓基层的鲜明导向，争当守好红色根脉的金融排头兵。建立健全上下贯通、执行有力的组织体系，坚持不懈抓基层、打基础、固基本，不断增强党组织政治功能和组织功能。一是健全党建工作体系。全面贯彻落实"红色根脉强基工程""全企一体、双融共促工程"，建立健全党建工作"1+X"制度体系，扎实开展"双融共促　强基赋能"

专项行动，完善高质量党建引领高质量发展工作体系。健全落实党建工作责任制考核、党组织书记抓基层党建述职评议、基层党建联系点等工作机制，做到党建与业务工作目标同向、部署同步、推进同力。二是构建严密组织体系。高质量召开省行第一次党代会，指导77家行社有序开展党委换届，为改革发展提供坚强组织保证。建立全系统1900多个党组织谱册，编印系列党务工作手册，应用数字党建系统，出台加强党务工作队伍建设指导意见，开展党建专题培训研学，推动各级党组织抓党建目标更明确、责任更到位、保障更有力。三是擦亮特色党建品牌。深入实施"一行社一品牌、一支部一特色"，培育形成55个特色行社党建品牌、53个特色党支部，打响了慈溪"和美"、安吉"安芯"、临海"心泉"等特色党建品牌。党建特色做法获全国金融系统思想政治工作多项荣誉，被中央和省级主流媒体报道，有力提升了全系统党建工作影响力和美誉度。

（五）争当勤廉并重的金融排头兵

遵循习近平总书记"全面从严治党是党永葆生机活力、走好新的赶考之路的必由之路"重要指示，持续深化清廉浙江农商建设，争当勤廉并重的金融排头兵。以清廉农商建设为抓手，深入开展党风廉政建设和反腐败斗争，着力营造风清气正的政治生态。一是推动全面从严治党责任压紧压实。深化细化"四责协同"机制，完善全面从严治党主体责任责任书签订形式和范围，确保党委主体责任、党委书记第一责任人责任和班子成员"一岗双责"、纪委监督责任压紧压实。制定出台28项落实意见和"五张责任清单"，规范执行"五个严禁"，全面加强"一把手"和领导班子监督。顺利推进纪检监察体制改革，着力构建派驻纪检监察组与组织、巡察、审计、风险等多部门联合一体的大监督格局。二是推动政治监督走深走实。在省属企业中率先建立党委巡察工作机制，完成首轮巡察82家行社全覆盖。出台省行党委巡察工作规划（2023—2027 年），建立整改方案"四方联审"、党委听取整改汇报、书记约谈等机制，深化问题分类处置，推动形成监督、整改、治理全链条闭环。三是推动正风肃纪反腐常治长效。深入开展党纪学习教育，坚持党性党风党纪一起抓，引导党员干部学纪、知纪、明纪、守纪。建立清廉浙江农商建设"5+N+1"评价指标体系，开展反腐倡廉全覆盖无盲区零容忍专项行动、普惠金融领域腐败惩治和风险防控专项治理，一体推进不敢腐、不能腐、不想腐。严格落实中央八项规定及其实施细则精神，驰而不息纠治"四风"，深化构建亲清政商关系，全力打造海晏河清的干事创业氛围。

三、成效启示

浙江农商银行系统改革发展取得的成绩，其根本在于习近平总书记的掌舵领航，得益于省委、省政府的坚强领导，是全系统干部员工和衷共济、团结奋进的结果。回望 70 多年不平凡的发展历程，尤其是近 20 年的奋斗之路，主要启示：

（一）坚持党的全面领导是践行金融工作政治性的根本要求

习近平总书记指出，加强党中央对金融工作的集中统一领导，是做好金融工作的根本保证。[①] 全系统能够始终沿着正确方向坚定前行，取得改革发展的瞩目成绩，最根本最具决定性的就是坚定拥护"两个确立"、坚决做到"两个维护"，坚持党对金融工作的全面领导。农信社作为党领导下的土地改革产物，承载着与生俱来的红色基因。我们必须筑牢"农商姓

---

① 中共中央党史和文献研究院编：《习近平关于金融工作论述摘编》，中央文献出版社 2024 年版，第 30 页。

党"的政治属性，始终胸怀"国之大者"，把党中央关于金融工作的大政方针和决策部署不折不扣贯彻落实到位，把党的政治优势和制度优势转化为自身的发展优势和服务优势，坚决做到"总书记有号令、党中央有部署，浙江见行动见实效"，农商抓落实。

（二）坚持以人民为中心是践行金融工作人民性的应有之义

习近平总书记指出，要始终坚持以人民为中心的发展思想，更好满足人民群众和实体经济多样化的金融需求。[①] 我们始终按照习近平总书记赋予的"联系农民金融纽带"定位，依托省市县乡村五级全覆盖的网络体系，深度融入城乡社会治理，构筑了人缘地缘的独特优势，不仅成为联系农民的金融纽带，也成为联系小微企业和广大百姓的金融纽带。我们要继续坚持把实现人民对美好生活的向往作为一切工作的出发点和落脚点，深入践行金融为民理念，更加注重金融发展的普惠性，用心用情用力解决好群众急难愁盼问题，不断提升老百姓的获得感、幸福感、安全感和认同感。

（三）坚持服务实体经济是坚决扛起金融使命的责任担当

习近平总书记指出，金融是实体经济的血脉，为实体经济服务是金融的天职。[②] 一直以来，全系统始终坚守支农支小主责主业，坚定做小做散经营定位，在服务"三农"、服务民营小微企业、服务全省经济社会发展上作出了优势、作出了特色，也作出了成绩、作出了地位。这是习近平总书记和党中央赋予我们的使命，也是我们自身实现差异化竞争的基础。我们要始终坚守服务实体经济的天职和宗旨，既要巩固在支农支小上的优势

[①] 中共中央党史和文献研究院编：《习近平关于金融工作论述摘编》，中央文献出版社2024年版，第43页。

[②] 《习近平著作选读》第一卷，人民出版社2023年版，第614页。

特色，也要顺应经济社会发展的战略需要、阶段特征和结构特点，因势利导不断完善服务实体经济的方向、方式和方法，做好科技金融、绿色金融、普惠金融、养老金融、数字金融"五篇大文章"，把更多资源投入到经济社会高质量发展的重点领域和薄弱环节上来。

（四）坚持实现高质量发展是继续走在前列的必然选择

习近平总书记指出："高质量发展是全面建设社会主义现代化国家的首要任务。"[①] 实现高质量发展，是"新时代的硬道理"，也是对全系统发展需要的现实考量。新发展阶段，我们要实现的高质量发展，是质的有效提升和量的合理增长的高质量发展，是统筹高水平安全的高质量发展，是实现可持续发展的高质量发展，也是立足主责主业、坚持特色经营、服务中心大局的高质量发展。我们要加快转变发展理念，统筹好质量、规模、效益的关系，向质量要效益、以质量促发展，在服务全省经济社会发展大局中增强高质量发展的竞争力。

（五）坚持推进高水平安全是实现可持续发展的基础前提

习近平总书记指出："防范化解金融风险，特别是防止发生系统性金融风险，是金融工作的根本性任务，也是金融工作的永恒主题。"[②] 省农信联社成立以来，全系统风险抵御能力持续加强，资产质量更加扎实，在近年来中小银行风险频出的背景下，始终保持"风景这边独好"。我们要继续牢固树立底线思维和极限思维，建立健全全面风险管理体系，完善风险监测、识别、预警、处置机制，强化全流程合规经营，有效防范道德风险，实现高质量发展和高水平安全良性互动。

---

① 《习近平著作选读》第一卷，人民出版社 2023 年版，第 23 页。
② 《习近平著作选读》第一卷，人民出版社 2023 年版，第 618 页。

（六）坚持全面从严治党是完成新征程发展使命的政治保障

我们党作为世界上最大的马克思主义执政党，如何成功跳出治乱兴衰历史周期率、确保党永远不变质不变色不变味，是摆在全党同志面前的一个战略性问题。我们要始终坚持严的基调、严的措施、严的氛围，纵深推进正风肃纪反腐，深化落实中央八项规定及其实施细则精神，紧盯重要岗位和关键环节，加大对违纪违规行为处罚力度，引导干部员工知敬畏、存戒惧、守底线，推动构建亲清统一的新型政商关系，着力营造风清气正的良好政治生态。

建强意识形态"有声"阵地
凝聚宣传思想工作"有形"力量

广发银行

习近平总书记深刻指出:"做好意识形态工作,事关党的前途命运,事关国家长治久安,事关民族凝聚力和向心力。"① 高度重视宣传思想工作,是我们党的优良传统和政治优势,也是一条基本经验。中国特色社会主义进入新时代,舆论生态、传播技术、媒体格局等都在发生深刻变化,宣传思想工作担负起更高的使命任务,直接影响社会主义意识形态凝聚力和引领力的提升。广发银行将互联网思维融入意识形态阵地建设,打造"广议"全行互动交流平台,引导全体干部员工积极发声、正确发声,当好党的创新理论的积极宣讲者、马克思主义在意识形态领域指导地位的坚定维护者、用党的意识形态引导全行思潮的可靠排头兵。

一、基本情况

广发银行是首批成立的全国性股份制银行之一,在境内27个省(自治区、直辖市)和香港、澳门特别行政区设立了49家直属分行,覆盖全

---

① 中共中央党史和文献研究院编:《习近平关于社会主义精神文明建设论述摘编》,中央文献出版社2022年版,第85页。

国 116 个城市，营业机构近千家，有员工近 4 万人。全行把党的领导和党的建设落实到改革发展全过程，履行好国企经济责任、政治责任、社会责任，从 2021 年起连续入围国内系统重要性银行，高质量发展取得新成效。

近年来，广发银行响应党中央为基层办实事解难题的号召，加强总部建设和作风建设，陆续开展了"总部建设年""作风提升年""我为群众办实事"等活动，加强基层调研，解决最广大员工需求，积极探索加强和改进基层思想政治工作有效路径。在这一过程中，发现还存在总行党委听取基层意见层级多、倾听渠道少，基层反映意见建议多、声音传递难的问题。尤其是在互联网、智能终端广泛普及，各类信息高速增长的情况下，增强宣传思想工作时代感和吸引力成为必然要求，打通各类宣传阵地壁垒成为必然选择。

基于以上情况，总行党委大力推进理念创新、手段创新、体制机制创新，运用互联网思维，开发出一套高效沟通、互联互通的工具"广议"线上交流平台，用一个总分支交流的"话匣子"，有效问政于基层、问需于基层、问计于基层、服务于基层，把信息技术的新变量转化为提高思想政治工作成效的"有形"增量。

二、经验做法

"广议"平台在 2019 年"不忘初心、牢记使命"主题教育期间上线，开辟了"问答""智库""新芽"等栏目，满足员工反映诉求、沟通工作、收集信息、参与活动等各类工作场景，截至 2024 年上半年，累计浏览量超过 300 万人次，受到全行员工的广泛参与。按照贴近基层找痛点，为民服务解难题，改进作风出实招，汇聚广发正能量的初心，"广议"充分挖掘"六民"领域思想政治价值，搭建"六力"平台，充分做好"以人民为中心"，上下形成广开言论、虚心纳谏、实干全行高效的氛围。

（一）听民声，打造有凝聚力的平台

在"广议"，全体员工可以直接呼叫总行、对话行领导，对工作中的痛点难点呼吁发声，对全行改革发展献计献策。

平台开设的"问答"栏目运用最广泛、用户最活跃，从系统操作细节到全行经营战略，从为"广发数字人"起名到年度大事投票，各类发帖包含了全行经营发展的方方面面。其中，对于机构发帖提出的问题、意见、建议，点名总行的，总行部门必须在 3 个工作日正面回复，其他"网友"也可就相关问题继续追问、补充回答，在"广议"中发现大家共同关心的痛点、难点、焦点问题并在线互动交流；对于个人用户发帖的，鼓励全员交流心得体会，碰撞智慧"火花"，发现行内专业人才，同时，也可邀请全行的业务行家里手、总行相关工作负责员工作为权威专家解答，有效达到以互联网形式畅通基层意见表达通道的目的，在"为民服务解难题"和改进工作作风方面进行了一次有益探索与创新。

（二）察民意，策划有影响力的活动

"广议"给全行带来工作效率的变革，将工作会议、主题研讨、访谈交流等重要活动迁移至互联网，图文并茂传递信息，有效提升政策落地效果和基层参与感。截至 2024 年上半年，组织各类主题活动 60 余期，收集建设性意见建议超 2000 条，答复和解决问题超 1000 条，带动经营管理举措优化 150 余条，搭建起舆论引导的新格局，现代化立体传播新体系，有效推动宣传思想工作发挥效能。

在全行工作会议期间，"广议"通过文字、图片直播传递会议实况和重要讲话内容，快速梳理重要讲话要求，机制传导更加灵活，基层工作效率进一步提升。在总行党委班子成员开展的"行长接待日"活动中，"广议"

成为连通总行与基层的有力渠道，全行员工在线实时了解行长对具体工作诉求的指导、答复等，并点赞助威、实时评论，总行与基层关系进一步拉近、作风得到进一步改进。在部分重要民主评选中，"广议"建立"在线投票"功能，陆续开展了"广发银行年度十件大事""广发十佳青年""卓越服务创新案例投票""数据建模大赛"等网络评选活动，历次参与投票人数均破万，全行员工通过平台匿名投票，选树心目中的优秀典型，参与全行重要决策。

（三）汇民力，开展有价值力的研讨

"广议"坚持跟进总行党委决策部署，就贯彻落实重点工作思路、重要工作任务开展系列线上研讨，教育引导全行员工着眼于"国之大者"，把精力聚焦到中心工作上来。近年来，围绕每年重点工作，陆续开展了"12333，全行在行动""我为发展献一计""广聚共识，议起行动""广议发展开新局"等系列研讨，每个主题研讨下，还包含了党建引领发展、落实党中央决策部署、提升科技赋能、促进业务发展等方方面面专题，各级干部员工谈体会、讲思路、谋发展，为全行经营管理工作出谋划策，不少观点已纳入到后续经营管理思路中。如，在2023年开展的"广议发展开新局专题研讨"中，陆续就稳收增收、加强粤港澳大湾区客群建设、加大有效信贷投放、精细化管理开展研讨，活动累计浏览量近5.7万人次、参与点赞2.1万人次，发表评论2700条，收集有价值评论近300篇，形成总行优化举措和立项28项，有效凝聚队伍士气，统一全行上下思想和行动，汇聚智慧和力量推动全行高质量发展。

（四）增民智，传播有公信力的信息

"广议"还开设了"智库"栏目，汇集党建重要论述和篇目、全行重要文件、行内外重要研究成果等重点信息，打造内部知识锦囊和百科全

书，紧跟形势为全行发展提出好主意。

学习中央重要论述。"智库"坚持每月发布党建学习材料专题内容，及时分享习近平总书记最新重要讲话和重要指示批示精神等党中央重要会议、重要文件，引导全行从党的理论中悟规律、明方向、学方法、增智慧。共享行内外研究成果，"智库"加大行业前沿领域研究报告共享力度，持续发布《广发研究》《广发观察》《热点快评》等内刊和部分信贷业务、风险管理、客群建设方面的外部研究报告，为全行发展出谋划策。建库共享意见落实情况，"智库"收集汇总各类意见建议征集活动和具体答复，同步上传相关内容，做好分类指引，帮助全行互学共鉴，避免重复反映同类问题，使党建学习、制度宣导、产品营销、风险管理等工作线上化、数字化、智能化，有力发挥学习阵地作用。

（五）启民思，发现有创造力的声音

"广议"还设置"新芽"栏目，意在深入推进金融科技创新实践，鼓励普通员工坚持守正创新，用宣传思想文化新局面引领业务发展取得新成效。

"新芽"面向全行各级员工征集"金融＋场景"方面的创意点子，并甄选精品项目孵化落地。2019年以来，坚持每年开展"新芽创新孵化"大赛，累计征集创新点子超1000个，科技创新成果转化率达2%，涉及财税、人资、工会、司法、民生等领域，形成覆盖企业服务、工会、司法、教育及民生等行业的数字产品矩阵，产品已成为全行获客活客的中坚力量。目前，"新芽"孵化数字金融产品累计服务对公客户超3700户，成为全行客户经营、获客活客的中坚力量。其中，数字工会项目还荣获2023年中国人民银行"金融科技发展奖"三等奖。

（六）聚民心，营造有感染力的氛围

"广议"平台的设立，不断诠释团结、执行、敏锐、担当、进取的文化精神，有效起到凝聚共识，知民意、解民情的良好效果。

形成人人争做专家局面。平台上线以来，总分行各个领域的专家积极分享经验，尤其是总行党委委员、总行部门负责人作为受邀专家，在平台上正面发声，认真仔细回答基层关注的问题，截至2024年上半年，平台认证专家人才已达150余人。营造实干高效氛围。收集整理基层需求，将合理的意见建议纳入督办机制，形成总行党委层面三项清单，分门别类立项、限期解决，持续改善问题，疏通发展堵点，切实为基层减负增效赋能。树立正确的服务观。坚持总行服务分行、二线服务一线、全行服务客户，运用平台透明的交流机制，公布机关各部门服务承诺，主动接受全行监督检查，推进总行机关改进工作作风，全面树立群众观念，强化基层意识。

三、成效启示

"广议"是宣传思想阵地从"加"到"融"的新探索，在引导全行正确发声的过程中，不断完善管理机制、优化各项功能，持续提升了宣传思想工作的凝聚力和引领力。

近年来，广发银行用好"有声"力量，聚焦员工关切，坚持一切依靠人民，把解决员工小事作为全行要事，将宣传思想成果转化为实现"十四五"规划目标任务的强大动力，转化为推动广发银行高质量发展的实际成效。总行党委书记对"广议"专门批示：总分行同事踊跃发表意见，这是关心银行发展的生动体现，请党委宣传部牵头持续做好这项工作；总行相关部门要善于从基层反映的问题和意见中查找管理中存在的不足，分析原因，研究制定改进措施，提升全行经营质效。基层同志普遍反映，"广议"监督效果好，在平台的牵线搭桥下，不少问题得以迅速解决。此外，"广议"平台的生动实践还获得了2023年全国金融系统思想政治工作和文化建设课题研究二等奖，入选了广发银行所在的中国人寿集团"党建与业务深度融合课题研究成果与创新案例"。

新时代，党的宣传思想战线必须深刻把握习近平总书记关于宣传思想工作新形势新坐标的科学论断，切实担当起新时代宣传思想工作举旗帜、聚民心、育新人、兴文化、展形象的使命任务，推动宣传思想工作的改革创新和效能发挥。

一是坚定"主心骨"，把握宣传思想工作根本遵循。在实践中，既要不断深化对宣传思想工作的规律性认识，又要让宣传思想工作走在前列、发挥作用，顺应意识形态领域新起点、新阶段的历史性变化。注重科学化，加强党对意识形态工作的全面领导，把党的意志、党的主张体现到意识形态工作全过程、各方面，坚定宣传党的理论和方针政策。加强制度化，落实意识形态工作责任制，科学划定各相关主体责任，让宣传思想工作有抓手，让各项决策部署从决策向执行转化。提升规范化，用好《中国共产党宣传工作条例》，结合实际将宣传思想工作"一个高举""两个巩固""三个建设"的根本任务落实落细，把理论认知转化为实践能力。

二是弘扬"主旋律"，提升宣传思想工作传播质量。坚持解放思想、实事求是、与时俱进、求真务实，加强传播手段和话语方式创新，构建舆论引导新格局，让党的创新理论"飞入寻常百姓家"，搭建贴近民心的宣传体系，及时回答时代之问、人民之问，打通基层员工、总部高管两个"舆论场"。要坚持以人民为中心。民心是最大的政治，继续发挥好意识形态阵地作用，用广大群众喜爱的形式和脍炙人口的内容，唱响主旋律，壮大正能量。要坚持守正创新。在守正上下功夫，以社会主义核心价值观引领全行文化建设，促进全行党员干部在思想上精神上紧紧团结在一起；在创新上下功夫，以群众喜闻乐见的形式、诙谐有趣的话语表达做大做强主流思想舆论，使各项工作更加适应时代要求，让宣传思想工作扎根基层、服务基层、在基层开花。

三是打好"主动仗",增强宣传思想工作管理能力。用好新媒体增量，打造全媒体传播的新格局，不断站稳意识形态领域传统阵地，积极占领意识形态领域新兴阵地，开创思想政治建设新局面。用心找方向，做好宣传思想工作的过程也是用心找方向，推动党的创新理论往深里走、往实里走、往心里走的过程，适应新时代，形成宣传渠道与宣传内容的有机结合，根据不同受众需求和偏好，定制个性化宣传内容，用思想工作引领人、影响人。用情办实事，与人民群众站在一起，建设载体多样、渠道丰富、覆盖广泛的宣传思想矩阵，建设一体化多元化平台，真心诚意听取各级困难意见，真抓实干办实事，用真情传播企业温度，增强全员爱企热情。用力聚人心，用好互联网开放性、共享性、互动性等特征，加强上级党委与基层员工的平等交流，精心抓好内容策划，开展互动引导活动，切实增强干部员工听党话、跟党走的政治自觉、思想自觉和行动自觉。

后　记

　　《新时代金融思想政治工作学习参考》是党的十八大以来，中国金融思想政治工作研究会秘书处为适应新时代新特点、新要求，面向金融机构党组织、党员干部和各级管理者，为更好地学习习近平新时代中国特色社会主义思想，学习习近平总书记关于金融工作的重要论述而编写的一本思想政治工作方面的专题学习参考读本。

　　本书编写过程中，力求全面贯彻落实习近平总书记关于金融工作和思想政治工作的重要论述精神，贯彻落实中共中央、国务院印发的《关于新时代加强和改进思想政治工作的意见》，积极诠释、解读金融思想政治工作重要主题，进一步把思想和行动统一到习近平总书记重要讲话精神和党中央决策部署上来，奋力做好金融思想政治工作，积极培育中国特色金融文化，为金融高质量发展提供思想保证、精神力量、文化支撑，坚定不移走好中国特色金融发展之路。

　　中国金融思想政治工作研究会在国家金融监督管理总局的正确领导下，在中国思想政治工作研究会有力指导下，不断增强工作的政治性、先进性、群众性，积极搭建全国金融系统思想政治工作和金融文化建设学习、宣传、交流平台，积极组织全国金融系统思想政治工作和金融文化建设好做法、好经验的总结、传播、推广、交流，努力讲好新时代金融故事，不断展现金融行业良好形象和风貌。

　　为了做好本书的编写和出版工作，中国金融思想政治工作研究会秘书处对本书的出版高度重视，抽调骨干组成工作小组。为了努力做到政治性、专业性、实用性和权威性，邀请了金融系统和国内思想政治工作等相关领域的领导、专家、学者参与本书撰写。我们向他们的辛勤付出表示衷心的感谢！也向提供金融思想政治工作和文化建设案例的单位表示诚挚的感谢！本书出版得到了人民出版社的大力支持，在此一并致谢！

为确保书籍整体风格的一致，编写组对稿件进行了统一的编辑修改。由于时间和水平有限，疏漏在所难免，敬请广大读者和专家批评指正。

本书编写组

2024 年 10 月